意义革命

成为卓有成效的领导者

The Meaning Revolution

The Power of Transcendent Leadership

［美］弗雷德·考夫曼 著
（Fred Kofman）

刘洋 译

中信出版集团｜北京

图书在版编目（CIP）数据

意义革命：成为卓有成效的领导者 /（美）弗雷德
·考夫曼著；刘洋译 . -- 北京：中信出版社，2020.4
书名原文：The Meaning Revolution:The Power of
Transcendent Leadership
ISBN 978-7-5217-1374-9

Ⅰ.①意⋯ Ⅱ.①弗⋯②刘⋯ Ⅲ.①企业领导学
Ⅳ.① F272.91

中国版本图书馆 CIP 数据核字（2020）第 031577 号

意义革命——成为卓有成效的领导者

著　者：[美] 弗雷德·考夫曼
译　者：刘洋
出版发行：中信出版集团股份有限公司
　　　　　（北京市朝阳区惠新东街甲 4 号富盛大厦 2 座　邮编　100029）
承　印　者：北京楠萍印刷有限公司

开　本：880mm×1230mm　1/32　　印　张：13.25　　字　数：350 千字
版　次：2020 年 4 月第 1 版　　　　印　次：2020 年 4 月第 1 次印刷
京权图字：01-2019-2970　　　　　　广告经营许可证：京朝工商广字第 8087 号
书　号：ISBN 978-7-5217-1374-9
定　价：68.00 元

赞 誉

《意义革命》阐明了一个道理，即领导力不仅仅关乎思想，更是一种精神。弗雷德的这本书向我们展示了一个既可以体现价值又能激发兴趣的目标设定过程。当我们的整个团队都尽力想要对世界产生积极影响时，我们不仅会取得成功，还会发现更伟大的目标和意义。

——谢丽尔·桑德伯格
脸书首席运营官，LeanIn.org 和 OptionB.org 创始人

欢迎大家针对弗雷德的思想进行交流。他反复推敲自己的理论，并一如既往地启发我们。他是一位经济学家，也曾担任管理学教授和顾问。今天，弗雷德的官方头衔是谷歌副总裁和领导力发展顾问。他取得了非凡的成就，我更愿意用"资本主义的大祭司"这个精练的名号称呼他。

——里德·霍夫曼
领英创始人和前任主席，微软董事会成员

卓越不凡的领导力的确是当代领导者必须拥有的兼顾工作业绩与市场份额的不二法宝。

——道格·科南特
Conant Leadership 创始人兼首席执行官，金宝汤公司前首席执行官

我深信文化应该激发个体激情，还关乎如何利用公司这个平台去追求这些激情。通过诸多鲜明的故事以及对于商业领导力与自觉资本主义（conscious capitalism）的深刻反思，弗雷德·考夫曼对上述概念进行了更加详尽的探索。你高尚的目标是什么？你的孩子会为你的公司的使命感到骄傲吗？为什么你的公司最大的受益者竟然可能是你的竞争者的

客户或雇员？你如果对这些问题感到好奇，就读读这本书吧！

——萨提亚·纳德拉
微软首席执行官

就像弗雷德·考夫曼在《意义革命》这本书中清晰解释的那样，真正的领导力并非实现多么高的业绩，而是一种兼具目的与意义的文化培养，同时激励并感染他人，让其意识到每个人都可以在他们所处的世界产生一种持久影响。

——阿里安娜·赫芬顿
Thrive Global 创始人兼首席执行官

早在雅虎时期，弗雷德的理念就是我的灵感源泉。当我去太平洋彼岸与公司或者团队共事时，人们就有一种强大的呼声，即渴望有一些新的方法能抓住终极要素：人和动机。这本书指明了一条前进的道路：有引人注目的智力核心，还有指导性的精神轨迹。它的到来恰逢一个科学技术正在以更深刻的方式改变世界的时代，我希望弗雷德的这部作品能够在领导力方面加速库恩主义的范式转移，从而提升人类社会前进的速度。

——陆奇
百度前首席运营官

弗雷德是我在商界认识的最有见地的人之一。在过去 10 年中，他不断地向我提供其各种有洞察力的见解，改变了我看待自己的方式，当然也改变了我与他人的沟通方式。现在，《意义革命》这本书对你也会起到同样的作用。

——杰夫·韦纳
领英首席执行官

《意义革命》这本书提醒我们，对于高效领导力，重要的是道德权威、信任、同情以及正直。弗雷德·考夫曼在这本书中结合他之前所做的咨询工作，以及麻省理工学院斯隆商学院管理学前教授的经历和目前任职的领英副总裁的经历，加之他大量的观察结论，赋予了这本书极强的生命力。此书文笔出色，见解深刻。对于那些对领导力感兴趣的读者来说，这本书很有价值。

——朱·弗登伯格　麻省理工学院经济学教授
让·梯若尔　诺贝尔经济学奖获得者，图卢兹经济学院教授
二人著有《博弈论》

我内心一直坚信没有自觉领导力（conscious leadership）的支撑，自觉资本主义就不可能存在，但是我不知道如何向人们证明并使其信服这一点。弗雷德完成了这项工作。他将理性与灵性结合，进而展示了卓越不凡的领导力是人性和平发展的关键因素。

——约翰·麦基
全食超市创始人兼前首席执行官

想要真正走上弗雷德·考夫曼提出的高效领导力之路并非易事，但是如果你真的做到了这一点，那么你就远远不仅仅是一个高效的领导者了，你会变成一个诚实，有同情心，有感召力，并且每天都活得很充实的人。考夫曼认为，职业发展和个人成长是不可分割的，同时他也有大量的案例支持这个论点。此外，作为一位成就很高的学者和商业顾问，他也是一位出色的反思者，这保证了他给别人提供的建议都是以自身经历进行反复审视而取得的成果。不难发现，现在"精神性"这个词被过度使用了，但是《意义革命》这本书却值得被贴上这个标签。在读这本书的过程中，你也一定会不由自主地对自己的生活和内心呼唤进行深刻反省。

——罗伯特·怀特
普林斯顿大学高级讲师，著有《上帝的进化》
《道德动物》《非零》《为什么佛学是真的》

这是一本让人愉悦的书。弗雷德·考夫曼通过他的学术研究和咨询经历向我们展示了经济学概念对于理解并推动组织领导力和企业文化是至关重

要的因素。

　　　　　　　　　　　　　　　　　　——雅克·洛瓦里
　　　　　　　　　　　　　　华盛顿大学西雅图分校经济学教授

这是考夫曼的开创性图书《清醒》的精彩后续之作，考夫曼总结了自己数十年中对世界各大主要公司的领导者提出的建议，以及提供指导的工作经历所积累的经验，并将它们提炼为智慧结晶。他阐明了"复杂的另一面是简单"这一奥利弗·温德尔·霍姆斯即使放弃生命，也要坚持的理论。这本书可以指导人们创建伟大的企业，它们是这个世界上繁荣的源泉、意义的源泉、成就的源泉和发展的源泉。这个世界无法再承受"一如既往的经商"所带来的不必要的后果。

　　　　　　　　　　　　　　　　　——劳伊·西索迪亚
　　　　　巴布森商学院商业全球化富兰克林·沃尔特·奥林杰出教授，
　　　　　　　　　　　自觉资本主义国际联合创始人兼名誉主席

如今来自硅谷的大部分东西对人类及整个社会而言似乎都意味着可怕的后果，但弗雷德·考夫曼带来的却是：领导力是一种社交技术，其作用是更大限度地提升人们的归属感，重塑人们的自尊心，最终为这个世界，尤其是商业世界重新赋予意义。《意义革命》这本书充分体现了一位专业人士的热情、一位哲学家的严谨，这是一本兼具思想力量与阅读趣味的图书。

　　　　　　　　　　　　　　　　　　——劳伦·绍安
　　　　　　　　　　　　　　　法国玛泽集团首席通信官

弗雷德·考夫曼在这本书中分享的独特见解改变了我的领导方式和管理方式。这些方法很简单易行且足够深刻，值得我们用一生去践行。

　　　　　　　　　　　　　　　　　　——麦克·加姆森
　　　　　　　　　　　　　领英全球销售解决方案高级副总裁

这是一本关于领导力，以及如何对员工或组织进行管理的书。弗雷德·考夫曼完全打破了"一种风格适合所有人"的这种领导力观点，并且给我们提供了另外一种选择——各司其职并且更好地管理和激励员工。这种选择让人们获得非凡的领导力，它是通过目标把人们联系在一起的最为简单直接且非常有益的指导。

——穆罕默德·阿卜杜拉·阿尔·格伽维
阿拉伯联合酋长国内阁事务部长

这本精彩的书充满了实用智慧。考夫曼的伟大之处便是能从意义、工作、幸福、动机甚至死亡中获得深刻见解。在这本书中，他就如何过上更好的生活或者创建更优秀的企业提出了实用具体的意见。他如同优秀的老师，可以讲述引人入胜的故事。他又如同优秀的向导，身体力行，指导很多人寻找人生之路，这使得他的故事更加有分量。《意义革命》是一本读起来让人愉悦的书，它会改变你对领导力的看法。

——约翰·威克斯
瑞士洛桑国际管理发展学院领导学和组织行为学教授

目　录

意义革命

第三部分　自我超越

推荐序

里德·霍夫曼

最具影响力的领导者没有跟随者。

经济价值最重要的来源是善行、服务和爱。

如果你视员工为资源，想使其最优化，那么你永远不会从经理上升到领导者的层次。要实现这种飞跃，你必须把你的员工，那些渴望通过参与高尚的不朽工程而超越有限存在的人视为有意识的存在。

欢迎大家来了解一下弗雷德·考夫曼。他有严谨的推理，有真诚的心意，有闪光的思想。

弗雷德是一位经济学家，也曾担任管理学教授和顾问。2012年至今，他的官方头衔是领英行政发展副总裁。他取得了非凡的成就，我更愿意用"资本主义的大祭司"这个精练的名号称呼他。

依据亚当·斯密的理论，弗雷德把资本主义看作一种点石成金的道德力量的精神追求。要想在自由市场获得长久的成功，企业和企业家们就必须真实地了解客户的需求与愿望。在自由市场中人们根据自身喜好而自愿交易，所以企业必须用有效且公平的方式为客户提供服务。

资本主义就像一个熔炉，里面有共情，有同情，还有公正。这些情感源自人们的工作场所。

当许多人还在思考生命意义的时候，有极少一部分人正在思考工作的意义。另外，资本主义经常被描绘为拼命地追逐利益甚至不顾道德和价值观。当人们想要为自己道德上的投机取巧找个合理的借口，或者为自己的反社会行为找个合理的借口时，经常会说："这只不过是一场交易。"

其实，这是一种极为短视的心态，而且这种心态有毒。

弗雷德意识到了资本主义的核心就是服务意识，他鼓励我们不要把工作场所视为仅仅注重业务指标和盈亏状态的地方，而要把它看作超级人性化的地方。在这里，人们有序地生活，能实现自身价值，并追求意义，扩大影响。

一旦我们开始更加有意识地信奉这个真理，我们的心态就会发生变化，从认为"这只不过是一场交易"到"公平经商"。这时，我们就会充分意识到同情、诚实、响应性和服务是如何存在于高效组织的核心位置的。

"公平经商"这种心态不仅应被应用于公司对客户的服务上，还应该被应用于公司对员工的服务上。正如弗雷德在这本书中解释的，伟大的领导者会定义组织的崇高目标和价值观，还会把这些明确有力地表达出来。他们在追求这个目标时，就会把这些价值观付诸实践，还会激励组织中的每一个人也这样做。

弗雷德在 2015 年的 Wisdom 2.0 会议上阐释了上面这个理念。他描述了杰夫·韦纳在领英的领导风格："许多领导者都在划同一条船。这条船载着每一个人，领导者会说'快跟我来'。但是我看到杰夫和其他一些伟大的领导者的做法完全不同。他们踩上冲浪板，并没有说'跟我来'，而是说'来和我一起乘风破浪吧'。"

就前者而言，大家其实都在一条船上，只是做着领导者让做的事。后者则不同，大家都处在风口浪尖，朝着一个方向前进，有更大的自由空间，可以大胆尝试，灵活创造，即兴设定自己的行动路线。

请注意，这可是"大风大浪"。

在硅谷，我们一次又一次地看到有些公司飞速发展，坚定地执行自己的战略，最终成为业界主导。那些被我称为以闪电般的速度发展的公司都能明确定义公司的大目标，即高尚且令人难以置信的宏伟目标。

谷歌想搜罗全世界的信息。脸书想把全世界连接起来。微软想让人和组织更高效。爱彼迎想帮助每一个客户"四海为家"。领英想让每一个人都拥有最好的工作机会。

这些公司都致力于在全球提供服务，它们宏大、定义清晰的目标使命吸引着各行各业的精英投身这些有意义、有影响力的工作，进而实现个人价值。

其实，有一个宏大、高尚的目标远远不够，你还需要良好的企业文化。

我常说企业家精神就像从悬崖上往下跳，并在坠落的过程中制造一架飞机。你有了计划，但是你的资源有限，而且时间不足。创业的头几个月总是乱糟糟的，你认为自己快死了。为了摆脱这种命运，你必须扭转下落轨迹，而且要快。

关键来了！成功，尤其是一鸣惊人的成功，并不会避免猛烈撞击的风险。一旦开始创业，想把模式从死亡下坠转换到闪电式

V

扩张，迅速扩大客户群，获取利润，扩大员工规模，这时创始人的工作就变得更艰难，也更复杂。

在公司的这个发展阶段，创业者必须成为一位能鼓舞人心的领导者。微观管理并不适用于快速发展的过程。要想快速扩大规模，组织必须给员工以自由，使其快速、有创造性、大胆地行动起来。

所以高效的组织建立在信任和诚实的基础上，它们能为社会创造最丰厚的回报，同时还能给投资者最大的回报。

大家都来读读这本意义深远的书吧，但是千万别就此停止。正如最优秀的领导者没有追随者一样，最好的老师也没有学生，最好的书更不只是用来读的，而是人们行动的原动力。

在这本书的字里行间，你会感受到弗雷德的远见和行动带给你的巨大鼓舞，但真正让你最终找到方向的是你的价值观、你提供服务的渴望。你的方向感会激励你更有效、更有意识地工作和生活。

《意义革命》这本书不是在呼唤追随者，而是在呼唤能一起乘风破浪的队友。

一起来迎接这股浪潮吧！你准备好了吗？

前　言

一场热烈的研讨：你的工作不是你的工作

> 成功就如同幸福一样不是追求来的，它是一个人投身于伟大事业而意外实现的。

——维克多·弗兰克尔

7月的拉斯维加斯十分闷热，可是会议室里的气氛却很冰冷。参加今天"清醒商业"研讨会的与会者都裹紧了他们的外套，一脸苦相。其实他们并不冷，而是很烦。他们冷冷地看着我，我知道他们在想什么。

这种情形我见得多了。通常情况是，经理会极热情地迎接我，但这种迎接的心态就如同准备迎接流感的到来一样不情愿。这个场景就像我们都被呆伯特这个著名的职场卡通人物给镇住了，我能读懂每个人脑子里涌动的那些不情愿的思想泡泡。

其中一个家伙是这么想的："我们到底在这儿干吗？我还有好多事儿要做呢！"

另一个家伙是这么想的："又是研讨会！我讨厌研讨会！"

我决定触碰一下他们最大的恐惧。"来，咱们先暖暖场。"我带着最愉悦、最符合研讨会的声音开了腔，"去找一位你不认识的同事，介绍一下自己。一定要记得告诉他，你是做什么工作的。"于是他们都转向坐在自己旁边的人，此刻我能听到他们心里的抱怨声。

就这样痛苦地过了三分钟，我让大家停下来，然后我满脸笑容地问："谁愿意和大家分享一下？"我这么说时就好像我完全不知道我要求大家做的这件事让他们多么厌恶。当然，结果是没人搭我的茬儿。我于是指着两个人说："请你们互相说说，对方叫什么，是做什么的。"

那位女士先开口了："他叫约翰，是法律部的。"

紧接着约翰说道："她叫桑德拉，从事市场营销工作。"

"错！"我这话一出口，约翰和桑德拉都惊异地看着我，其他人也是同样的表情。

于是，拉斯维加斯风闪亮登场——我要和在场的每个人打个赌。"来，咱们赌100美元，我赌你们没有人知道自己的工作是什么，用不了一分钟，我就能证明这一点。"

屋里鸦雀无声。

我继续刺激他们道："你们看吧，我都说了，你们真的没人知道自己是干什么的。"紧接着我掏出一沓钞票，把那张100美元清清楚楚地放到最显眼的地方。"来吧，赌吧！如果你赢了，这100美元就是你的了。如果你输了，我就把这100美元捐了，做慈善。你说捐哪儿，就捐哪儿。如果你不知道你的工作是什么，就别举手。"

有几个人举起了手，大部分人则恼怒地看着我，满是疑惑。

于是我说道："这样吧，简单点儿。咱们别赌钱了，咱们赌时间和精力。如果我赢了，你们就得待在这儿接着研讨。如果我输给你们多一半的人，咱们这个研讨会就不开了。我就会去找你们的部门经理，跟他们说这个行不通，他们最清楚了。这件事就到此为止。这笔交易的主动权可是攥在你们手里啊！你们决定我是赢还是输。"

人们还是一脸苦相。有的人开始摇头，决定不和我玩儿。

"来吧，就赌一把吧！"我恳求道，"你们真把我难住了。你们又不会输掉什么，除了你们的困惑以外。如果你们赢了，我马上走人。而且你们还可以把这个白痴的故事讲给每个人听，告诉大家我是怎么在头 5 分钟就把研讨会搞砸的。"

终于，大家的精神头儿来了。大部分人把手举了起来。我选择了坐在前面的一位女性。我瞄了一眼她胸牌上的名字，首先感谢了她："凯伦，谢谢你参与。你的工作是什么？"

"我是一名内部审计员。"

"那么内部审计员是做什么的呢？"

"确保组织流程可靠。"

"很好，凯伦。那我们正式开始吧。请大家现在看一下表。凯伦，你在学校时喜欢什么体育运动？"

"我踢足球。"凯伦答道。

"太棒了！我来自阿根廷，对足球非常痴迷。那么你在场上踢什么位置呢？"

"我是防守队员。"

"防守队员是做什么的？"

"不让对方进球。"她回答。

这时我转向其他经理："防守队员的职责是阻止对方进球。有人不同意这个观点吗？如果有，请举起手来。"

没有人动。

"那么现在，请其他人告诉我，进攻队员的职责是什么？"

有几个人异口同声地回答："进球。"

"很好。看来我们现在步调很一致。我的下一个问题是，整个球队的工作是什么？"

有人说："合作。"

"合作是为了什么？"

"踢好球。"另一个人回答。

"球队为什么想踢好球？"

坐在后面的一个人脱口而出："为了赢球。"

"没错，"我说道，"球队的工作就是赢得比赛。有人不同意这个观点吗？"

他们都摇了摇头，还转了转眼珠，觉得这样的问答毫无意义。我看见一个人在假装打哈欠，他一定在想："这个该死的交易是什么啊？"

我完全没有受这个影响，继续问道："如果球队的工作就是赢球，那么球队每一个队员的主要工作又是什么呢？"

一个人答道："帮助球队赢球。"

"还是没错，大家都同意吗？"

所有人都点了点头。

"我还有最后一个问题，那就是如果球队每一个队员的主要工作都是帮助球队赢球，如果防守队员是球队的一员，那么防守队员的主要工作是什么？"

一个人小声嘟囔着："帮助球队赢球啊！"很显然，他清楚地知道事情要发展的方向。

"对！"我指着刚才说话的人说道，"请大声说出来。"

于是他又重复了一遍刚才的话："帮助球队赢球啊！"

"好了。请大家核对一下时间，从我们开始讨论这个话题到现在已经过去 5 分 20 秒。"

大家一头雾水，于是我解释道："防守队员的职责是什么？是阻止对手进球还是帮助球队赢球？一分钟前，大家都同意凯伦的观点，说是阻止对手进球。现在，我希望大家都同意我的观点，就是帮助球队赢球。"

有一个人很显然不太认同，问道："这有什么区别呢？"

"大家想象一下，如果你是一个球队的教练，现在场上的比分是零比一，你们队落后，而且还有 5 分钟比赛就结束了。这时，你会和防守队员说什么？"

有人坚定地答道："上前进攻，争取拉平比分。"

"肯定是这样啊！可是如果这些防守队员跟你说，'抱歉，教练，可那不是我的职责啊'。这时，你该怎么办？"

"我会把这些浑蛋开除。"

"为什么呢？难道这不会更可能让对方在反攻时再进一球吗？如果防守队员的职责是帮助球队赢球，那么上前进攻就是他们要做的正确的事。但如果他们的职责是让自己的球队和对方的比分差距最小，那他们上前进攻这种做法就是错误的。"

大家都笑了。我觉得此刻苗头转向了。我又往前推了一步："那么进攻队员的职责又是什么呢？"

"帮助球队赢球。"

"负责递水的人的工作又是什么呢？"

"帮助球队赢球。"

有几个人咯咯地笑出声来，但不是所有人都笑了。有人说："我还是不明白关于我们工作的点是什么。"

我这样回答道："1961 年，约翰·肯尼迪总统第一次访问美国国家航空航天局总部。在参观设备的时候，他向一个正在擦地的工作人员介绍了自己，然后问他在美国国家航空航天局做什么工作。这个清洁工骄傲地回答，'我帮助把人送上月球'。"

我让大家把这件事认真琢磨了一会儿，然后问他们："在最开始的时候，你们有多少人告诉了自己的同伴'我的工作是让公司获胜'？你们又有多少人意识到自己的主要工作是在伦理上同时在利润上让公司完成任务？又有多少人听到同伴把自己的工作描述成'为公司价值的增长做出贡献'？"

现在的沉默不像刚开始时那么冰冷了，就像俗话说的那样——鸦雀无声。

击败数量，削弱团队

2014 年，维罗妮卡·布洛克打电话要求取消她家的康卡斯特网络服务。她的电话立即被转到了"客户维护专员"那儿。这位专员和她辩论了 10 分钟，具体内容只有一个，就是她为什么想停止服务。每次只要维罗妮卡提出要终止这项服务，业务专员就和她争论。这位专员一直强调康卡斯特会进一步改进业务。这位语速很快的业务专员不停地问："请您告诉我，为什么您不想要更快的网络服务？"

维罗妮卡实在没有办法了，只好把电话递给她的丈夫瑞恩。瑞恩气定神闲地录下了他们 8 分钟的对话内容。[1]

这场对话让人痛苦，而且尽是些甜言蜜语似的骗人的东西。这场对话七弯八拐，没有任何理性可言。"我的工作就是要弄明白为什么你们不想要康卡斯特的服务？"这位专员提高了调门在争论着。

瑞恩说："我就是不明白为什么你们就不能停止服务呢？"

这位专员抱怨道："看来您就根本不想跟我谈这件事啊！我就是想给您提供信息。"听着录音，你都能真切地听到这个可怜家伙的经理正站在他背后喘气的声音。这时，这位专员有点儿绝望地说："我正努力让我的公司变得更好！这是我的工作！"

瑞恩说："我现在可以确定地告诉你，你这么做是在帮助你的公司越来越差劲。"

瑞恩把这段录音通过云分享发布到了自己的博客里，点击量达几百万，以至于《华盛顿邮报》《洛杉矶时报》把这件事写成了故事，并发表了。这件事还出现在了《早安美国》和《赫芬顿邮报》的新闻中。这样的结果绝对不是康卡斯特想获得公众关注的那种样子，尤其是当时康卡斯特正努力想与时代华纳有线合并，合并这件事大家是很憎恶的。后来，康卡斯特就这个员工的个人行为做出了道歉。当然，这位员工已经被吓得不轻，但是恶果已经产生，不可扭转。

在任何情况下，他的行为都不是个例，也不是由于恐慌而致。这种行为是成体系的，有理性的。就如同大部分公司一样，康卡斯特的客户维护团队有自己独立的生存机制：评价团队每一个成员的标准是基于清单上的关键绩效指标（KPI）。我敢跟你打赌，这个倒霉的专员的奖金和工作都指望在他上班时业务被取消的数量上了。他们根本就不管阻止客户取消服务对公司是不是最好的做法。他的脚本就是他要严格遵守相关规定，否则的话，他就要被批评（而且，他的顶头上司的绩效也极有可能会受到牵连）。

这就是为什么这位专员死死纠缠不让业务终止，其实他自己也不理解这一点。想尽心尽力为公司（为了系统的最优化），有时候你必须做一些对你自己或者对你那个特殊的领域（局部系统的局部最优化）不是最好的事情。比如，要想做到对康卡斯特最好，客户维护专员本应该非常礼貌地终止客户的服务，尽管他这个领域的表现不是以这个标准来衡量的。当他使他这个局部系统最优化时（粗暴地尽力挽留客户），他仅仅使整个系统的局部最优化了（但惹恼了客户，砸了康卡斯特的牌子）。

只是做了"分内的工作"，结果这位客户维护专员反而帮了康卡斯特一个大大的倒忙，让康卡斯特遭遇年度最大的公关危机。

在一般的组织机构中，你拿到薪水不是因为你做了分内的工作，而是因为你起到了你该起的作用。你真正的工作是帮助公司取得胜利，也就是说，帮助公司完成它的使命，从道义上，也从利润上。有时，你的工作和你的作用会互相矛盾，因为你的工作会需要你牺牲本打算好要做的事，需要你重新定位工作的先后顺序，或者会让你个人的主要业务指标受到不利影响。有时，你帮助公司取得胜利不会让你得到奖赏，事实上，你还有可能受到惩罚，这一点也让人愤怒。你可能会想，他们怎么这么愚蠢，让我干这件工作，可是当我干了我该干的工作，结果事与愿违。

关键是很多时候，员工个人作为组织机构的一分子，总是以组织机构整体利益为代价去追求个人利益。正如全面质量管理的奠基人威廉·爱德华·戴明所说的："有目标和工作的人，同时还依赖着完成目标、保住工作的这些人。即使他们实现目标的前提是要毁了这家公司，他们很可能也会这么做。"[2]

你也许会想，但愿这些公司会调整一下这个愚蠢的激励体系，让它更合理。但事情的结果却总是这样，一个完美的激励体系就像一辆完美无瑕的车一样，只是一个传说。你必须在舒适和性能中做出选择，在防撞和省油中做出选择，在质量和实惠中做出选择。你不可能拥有这样一辆家用轿车，它既宽敞明亮、安全可靠、经济实惠，又性能超群，就像敞篷跑车一样既有速度、反应快，又灵活性好，而且动力十足。组织机构的领导者必须做出艰难的选择：竞争还是协作，一马当先还是并驾齐驱。令人郁闷的是，竞争和协作是矛盾的，注重集体和突出个人是冲突的。

于是，组织机构总是会陷在不可调节的两难境地。这就像是一块很短的毛毯，如果你把它往上拽，盖住上半身，你的脚就会冷；如果你把脚盖住，上半身就会冷。一方面，个体刺激会产生独立机制；另一方面，集体刺激会毁掉生产力。大部分组织机构都坚持这种它们所熟知的魔鬼做法——个人绩效指标，并且接受因此给合作带来的后果和影响。

好消息就是，要解决这个难题有一个更好的办法，即明确工作的真正意义。坏消息就是，要想具备这种可以让人们明确工作意义的领导力，并不容易。

鼓舞人心的领导者

我把领导力定义为一个过程。在这个过程中，一个人（一个领导者）能激发其他人（跟随者）全心投入，去完成一项与这个组织的价值观一致的任务。

领导力不是强迫他人服从，而需要他人自愿追随你。追随者的全心投入不是靠奖励或者惩罚能实现的，只有通过让他们相信全心全意为公司服务会改善他们的生活才可以实现。

在一个组织机构内，你是团队的一分子，内部肯定存在矛盾。作为团队一员，如果整个团队赢不了，你也好不到哪儿去。你可能是一个会计、一个工程师、一个销售人员、一个经理或者一个高管，不管你的职业、作用和优势是什么，不管你的个人目标或者追求是什么，你都是团队一员，都要致力于整个组织机构的目标。你和同事要齐心协力以取得胜利。

传统的命令加控制型领导者认为，只要有合适的刺激，他们就能让别人干活儿。他们会问这样的问题："我怎么才能鼓励下属，让他们既能实现个人目标，又能实现集体目标呢？我要如何奖惩才能把结果最优化呢？我要怎么做才能既引起他们的欲望，又让他们有所畏惧呢？"这种经理也许略知一二的是，他们无法买到被激励的绩效，也不能恐吓出被激励的绩效。但是他们仍然相信，他们可以通过软硬兼施来哄骗员工付出努力。

其实这样做很可笑。想象一下，一个蟊贼拿着枪指着你，同时还命令你："你得尊重我！你得支持我！你得做我的朋友！"

伟大的领导者，无论他们在一个机构中处于哪个位置，都会这样问自己："我怎么做才能激励我的团队、我的部门，让他们齐心协力工作？我怎么做才能鼓励每一个员工都能为自己的个人表现完全负责，同时又会为了公司的总体目标做出适当牺牲？我怎么做才能把竞争和协作融合？我怎么做才能激励我的团队和我的部门完成伟大、持久和惊人的工作？我怎么做才能超越操作层面，超越盈亏而达到一个更好更美的境地，让我们所有的利益相关者不仅全力支持，而且全心热爱呢？我怎么做才能让我自己的生活和我周围人的生活变得真正有意义呢？"

不幸的是，一般的管理技巧不能有效地解决这些问题，即使面对这些问题的是优秀的领导者。标准的管理工具不能帮助领导者防止组织出现独立机制，更不能防止出现内部矛盾，而这些问题都是致命的。事实上，这些工具阻碍了团队发展。

如果你期待成为一位催人上进的领导者，首先你必须理解领导力和正式的权威没有任何关系，它完全和道德权威紧密相连。人们的心和意是买不到也不能强迫的，只能给予那些值得信任的领导者。这不仅适用于组织机构，也适用于人类活动的许多领域。

考虑一下父母领导力（parental leadership）。作为一位父亲——管理者，我希望我的孩子在玩之前先把作业做完。我的办法是威胁他们，如果我看见他们在作业没做完之前玩手机，我就把他们的手机没收。我同时还恩威并施，答应他们如果做完了作业，就可以吃冰激凌。

下面咱们做个对比。作为一位父亲——领导者，我不仅仅想让我的孩子完成作业，更想让他们自己主动完成作业。我想让他们这么做是因为他们自己想这么做，而并不是因为我想让他们这么做而且把结果强加给他们。我想让他们养成健康的习惯是因为我爱他们，而且还因为我知道自律会改善他们的生活。但是只有我知道还不够，我必须帮助他们也知道这一点，而且让他们深深地记住，以至以后从内心就愿意这样做，进而能通过自己的意志做出所需要的艰难决定。

作为一位父亲——领导者，我必须根据一个更高的原则——爱来整合（请注意，我这里用的是"整合"，而不是"平衡"。从家到单位，你不能"平衡"左转还是右转。你在路上的某个点左转或者右转是根据一个更高的原则，那就是你的终点在哪儿）自控和他控。只有在让我的孩子建立对我的信任，完全认为我是站在他们一边的时候，他们才会听我的。只有当我的孩子把我当成标杆，经历了我所说教的内容时，他们才会相信我。

作为一位领导者，你肯定不愿意你的下属只会做你安排他们做的事，因为你也不知道他们应该做什么，才能最有效地帮助团队取得胜利。而且，即使你确实想让他们服从你，你同时还是想让他们把富余的精力和努力用到取得胜利上。你希望他们在做事时有创意，有智慧，有热情。你想让他们真正地发掘周围可以看到的机会，并应对挑战。你想让他们和其他所有人一样把最好的一面交给组织，可是要让他们表现出这些可不能靠强制力，而必须用热情和爱去激励他们。

要想激发出下属发自内心的投入，你需要跳出操作层面，跳出盈亏。你需要抓住更好更美的东西——一种所有相关人员不仅会支持，而且会全心热爱和拥抱的东西。你需要让你的生活和周围人的生活变得真正有意义。

要想成为一位伟大的领导者，你必须理解，追寻成功其实是获得成功的一条错误道路，这听起来有点儿自相矛盾。成功就像幸福一样，不是直接追求来的。越直接地追求幸福，你越不可能得到它。直接追求幸福可能会导致短期享乐的愉悦，但是它不会产生真正让灵魂满足的幸福感。要想获得成功，你必须过有意义、有目标的生活。你必须追求意义、自我实现和自我超越。不仅仅为了你自己，还为了和你共事的每一个人。

一个伟大的领导者会给出如下建议："除了报酬和福利，我会给你提供机会，让你的生活过得有意义。我会给你提供平台，让你实现个人和社会价值。这个平台不仅让你在物质上变得富有，还会让你在情感上、思想上、精神上都变得很富有。情感上富有，是因为我们把你和我们连在一起；思想上富有，是因为我们尊重你的才智；精神上富有，是因为我们共同参与了一个项目，这个项目让我们超越小我，为了一个更大的目标携手并肩。"

这位领导者还建议说："作为交换，我希望看到你毫无保留的热情。我要求你把所有的能量都用到我们这个伟大的项目中。我要求你用事实证明我们的价值和我们的文化，同时让其他人也行动起来。我要求你对待同事友好、热情、团结。我想让你把个人目标放到次一级的位置，和你的同事精诚合作，不遗余力地帮助整个团队取得胜利。我要求你把你的心、意和灵魂都投入实现我们崇高的理想。这个理想会让我们活力四射，会让你和整个组织的人一样共同努力。"

我的论证

如果你想成为一家成功的、持久的组织机构的领导者，我把下面这条信息送给你：能被充分利用的鼓舞源于对人性本身深刻的理解和热爱。这种鼓舞不是吹口仙气让人们感觉很美好，而是解决当今企业和社会中最棘手的问题。它回答了那些极其棘手的问题："我怎么能把一些有着个人利益的个体联合起来去追求一个共同的目标？我怎么能让一群实际上只关心自己的事情的人（我的事情，我要做的事情，我的日常工作，我的 KPI，我的报酬），为了追求一个共同的目标（我们的孩子，我们的客户，我们集体的未来）而相互合作？我怎么做才能让他们尽他们最大的努力去实现他们的个人目标，同时让他们把自己的目标放低，低于组织成功这个更大的目标，这样才会让整个团队取得胜利？我怎么做才能激励他们让他们更投入？我或者这个组织能给予他们什么才能满足他们内心深处的感情需要，才能让他们更有使命感和责任感？"

在本书中，我会向大家展示如何解决个人利益和组织任务的冲突问题，让效果变得更丰富、更令人满意，也更持久。我还会向大家展示如何让一个组织机构变成世界上持久美德的源泉，如何让工作其中的人们找到强大的使命感，有服务意识，同时感到愉悦。为了做到这一点，我要向大家展示如何面对你的个人问题，揭开真正的领导力的神秘面纱。我的方法循序渐进，实用性强。但是，我还要进一步说明：我要向大家展示如何战胜你内心最深处的恐惧和担忧，真正过上英雄般的生活。只有成为精神上的英雄，你才能赢得权威去激励你周围的人或者你的下属，让他们变得伟大。

意义革命主要着眼两个基本问题：为什么有些组织机构会失败，它们怎么做才能赢？

为什么有些组织机构会失败

一个棘手的组织问题是如何让关注自我利益的组织成员去追求一个共同目标。我认为通过经济刺激是不能做到这一点的。如果这个组织以物质刺激鼓励优秀和责任，那么它就会抑制团结和合作。如果这个组织以物质刺激鼓励团结和合作，那么它就会抑制优秀和责任。对责任的鼓励会孕育出独立机制，对合作的鼓励会让那些没有全力付出和贡献的搭便车者也受到奖励。

还有一个棘手的组织问题是如何在正确的时间把正确的信息传递给正确的人，同时还要以正确的形式，最后让人们做出正确的决定。通过正常的交流之所以不能做到这一点，是因为每个人对于资源、代价、机遇和风险都有自己的见解。即使一个组织能够说服它所有的成员不考虑自己的利益，而且为了集体的利益把他们知道的全部呈现出来，那种见解也会因太复杂、太松散，而没有什么用。让决策制定者去比较那些选择，然后做出决定，这样的方式是不可行的。

这些问题都不可能真正被解决，但是它们可以被掌控。事实上，大多数领导者和管理人员都想努力做到这一点。但是，他们做得显然都不够好，一般都会半途而废，没有很好地使用领导力工具，事情很难有很大起色。今天领导者面临的情形看上去可能很让人绝望，其实也没有那么严重。这不禁让我想起一个笑话，说的是两个徒步旅行的人。他俩正穿过一片森林，突然，一头熊向他们冲过来。第一个人马上脱下徒步鞋换上跑鞋，而第二个人沮丧地说："你还费那事干什么呢？你又跑不过熊。"第一个人回答："我不用跑过熊，我只需要跑过你就行了。"

好消息是，要想赢得市场，你不必做到完美。你只需要比你的竞争对手强就行。我保证你面对的任何一位竞争对手都会被这些同样不可解决的问题困扰。所以，目标不是解决这些问题，而是如何更有效地处理这些问题。常言说得好："在一片盲人（物质主义者）的地盘上，有一只眼的人（他可以看到人类存在的其他维度）就是国王。"

一些组织和组织内部的人是如何取得胜利的

走 100 米不花时间是不可能的。完美地让所有员工团结一致地追求一个目标，同时还要有效利用他们的局部知识也是不可能的。赢得这场比赛需要在你的工具箱里放入一套新的工具，这套工具能让你和你的组织走到别人走不到的地方。

要想成为一名出类拔萃的领导者，在处理激励和信息这些基本问题方面，你应该比现在大部分领导者做得更好。出类拔萃的领导者依赖的是非物质刺激的精神力量——员工的个人存在感、成就感和自尊感。当然还有共享的伦理价值观，以及对一个组织的归属感。出类拔萃的领导者会邀请他的员工一起参与一项工程，让他们的生活充满意义和价值。这项工程会承诺让你在这个世界上留下印记，这就足以超越那些匆匆而过，没有留下任何痕迹的人。

那些非物质的东西是杰出领导力的法宝。这些非物质的东西把两种特性少有地结合在一起，而这两种特性可以让领导者用比金钱和额外津贴更好的方法化解组织困境。

第一，用经济学家的话说，就是伦理道德的东西都是无排他性的。这就意味着如果我们在同一家机构上班，我所享有的我们的崇高的目标、伦理价值、亲密团体等都不会把任何你所享有的这些带走（甚至它们还有可能增加）。与此相对，举个例子，一个奖金池，把一部分奖金分给了你，就意味着这笔钱跟我无关了。物质的东西总是受预算控制，而且由于其相对稀缺，于是总会容易引起对抗和竞争。然而伦理道德的东西是不受约束的，因为它们建立在共享的文化规约下，所以总是会创造出凝聚力。从这个意义上讲，它们就像被经济学家所称的"公共产品"，比如国防、灯塔或者烟火。

第二，与公共产品相对，伦理道德的东西是"排他性的"。这就意味着如果你不是机构的一分子，既包括正式的一分子，也包括情感上的一分子，那么这些伦理道德的东西都是你难以获得的。与此相对，再举个例子，比如每个人都依赖的国防或者互联网。排他性会创造出一种边界感，让那些目标一致、伦理价值观一致、思想一致的成员构成一个社区。比起物质利益，这种共享的目标会让组织成员以一种更好的方式凝聚起来。在这个意义上，道义就如同经济学家所称的"私人产品"一样，也就像我们在市场上买卖的商品一样。

经济学家把排他商品和非排他商品称为"俱乐部商品"。这是因为一旦你成为一个"俱乐部"的成员，你就可以享受这些商品，而同时不会剥夺其他人也享受它们的机会。前提一定是你要加入这个俱乐部，才能享受这一切。

德行（moral good）可以帮助领导者区分员工是使命驱动的（就像传教一样热情高涨），还是金钱驱动的（唯利是图）。你可以给员工提供合理比例的物质激励和非物质激励，这样你就能吸引不同团队有潜力的员工。

报酬通常总是"一揽子买卖"。它就像冰山一样，工资和福利是可见的部分，但是它们占我们驱动力的比例不足 15%。人们从事工作的 85% 以上的原因在于冰山表面以下的部分，包括尊重、关爱、正直、归属感、成就感、崇高的目标和道德原则。

亚伯拉罕·马斯洛把人类的需求划分为若干等级。他曾经说人们一旦满足了基本的生存和安全需求，比如食物和住所，就会有更高的需求。最高的需求是一种情感：想让生活有意义；想成为有影响力的人；为了我们周围的人和后人，努力让世界变得更好。我们都想活着，都想去爱，都想给世界留下一些什么。一个成功的组织机构会让人们的这三个愿望都得以实现，它是幸福和热情的源泉。

和死神擦肩而过

2004年2月18日，马克·贝托里尼——一家名为安泰的大型人寿保险公司的高级主管和家人在佛蒙特州的基林顿滑雪。结果，他突然失控撞到了树上，冲到山谷里，颈部骨折。

出事之前，贝托里尼非常健康，所以他才能以惊人的速度康复。但是他出事后，疼痛感一直持续。贝托里尼的医生给他开了传统的止痛药，但是贝托里尼知道服用这种药会让自己产生依赖，从此离不开这种药。于是，他转向了一种非传统的治疗方法——瑜伽，去拉伸，去冥想。之后，他感觉好多了，又重新开始工作，后来成为安泰的首席执行官。

此后，贝托里尼不再系领带，而会戴上一个闪闪发亮的金属护身符。护身符上用梵文刻着"soham"，意思是"我即彼"，这是在冥想时帮助人们控制呼吸的一句咒语。它代表着和宇宙的一种精神联系。在公司里，无论他去哪儿，人们都会注意到他的这个护身符，同时对这位领导的坚毅和勇气充满了钦佩。

这位新任的首席执行官认为曾经帮助他康复得如此之好的方法，应该对他的员工和客户也有效，所以他决定拿他的公司做一个实验。239 名员工自愿参与这个实验：其中 1/3 练习瑜伽，1/3 参加一个专注力培训班，其余的 1/3 是对照组。三个月后，练习瑜伽和参加专注力培训班的员工在主观应激和睡眠困难方面表现出明显的下降，而且血液检测也表现出应激激素水平的降低。

后来，当贝托里尼审阅 2012 年安泰的财务状况时有了惊人的发现：平均每名员工的医疗报销费用降低了 7.3%，也就是一共节省了大约 900 万美元的花销。同时，由于生产力提高了，公司把小时工的最低工资从每小时 12 美元提高到每小时 16 美元，而且公司自己掏腰包的医疗保健花费也降低了。

贝托里尼告诉员工们："如果我们能创造一个更健康的你，我们就能创造一个更健康的世界和更健康的公司。"员工把他的话都记在了心里，他们在工作中感到更开心、更满意，也加倍地努力工作，因为他们那位和死神擦肩而过的领导者深深地理解什么是超越物质激励之上的东西。[3]

这种理解直击卓越目标的核心区——那句"我即彼"。我的猜测是贝托里尼能把 agape（古希腊语，意思是"充满热情的爱"）延伸到所有他的利益相关者身上，他的主张就是"像爱你自己一样去爱你的兄弟"，因为他从骨子里深深地感到他们和他就是一体的，他们中的每一个人都是"彼"。

想象一下为贝托里尼这样的人工作，他是那种和死神打过交道的活生生的象征，并把这种象征戴在脖子上。怎么能把他和你正在工作的公司的领导者相提并论呢？见到这样一位鼓舞人心的人的时候你会是什么样子呢？（一家大规模的人寿保险公司的一大优势就是它的远见，它存在的意义就在于呵护生命和健康。）问题是："你们公司、你们部门或者你们团队的人相信这一点吗？或者说许多人都是在为工资而工作吗？"

贝托里尼之所以比大部分领导者更理解领导力的含义，是因为他曾经和死神擦肩而过。他不再冷漠，他也不再只对那些财务数字感兴趣。他现在的格局更大——超级大。

"我即彼"意味着我们——我们所有人，上至执行总裁，下至门卫——都是"彼"的代表——一支庞大、有活力、有生气的队伍。当你学会了像贝托里尼那样做，进入那种现实境地时，你就会成为我所说的出类拔萃的领导者。成为一位这样的领导者，仔细体味着世界意义的丰富含义，同时还能把它转化成你的员工、你的经理和你的客户所能理解的东西。这样的领导是什么样的？

出类拔萃的领导者

我相信对于所有人来说，最根深蒂固、无法言喻、普遍的焦虑就是我们对于生命逝去的恐惧。当我们的歌还是没有人唱的时候，死亡会让我们惊恐。我们担心的并不只是身体的死亡，还包括象征意义上的死亡，这一点也许更重要。我们担心我们的生命无足轻重，我们担心我们不会对世界产生影响，我们还担心当我们离开这个世界时，没有留下任何来过的痕迹。

如果你现在年轻且健康，你可能还不太会在意这种忧虑。它就像背景音乐当中的一种白噪音，又像是办公室的荧光灯发出的微微的嗡嗡声。但是总会有这个时候，如果你像马克·贝托里尼一样幸运地躲过了那颗射向你的子弹，你也许就会认真反思生命这件神奇礼物的意义何在。你也许会这样问自己："我为什么到这里来？我对世界有什么影响？我给世界留下了什么？"

如果你足够幸运能面对这些问题，那么你就会意识到过去的每一秒，你有生之年做善事的每一个机会都变得更有意义。你想最充分地利用你所拥有的宝贵时间，去欣赏那些美丽的东西，去创造该有的欢乐。而你不想做的就是把每一天花在做那些琐碎、没有意义的工作上。你想每天早晨一睁眼就感觉到你正在影响这个世界。我发现，一旦你进入这种境地，你真正的天性就会由内而外地散发出来。你就有能力也有理由成为一位出类拔萃的领导者。你体味到了在这个世界上有意义的生命是什么样子的。你激励周围的人带着一种全新的责任感去工作。你有能力让整个组织明白人生的最终目标就是一个词——意义。

　　杰出的领导者能很流畅地把意义、高尚、美德和团结结合起来去解决最难以处理的组织机构问题。这一点给遵循这些原则去解决人人都有的焦虑问题的人提供了一种方法。这就是为什么一位倡导一项有象征意义的"不朽计划"的领导者能有惊人的办法让大家都表现出最好的一面。就像人类学家厄内斯特·贝克尔提出的，它是超越生命、具有永恒价值的工程。

　　过去，这些不朽计划之所以采用战争和文化运动的形式，是因为其基础是"我们能打败你们，奴役你们，所以我们比你们强"。但现在是自由市场阶段，我们的目标不是消除竞争；相反，是为利益相关者提供更多价值，通过竞争让客户选择我们。竞争者要么紧跟住不掉队，要么就有被甩下的危险。由于交易的自愿属性，自由市场允许任何一方"选择自愿退出"，唯一赢利的方法就是让别人赢利或者自己做得更好。这种属性把私利转化为服务，把资本主义转化为贸易。

　　只有一类特殊的人才能成为出类拔萃的领导者。有这种想法的人不必经历生死考验，但他们确实需要进行深刻的自我反思，去理解每一个人内心最深处的焦虑。为了创造有意义的不朽工程——这是一个员工全心投入的以服务为驱动的组织使命，有这种想法的人必须正视自己对死亡的恐惧。领导者必须通过一次"英雄之旅"来发现真正的自我，他们必须把那些来之不易的个人经历与他人分享，并且在分享时要谦逊，要有智慧，要有同情心。

出类拔萃的领导者的目标是把下属的个人目标结合起来，形成一个更大的目标，从而使每个人的目标也变得更大。他们知道如果想让竞争和协作同时发生，那么就需要鼓励人们创造一种为了一个更大的目标而全心投入并精诚合作的文化。只有这样，人们才能看到更美好的未来，才能不只关注自己的那些小决策。他们会把自己最大的努力和组织目标自然地结合起来，而这种自然的结合是其他体系无法引导他们做到的。这也是赛艇运动和帆船运动之间的区别。只用胳膊划的船和由风吹动的船是无法相比的。由风吹动的船和自然力量是和谐一致的。因正式权威而前进的组织就像一个赛艇，因一个卓越目标而前进的组织就像一艘帆船，顺风顺水，扬帆前进。

虽然出类拔萃的领导者很稀少，但的确存在（我在本书会提到一些）。他们不是通过大棒加胡萝卜（给员工丰厚的工资、奖金、看得见的特殊待遇，或者以降职或开除威胁他们）来鼓励他们的追随者，而是让员工深信他们把时间花在了在世界上做有意义的工作上。

卓越不凡的领导者都是谦逊的。他们会遵循老子的教导："太上，不知有之。其次，亲而誉之。其次，畏之。其次，侮之……功成事遂，百姓皆谓'我自然'。"他们鼓励并且能够让员工为了目标而努力。事实上，可以这样说，一位卓越不凡的领导者没有什么跟随者。这一点，我一会儿回过头来再谈。

公司和其他组织机构完全可以成为构建在善行、服务和爱的基础上的意义家园。我相信这是经济价值的最终源泉。能把人和工作的最高目标结合在一起，可以为那些在组织机构工作的人（如何实现有象征意义的不朽）、为组织机构（如何在追求共同目标的过程中结合员工的个人利益）、为社会（如何构建和平、繁荣和发展）以及为人类（如何在包容和相互尊重中共存，如何避免冲突和自我毁灭）解决一个最大的难题。

卓越不凡的领导力要求我们有反思和内省能力。首先，认识到自己必死的命运。然后，严格自律，激励他人热情投入工作（在本书中，我给出了令人深思的警告。如果你只是试图通过高谈阔论而不是让自己作为一个榜样去鼓舞他人，那么你的追随者就会变得愤世嫉俗、散沙一盘、生气发怒）。我建议你通过一个共同的目标、一套强有力的道德原则、一个志向相同的共同体、一种无条件认可的情感，以及一种要有所成就的热情驱动他人。

幸福或者意义？

追求幸福和寻求意义是每个人生命中的两个核心驱动力。幸福和意义都至关重要，但只有后者才是人类所独有的。正如心理学家罗伊·鲍迈斯特所指出的："（我们）在追求幸福这方面和其他许多生物都一样，但对于意义的追求才是我们成为人类的核心要素，而这一点是独一无二的。"[4]

幸福和意义通常是互为基础的，但又不总是这样。过有意义的生活不同于过幸福的生活，有时候甚至是完全相反的。咱们以"父母悖论"为例，成年子女的父母会说他们很幸福，因为他们有孩子，但是那些仍然和孩子们住在一起的父母的幸福感往往很低，所以看起来养孩子会降低幸福感而使意义感增加。[5] 再比如那些在灾难面前挺身而出的志愿者，他们经常经历巨大的考验，甚至创伤，只是为了帮助那些在事故或者自然灾害中受难的人。为了高尚的目标而忍受负面情绪给他们的生命带来了意义，但是这并不会让他们感到幸福。

两者的区别在哪里呢？幸福被理解成愉悦和正面积极的情感，更多的是和需求得到满足，以及得到所需之物紧密相连。意义被理解为重要性和积极的影响，经常和正确的个人定位，以及有目的、有原则的行动相关。如果你发现你的生活很悠闲，你也取得了一定的成绩，这时你很可能感到自己是幸福的，但是你也许不会觉得自己的生命非常有意义。另外，回顾过去和着眼未来，面对逆境和组建一个家庭都会增加意义，但未必让人幸福。意义的更高层次与深思相关，而这一点又和焦虑、压力和困扰相关。然而，意义还与毅力、感恩、情感表达等紧密相关。[6]

意义有两个主要组成部分：理解生活（认知）和有目标感（动机）。认知包括把你经历的事情连贯完整地串联起来，让它看上去就好像是一个故事，以第三者的视角来审视人生。动机包括积极地追求能反映一个人的自我特征和超越狭隘的自我利益的长期目标。当我们进行有意义的追求，参与有价值的活动，同时又能体现我们最好的一面时，我们是最有满足感的。[7]

"没有意义的幸福，其特征就是过一种相对肤浅、自我陶醉甚至自私的生活。这种生活中一切都顺顺利利，需求和欲望可以被轻易满足，困难、伤神的纠结都被避免了。"鲍迈斯特这样写道，"更可能的是，纯粹的幸福是不去帮助需要帮助的人。"[8]有幸福感就是感觉良好，而意义则不同，它源于帮助他人或者为社会做贡献。可是，你更想在你的墓碑上刻下下面哪一句呢？是"在此长眠的是（你的名字），其一生努力得到自己想要的，让自己过得幸福"，还是"在此长眠的是（你的名字），其一生努力给予周围人所需要的，让这个世界变得更好"。

盖洛普民意测验的结果显示[9]，2012年，有将近60%的美国人感到幸福，没有太多的压力和担忧。另外，美国疾病控制与预防中心的数据表明[10]，大约有40%的美国人还没有找到一种令人满意的生活目标，或者想知道什么才能使他们的生活有意义，他们中有一半的人（也就是20%的成年人）在承受忧郁和抑郁。研究表明，生活有目的和有意义会增加人生的幸福感和满足感，会提高人的精神和身体健康，会增强弹性和自尊，会降低患抑郁症的风险。对比来看，单纯追求幸福反而会让人感到更不幸福。[11]

由于公司之间都会为人才而竞争，所以会竭尽所能地给予员工想要的东西，让他们感到幸福，如高工资、低压力、多福利、少困难。但是这种战略一般都会带来出乎意料、事与愿违的结果。正如精神病学家维克多·弗兰克尔所写的那样："任何一个人最伟大的任务就是寻找他生活中的意义所在。"大部分人会把精力转移到努力追求幸福上，但"正是这种对幸福的追求才阻碍了幸福的到来"。[12]从长远看，人们真正想要的，真正使我们感到幸福的不是享乐而是意义，而意义是一位卓越不凡的领导者所能给予的。

弗雷德·考夫曼是谁

30 年前，在布宜诺斯艾利斯大学取得学位并当了一名经济学专业的老师后，我选择到美国攻读研究生。在加州大学伯克利分校，我主要研究经济激励理论。毕业后，我在麻省理工学院斯隆商学院找到了一份工作，任管理会计助理教授。我在那儿的教学和研究主要集中在设计和实施性能评估与报酬系统。多亏了麻省理工学院和企业的紧密联系，让我有了超多的机会和世界上一些最具创新性的公司进行合作。

在我做学术研究的这些年里，我努力解决组织机构的根本问题，即如何通过财务奖励来整合个人责任和团队合作。我获得了博士学位，在伯克利的经济学系荣获"优秀辅导员"称号，并且在麻省理工学院荣获"年度最佳教师"称号。我还收到许多公司的请求，请我担任它们的咨询顾问。这些年来，我逐渐理解了这种整合不仅仅是数学问题，最难的组织机构问题的解决方式一定涉及心灵问题。它需要注入"活力"，给生活以目的和意义。所以，作为一名数学家，我失败了，但是我败得光辉灿烂。我的失败把我带到一条不寻常的道路上，给我的生命更深刻的意义，指引我写下这本书。

多亏了我的导师彼得·圣吉的指导，我开始为一些大企业开设领导力工作坊，包括通用汽车、克莱斯勒、壳牌和花旗银行。我的工作得到这些企业的领导者极大的认可，而且我发现，比起和工商管理硕士打交道，我更愿意和这些企业的领导者交往。前者认为管理的学问和智慧来自书本和案例分析，而后者显然已经被现实打磨得谦逊有礼。所以，6 年以后，我辞去了麻省理工学院的工作，创建了 Axialent。这是一家咨询公司，在最兴盛的时候，它在全球有 7 个办公室，150 名员工。

10 年前，我出版了一本书，名为《清醒：如何用价值观创造价值》[①]。我的目的是把我知道的那些上班族需要了解的知识编辑成册。那本书被翻译成了若干种语言，销量超过几十万册。很多人告诉我那本书激励了全球的很多领导者。从那时起，我就更加深入地思考创造并引领一家有清醒意识的公司到底需要什么。作为一名咨询师，我曾经和来自世界各地的经理、高管以及首席执行官打交道，探讨一个意识清醒的领导者应是什么样子的，探讨如何处理最难的组织机构问题。

2013 年，我离开我的咨询公司加入领英，任行政发展和领导力哲学副总裁。在领英，我的工作就是帮助公司实现"与世界各地的专业人士接轨，让他们更多产，更成功"这一目标。我主要通过帮助各个层次的管理者成为"卓越不凡"的领导者——道德伦理领导者，唤醒他们自己的意义意识，进而能呼吁人们追求一个更大更高尚的目标。然后我帮助这些领导者激励其他人精诚合作，追求这个目标，在竞争面前依然保持齐心协力。这是一项非同寻常的工作，即使在硅谷这样不同寻常的地方，也是这样。

我的领导力培训方法基本上和商学院或者其他学校关于这方面的培训所教授的标准方法没有什么关系。相反，我的培训要求每一个人花很长时间，严格而真实地分析现实，它部分是经济学和商业理论，部分是交际和冲突解决方法，部分是家庭咨询和系统疗法，部分是正念和冥想。

XXXIII

———————————
① 该书中译本已由中信出版社出版。

很多人觉得有意义的工作只存在于非营利性组织。我不同意这个观点。虽然我们可以通过志愿者活动或者非营利性工作帮助他人减轻痛苦，但我相信，想要消除贫困，给人类带来更高水准的繁荣、和平和幸福，没有什么可以和发展经济相比。

那些从道义出发而工作的企业家就是推动人类进步的发动机，为他们所有的利益相关者创造了价值。这就是意识清醒的商业，也是卓越不凡的领导力。

什么是"意义革命"

在《科学革命的结构》一书中，物理学家、历史学家以及哲学家托马斯·库恩说，当一种已经被广泛接受的范式能够使研究变得系统化时，常规科学就产生了。在此期间，会出现常规科学不能解决的困惑或者反常情况，然后科学会进入一段革命时期，科学家们会提出新的问题，不只是解决以前的范式出现的问题，而是有所超越，并且改变自己的思维模式，把研究指向一个新的方向。

在经济学中，有一个难题，它涉及两种激励方式。从"系统视角"来看，个体必须让自己的目标服从组织的总体目标。因此，一位管理者应该运用总体激励。例如，销售人员的奖金应取决于整个销售团队的业绩，而不是个人销售业绩。这样会避免产生人为矛盾，像是"我的"客户、"你的"客户之类的，因为他们都是"公司的客户"。

从"委托—代理的角度"来看，个人必须对他所从事的工作的结果负责。因此，管理者应该运用个体激励。比如，销售人员的奖金应该取决于每个人的销售业绩，这样才会鼓励每一个销售人员发挥最大的能量，而不是试图"借别人努力的光"，这样才能吸引最好的销售人员。

经济学家已经仔细而精确地证明了系统理论和委托—代理理论，问题是，这两种理论实际产生的结果是互相矛盾的。它们不可能被同时运用，而且如果同时运用，那么结果比单独运用它们中的任何一个都更糟糕。

我建议通过非物质激励来解决这个难题。本书探索了从物质到意义，从补偿、命令和控制到目的、原则和人，从管理到领导力的转移范式。我建议不能把员工看成由物质激励驱动的机器，你要把他们看作有清醒意识的人，他们想要通过那些给予生活意义的项目来实现价值，超越有限的生命。

本书关注如何超越我在《清醒：如何用价值观创造价值》一书中提到的"有清醒意识的"领导者，而成为一名"卓越不凡的"领导者，我会给出一些非常实用的建议。我之所以认为卓越不凡的领导力会取代一般的管理规定，是因为它不仅是践行领导力的方法，让人们明白如何领导他人，还是成为一个领导者的方法。这样的领导者能激励员工发现生命中最有价值的东西，从而全心投入工作。

市面上并不缺少建议各个层次的领导者如何行事——如何应对变化，如何招聘合适的员工，如何实施战略等的企业管理类图书。虽然它们都给出了非常好的建议，但是都忽略了最基本的一点，就是人的因素，它们强调的是如何让领导者更适合做运营经理而不是成为真正的领导者。"你怎么才能……"这样的问题是针对管理者的，更重大的领导力问题应该是"你是谁"。

领导力是因为人类想让生活更有意义才应运而生的。没有人想让自己的成就只是"昙花一现"。我们都想提升自己，造福他人，对世界产生影响。我们都想通过参与一项卓越不凡的事业而超越身体上的限制甚至死亡。但是，关于发现意义重要性的图书一般只能在书店的自助区或者关于精神心灵的区域才能找到，而这都不是企业领导者最青睐的区域。另外，这些图书都没有解决最实质、最难的问题，即组织机构中个人责任和组织目标如何结合。它们也没有解决一些基本问题，如要想成为众人都热情追随的领导者，你实际上要做哪些内在和外在的工作，又如要想营造一个让员工真正受到鼓舞的工作环境，你需要怎么做。我们怎样才能为企业打造一个真正可靠的人性基础——一个让人信任的企业，人们愿意倾其所有而成为它的一分子？当每个人都能全心投入时，要怎样有效协作，才能作为一个团队而取得胜利呢？

在第一部分，我介绍了对于任何一位领导者来说，如果他的组织或者团队想要生存、发展都必须解决的最难的问题。这些就是带来意义革命的库恩异常现象（Kuhnian anomaly）。

第一章讨论了为什么大多数人在商界迷失了自我。我解释了那种物质的、生产—赢利—消费的工作观点是有问题的。我证实了最具破坏力的组织问题不能只通过物质激励来解决。

第二章提出这样一个问题，即为什么组织不能让它的员工团结起来去追求一个共同目标。本章，我提出了三个观点：（1）大部分人不知道自己真正的工作是什么；（2）当每个人都表现最佳的时候，组织绩效通常不会最高；（3）为了鼓励协作，忽视责任所设计的经济奖励，以及为了鼓励责任，而忽视协作所设计的经济奖励。

第三章认为没有人真的了解获利的最好方法。我展示了大多数人是如何以狭隘的眼光错误地评估成本和利润的。这会让他们做出有损公司业绩的决定。即使他们跨过这道坎，努力评估其他行为的影响，他们还是会错过最重要的信息——机会成本。

第四章为那些准备走上成为卓越不凡的领导者道路的人提出了三个警告：（1）你的行为足以让你的员工听不见你的声音；（2）人们会过于敏感、过于苛刻，无论你多么努力地想尽办法言出必行，他们总能找出你的不足；（3）权力腐化——你越努力去激励人们，越可能背叛他们。如果你陷入这三个陷阱的任何一个，你就会终结你一直努力培养的企业文化。

在第二部分，针对我在第一部分提出的"硬问题"，我给出了"软方案"，即以人为中心的解决方法。

第五章认为应为最难的问题制订心灵层面的解决方案。你怎么才能同时激励竞争和协作呢？我认为通过纯经济手段是不可能同时激励竞争和协作的，通过非物质手段则可能同时激励两者。

第六章描述了各个级别的领导者如果想把员工联合起来取得胜利，就必须利用各种激励方法。我分析了领导者怎么才能通过定义和要求相应的规范来塑造组织。强大的组织文化建立在智慧、同情、勇气、公正和爱这样的美德之上。这些美德给予领导者和员工强大的能力，让组织成员不再以自我为中心，整合多种视角。

第七章认为，绝对的"反应—能力"和责任是商业和人生的一种有效哲学。作为一名领导者，要勇于承担责任，也要让人们为自己的选择负责。这样领导者才能更具创造力，才能把冷漠和厌恶转变为热情和忠诚。

第八章展示了如何通过"不断升级的合作"来解决最棘手的

问题。这是一个逐步达成一致的过程，包括明智地分析利弊，理性地做出决定。在一个建立于和英国普通法原则相似的原则基础上的体系中，组织机构的领导者能够让自己的决定成为标杆，以引导组织各个层级的人员做决定。

第九章展示了说话算话对于经商或整个人生而言，十分重要。一个诚信的人会信守承诺，并以信守承诺为荣。一个人许下掷地有声的承诺，就一定会努力履行承诺。当他不能信守承诺时，他也会让承诺的对象知道具体情况。

在第三部分，我解释了为什么想成为卓越不凡的领导者，必须超越我在第二部分描述的领导者。要想引领那些热情的追随者，领导者必须走上神话学家约瑟夫·坎贝尔所说的"英雄之旅"。

第十章驳斥了一个传统观点，即认为领导者授权给追随者。我认为员工通过努力完成领导者布置的任务而授权给了领导者。每一个人必须做出的最重大的决定就是如何利用自己的宝贵时间。就像投资者用资金让公司充满活力，追随者用他们的生命让领导者"充满活力"。

第十一章深入研究了人们对死亡的普遍恐惧。我论证了为什么面对自己或者他人死亡时的焦虑是最重要和最有效的领导力工具。我解释了禅宗的智慧，一个人必须"在死亡前死去，这样才能真正地活着"。你必须发现自己的潜质和不朽，并且以身作则。其实，渴望成为一项不朽工程的一分子的愿望自古以来就是历史学家、诗人和哲学家一直挖掘的关于领导力的公开秘密。

第十二章分析了领导者的发展道路。领导者的旅途充满了各种尝试，以磨砺自己。人类成长的自然模式是从无意识到有意识，再到超意识。一个人强迫自己面对恐惧，发现自己的优势，最终会赢得塑造命运和成为自己人生主宰的这场战役的胜利。只有当一个人走上这条英雄之路，克服自己的弱点之后，才能把人生智慧带给整个群体。只有当一个人认识了自己，才能成为他人的榜样，并得到信任。

第十三章认为市场会把自利转化为服务，把攻击转化为竞争，其本质是对生命、自由和财产的尊重。如果人们相互尊重，如果交易是自愿和平等的，那么每一个参与者都可以期待自己得到的一定比失去的多。亚当·斯密说过，甚至当所有人都不考虑社会福祉时，市场依然会像一只"看不见的手"，指挥人们朝着这个目标进发。我认为卓越不凡的领导者有意通过尊重、自由和服务创造一个全新、更自觉的市场经济。这个经济体系强调合作精神，支持人的发展，这在以前绝无仅有。除了满足人类的物质需求以外，它还满足了我们的精神需求，那种需要超越自我，体会永恒的需求。

后记总结了本书的基本原理，并为领导者提出切实可行的建议。我衷心地希望读者在读完本书后会受到鼓舞，能在这个世界上留下一些有价值的东西。不仅为自己，也为了让员工、组织和世界变得更美好。

现在，我邀请你加入这场革命。

前
言

第一部分

硬问题

第一章

消极怠工：工作的意义何在

如果管理层不把员工视为有价值、独一无二的个体，而把他们视为在没用时就可丢弃的工具，那么反过来，员工自然会把公司当作发薪水的机器，没有其他任何价值和意义。

——米哈里·契克森米哈赖

玛丽莎·迈尔曾是谷歌一位成功的行政主管。2012年夏，她成为雅虎的首席执行官。尽管招募她的目的是让这个面临死亡的互联网品牌转危为安，但是当她上任时，雅虎仍然有许多可圈可点的地方：数字广告市场正在蓬勃发展，董事会以一个积极合作的态度欢迎她的到来，公司现金流充裕，每月有10亿次的客户访问量。

　　迈尔无力回天。之后四年，雅虎的财务状况连续恶化。最终，雅虎被威瑞森收购。这一收购被《福布斯》称为"技术史上最悲惨的50亿美元收购"[1]（最终的收购价为44.8亿美元，比最初的报价低了3.5亿美元[2]）。观察家们把雅虎的崩溃归咎于迈尔在战略上的不连贯，以及她善变的微观管理方式。《综艺》杂志宣称："迈尔在雅虎的遗产就是作为首席执行官的她把雅虎推进了降价销售的市场。"[3]

　　《福布斯》的专栏作者米格尔·赫尔夫特这样描述2015年10月雅虎120位高级行政主管的一次公司场外会议，当话题转到员工的工作积极性时，整个会议的氛围"急速恶化"。"迈尔从会议室进进出出，而雅虎的人力资源负责人布莱恩·鲍尔公布了最近的员工调查结果。数据显示，员工对公司行政领导在士气感召力和信任度等方面的指标呈两位数的下滑状态。各个部门的副总开始相互发泄不满，最终导致一场直接的相互激烈质问。这时，另一个会议——内容是如何把握改善交流的机会——则变成了雅虎上层要员的讲座，而许多人都发现这种讲话优越感十足。副总们开始大声指责他们的上司'不听'、'不懂'，也'对改变不感兴趣'。有些人甚至开始谩骂。其中一位与会者说，'这是我所参加过的最紧张激烈的会议'。"4

作为首席执行官，迈尔所犯的最大错误可能就像是《福布斯》的撰稿人麦克·马亚特所指出的那样——她没有理解雅虎的文化。马亚特认为在迈尔的领导下，雅虎文化变味了。他这样写道："迈尔没有抓住这样一点，那就是对于你不理解的文化，你不可能转变它。一种企业文化就是一个脆弱的生态系统，而要想让这个生态系统繁荣兴旺，就必须培育这个系统内很多相互依赖的机制。一种强大的文化就是一种业绩催化剂，它能创造巨大的动力。"5

像迈尔这样消极怠工的领导者所带来的问题就是，他们不仅仅摧毁了整个公司，更有甚者，让每个人都更怀疑公司的组织架构，更怀疑他们的领导者。这就导致整个社会信任度受到侵蚀，而没有社会信任，经济就不可能正常运转。

我见过玛丽莎·迈尔，她当时在谷歌工作。那时，我给谢丽尔·桑德伯格做咨询，谢丽尔当时是谷歌在线销售和运营的负责人。与迈尔交谈实在是一次可怕的经历，我们的谈话长达一个小时，她和我连一次眼神交流都没有。如此尴尬冰冷的交流让我的大脑疼痛不已，我好像没有了思想。还好，我最终还是找回了我的思想。我想："我绝对不会为这位女士工作，不会和她或者她领导的公司有任何瓜葛。"她的这种情感上的无交流使我不可能努力做到最好（这与我对谢丽尔的感觉形成了鲜明对比。谢丽尔既是我的朋友，也是我见过的最优秀的领导者之一。我很欣赏谢丽尔能把个人热情和职业智慧结合在一起。如果说迈尔的光芒是银河中一颗发出蓝光的遥远的恒星发出的，那么谢丽尔的光芒就是太阳发出的耀眼的金光）。

　　并不是说像迈尔这样的领导者不聪明、不投入，或者不想把事情做好（我曾经对她的智慧和决断印象深刻），只是他们没认识到自己最重要的工作是什么。其实，他们最重要的工作就是激发人们内在的动力，使其高效且诚实地完成组织交给的任务，从而让整个团队获胜。哈佛商学院的特雷莎·阿马比尔教授曾经给高级执行官提出过警告，她说："也许你认为你的工作就是制定战略，但是你还有一个同样重要的任务，就是激发员工的积极性，激发那些努力执行这种战略的人的积极性。"[6]

　　领导不是一个职位，而是一个过程。从一线的监管者到首席执行官，甚至任何组织协调员工的人，只要他是管理者，就需要有效的领导力。人不只是像那些非生物体一样，是可以被经营的"资源"，而是有意识的存在体，需要被激励才能发挥最大的能量，从而推动组织实现目标。人类需要针对他们自身特性的管理方式。

　　一次，我给一家化工公司做领导力专题讲座。正在对这一点进行解释说明时，有一位参会者（我后来知道他是一位物理学、化学和化学工程博士）举手用幽默的语气感慨道："我热爱分子！"大家对他的话感到很困惑。他于是接着说："分子们总是很乖。你给它们加热加压，就会确切地知道接下来它们会怎么样。"

我们都笑了。

他继续说："问题是，因为我把分子管理得特别好，于是领导让我去管理人，但我不擅长管理人。人们可不乖。你给他们加热加压，可是你永远不知道他们接下来会怎么样。"他想用对付分子的方法来对付人，这不会起作用。与分子不同，人们有自己的思想。

像他一样，有许多经科学培训的管理者忽略了这个基本事实。根据经济学家穆瑞·罗斯巴德所说，这些领导者实践的不是科学，而是"科学主义"。罗斯巴德写道："科学主义是一种极度非科学的尝试，想用物理科学的方法研究人类活动。"如果我们把有意识的人类当作分子或者其他没有意识的东西，而机械地操作他们，我们就犯了一个可怕的错误。罗斯巴德坚持认为："忽略了人类本性中这个最根本的事实，即忽略他的自由意志，就等同于曲解现实中的事实，因此这种方法完全是非科学的。"[7]

甚至那些对人类本性略知一二，而且有着最良好意图的管理者，他们作为领导者也不是那么伟大。这一点我们可以理解，他们当初只是得到管理技术层面的培训，而在人的层面上，他们并没有得到很好的培训。他们并不知道如何与这些有自己思想的人打交道。尽管他们是工商管理硕士，也上过行政管理课程，但是他们不知道如何赢得人心。所以他们的视野其实是狭窄的，而且他们很自恋。他们依赖的就是以任务为导向、命令加控制的管理方法。尤其是在压力大的时候，他们更会采用这种方法。他们相信软办法不如他们知道的那些硬办法有效，他们把这些硬办法当作抵制更深层、更内省工作的壁垒。

这不仅仅是一种商业现象，像医院、学校和慈善机构这样有着崇高目标的非营利性组织，也会因那些只为蝇头小利和注重琐事的管理者而负担沉重。这些管理者不好好对待他人：他们根本不听别人的意见。他们只是玩政治，把别人拖下水，不会倾听，只会指责别人，也不对自己的行为负责。他们按时拿着薪水，直到退休。如果这样的人当权，那么机构就完了。从看门人到行政管理人员，每个人都在看着他们。员工会耸耸肩，然后说："如果老板都如此草包，我还卖什么命呢？"这种愤世嫉俗和漠不关心就会像病毒一样扩散开来，以致整个组织在受到传染后会慢慢死去，而这一切都源于那些领导者的无知和自私。

这样的领导者不可能激励别人，因为他们根本就不愿自省，也不会尊重和同情别人。他们已经丢失了灵魂。更糟糕的是，他们已经变成啃噬灵魂的僵尸，只会危害组织成员。对付他们的唯一办法就是让他们离开。

消极怠工的悲剧

盖洛普公司进行的在职员工民意测验的结果实在是发人深省。30多年来，盖洛普公司对横跨美国的数百家公司的2500多万名员工进行了深入的行为经济学研究。从2000年以后的每一年，只有不到30%的员工感觉自己"积极投入工作"。这些员工是那些最具创意的员工，是他们创造了公司大部分的新客户群。在他们身上，最能体现企业家的能量和精神。而"自由散漫、消极怠工"的员工占了50%，他们根本没有任何作用。

那些积极工作的员工在情感上会全身心地投入公司，以实现公司的目标，不遗余力。他们非常在意自己的工作和自己的公司。

他们可不是为了工资或者升职，而是为了公司的目标，他们把这个目标当成自己的目标来追求。

咱们讲一讲克里斯托弗·雷恩的故事吧！他是一位伟大的建筑师，伦敦的圣保罗大教堂就是他设计的。他这样向我们阐释了积极投入工作的工人和不积极投入工作的工人之间的差别。有一天，雷恩走入正在建造大教堂的工人当中。没有人认识他。雷恩问其中一个工人在做什么，那个人回答道："我在切割一块石头。"雷恩又问了另外一个工人同样的问题，那个人这样回答道："我在为一天能挣五先令两便士干活儿。"当雷恩问第三个工人在干什么的时候，那个工人的回答是："我在帮助克里斯托弗·雷恩阁下建造一座美丽的大教堂。"[8]

提到公司的健康发展，有另外一个更危险的员工群体——那些"主动撤离"型员工，他们构成了盖洛普年度调查垫底的20%。这种人不仅仅是工作不开心，还会把自己的不开心表现出来，消极地影响同事，总是批评公司。这些人的戾气很重，以致他们总想对公司进行有意或无意的破坏活动。他们成为公司的"诽谤者"，在整个公司内部甚至外部传播负能量。[9]这种"主动撤离"型的员工每年耗费美国4500亿~5500亿美元的花销。

盖洛普公司还发现那些工人不主动工作的场所的事故率会高出约50%，质量不合格率高出约60%，以及更高的医疗保健费用。[10]而且，60%的千禧一代（他们占美国劳动力的一大部分，人们本来认为他们是最有思想、最愿付出的人）也不积极主动工作。盖洛普还发现只有14%的千禧一代"十分同意"公司的使命或者目标使他们感觉到工作的重要性。[11]大家想象一下一个有裂缝的炉子，这个裂缝会让85%的热量散失，而你正在想尽办法用这个炉子做饭。这样一个画面就是当今大多数公司的状态。

盖洛普公司还对比指出，员工敬业度方面处于前 1/4 的群体比倒数 1/4 的群体表现好得多。前者的客户信用评级要比后者高出 10%[12]，整体利润率和生产率比后者分别高出 22% 和 21%。前者人员流动率至少比后者要低 25%，在那些本身流动率一开始就很低的公司，这个主动积极工作的群体的流动率要比消极怠工群体低 65%。超级主动积极工作的群体的旷工率也更低，工作失误更少，出现安全事故的概率也更低。[13]

在全球，由于工作主动性差异导致的年度损失高达数万亿美元。盖洛普公司最新的全球工作状态研究报告显示，在全球范围内仅有 13% 的员工是真心投入工作的[14]，剩下的人都是不以为然的态度。如果把这些都加起来，我们对资源的浪费就是一个天文数字。另外，积极投入工作意味着可以通过更高的生产力、更高的效率和更优质的服务来获得更大的机会，进而为所有利益相关者提供更大的经济价值。

所以，无怪乎各种组织都想尽办法通过实施各种"鼓励积极工作的措施"来提升员工的工作积极性。可问题是，这些措施大部分是流于表面、空洞不实、虚伪骗人的。它们建立在对人们情感的卑劣操纵之上，企图从人们身上压榨更多的东西。

绝大多数措施主要是根据人力资源部所做的员工调研制定出来的。调研往往引发一系列活动，但往往是材料的堆砌。有一个叫莱斯·麦基翁的咨询顾问在一本杂志上写道："所谓的提高员工积极性的那些措施都是设计拙劣、不实用，而且没有效果的一长串永远不可能实施的幻灯片演示。这种做法都是效仿那些所谓的'标杆管理'企业'最佳实践'的没有新意的做法。"[15] 有时，这些演示结束后就会变成一些培训项目，而这些项目的评价方式就是看有多少"人头"已经通过项目培训。可是，他们根本就不管这些"人头"的主人是不是真正培训了，或者真正学到了东西，可以运用到实际生产中，以提高自身的工作积极性。

要是某家公司真的按照工作积极性调研得出的数据来做出一些改变，那只能让事情变得更糟，其结果往往事与愿违。员工之所以会有工作积极性，是因为他们觉得管理者真正关心他们，也愿意提供一个良好的工作环境，不仅是为了提高工作效率，而且是为了加强和他人的联系，以及提升他们个人的幸福感。

相反，如果员工怀疑公司做出的改变只不过是想提升公司在盖洛普民意调研中的排名，或者管理者个人在公司的排名，他们肯定会更加消极怠工。如果那些管理者多年如一日地把员工当作"非人资源"，而突然有一天他们做出了一些自认为会让他们显得更有爱心的表面上的改变，其结果只能是让更多的人感到被欺骗和任人摆布。员工会把管理者所说的"我们真的很关心大家"这样的话当作是企图通过感情贿赂来获取利益，就像驯狗师在驯狗一样。

假想一下，你的爱人在结婚十年来第一次意外地送你礼物，还不做任何解释，你想想是什么情况。紧接着，下一周，你收到一封信，是一份"夫妻关系"调研问卷。其中，有一道问题是："上个月你收到爱人送的礼物了吗？"从个人角度来讲，我非常有理由怀疑我的爱人那么做只是想提升她在调研中的形象。

还有更糟糕的情况。任何管理上的虚假承诺的持久力都像那种到1月中旬就已经靠边站的新年决心一样。一旦一项耀眼的新计划失去诱惑的光泽，那些管理行为就又会退回原来的状态。这时，整个组织的健康发展和员工的工作积极性会变得比实施那些摇摆不定的政策之前还要糟糕。当员工认为一个领导者所做的尝试都是骗人的，不过是为了操纵人们的情感时，这种行为引发的可不仅仅是不积极工作的问题了，而会引起众怒。

不告别过去就无法开创未来。除非公司的领导确实对自己以前不积极的态度做出认真反省，让员工相信他们一定会以认真的态度改变以前的那种行为，否则这种鼓励员工积极性的措施一开始就没有任何生命力。这就是为什么尽管很多公司把大量的时间、精力、金钱投到员工积极性培养项目，可是得到的数据依然非常不乐观。这种项目总是适得其反，每年，全球范围的劳动力都变得越来越消极怠工了。

消极怠工的领导者

我指导的一个客户（化名"比尔"）告诉我一个他如何离公司渐行渐远的让人伤心的故事。比尔为了公司在远东的一个项目经常在全球各地飞来飞去。他告诉我："在做这个项目之前，我和上司的关系非常好，他也是公司国际运营部的副总。但是，自从我接手了远东的这个项目后，公司的首席执行官开始特别关注我了，经常会跳过我的上司直接和我联系。"比尔因此怀疑上司可能因为自己被排斥在圈外而心生怨恨。

一次出差时，比尔胃疼得厉害。但是他像往常一样老练地主持着那次商务会议，没有人注意到他正忍着剧痛在工作。那天活动快结束的时候，他实在受不了了，只能在晚餐时间离席去了医院。医生给他做了化验，诊断结果是细菌感染，并给他开了一些抗菌药。比尔是那种职场强人，所以第二天就回去上班了。

从医院回来后，比尔把医院急诊治疗的费用发票交给秘书去报销。所有医疗费用加起来不到 500 美元，他认为这个费用很合理。紧接着，他收到上司发来的一封邮件（因为这种票据报销需要上司签字同意），邮件是发给比尔的秘书的，同时还抄送给了比尔以及负责员工福利的人事专员。邮件要求把这笔花销报给保险公司进行索赔。让比尔感到震惊的不是邮件内容，而是邮件里面根本没提到他，没有一句"嘿，比尔"，没有一句"你还好吗"，什么问候都没有。

比尔在吃了 7 天的消炎药后，感染消失了，他的身体又恢复了健康，但是他的情感状态却没有恢复。比尔告诉我："真正让我受打击的是在这些往返的邮件中，没有一个人问我为什么在国外急诊就医，没有人问我是否已经康复，更别说有句良好的祝愿了。仅有的就是关于保险索赔程序的言简意赅的商业信息。"

"我没有愤怒，只是超级寒心，"比尔沉思着说，"我就想，这些人对我如此冷漠，我也会对他们冷漠。首先，我会变得完全冷漠，然后我可能还会变得让人异常讨厌。我现在根本就不相信公司在市场推销时骄傲地向全世界宣称的'真心实意对待每一位员工'这句口号了。因为在我生病时，他们对我就像对待一台还在保修期，但需要维修的机器一样。"

比尔的事让我想起了曾在我的一个工作坊放映过的一个电影片段。在《摩登时代》这部影片中，查理·卓别林饰演一名生产线上的工人，他的工作就是每只手拿一个扳手，把螺栓拧上。在生产线高速运转的强大压力下（"老板"不断地要求生产线提高速度），他的精神终于崩溃了，他实际上是被机器"加工"了。[16]

"他们对我根本就没有任何情感可言，"比尔接着说，"他们只想着处理保险索赔，然后推进报销程序。我感觉自己就像一台机器上的一个齿轮，或者墙上的一块砖而已。"

最终，比尔还是没有接受我的建议，他辞职了。他深受打击，再也不想提起这件事。他跟我说："我不想再谈这件事了。就算告诉他们，他们知道我在国外生病看医生，却没有询问我的身体状况这件事让我感到很失望，又有什么意义呢？他们就会找些蹩脚的借口假装关心一下，但是这太微不足道，也太晚了。我所期待的从我的经理那儿得到的起码的尊严不应是自己乞求来的。"

尽管从物质的角度看，比尔没有受到什么影响，但是他变了，由从前的积极工作到后来的完全消极怠工。从前他是积极分子，后来他是诋毁者。"如果有人现在问我是否愿意向一个朋友介绍说我的公司是一个值得来工作的好单位，我会说'绝对不是'。"

我并不认识比尔的上司，但是通过比尔的故事，我敢打赌这位副总也是一个不敬业的人。事实上，六个月后，比尔告诉我，那位副总也离职了。他也许是因为公司首席执行官跳过他直接跟比尔联系受到了伤害而辞职的。我也不认识那位首席执行官，但是我敢保证在他和比尔直接联系时，他肯定没多想。而且我还敢打赌，比尔的上司也一定没有告诉那位首席执行官他是多么怨恨他被跳过去这件事。事实上，如果这位首席执行官去问比尔的上司是否介意自己和比尔直接联系，我想这位副总一定会说谎："不，一点儿也不介意。"在我工作过的组织中，这种事数不胜数。

如果你自己都不投入工作，那么你也不可能让别人投入工作。研究表明，情绪会像流感一样快速传播。[17]如果你情绪低落，没有工作动力，如果我和你一起工作，我也极有可能会情绪低落，没有工作动力。一个组织内的任何一位管理者都有可能引发一系列连锁反应，使大部分员工对他敬而远之。在组织内部，会不断出现一些小的、日常的挫折和失望。一旦它们得不到及时解决，就会堆积起来，越来越多，最后让人麻木。这种麻木足以让那些最热情的投入窒息。大家想象一下，如果一个组织，从一个小的团队到整个社会，如果大多数人都这么想，结果会是什么。

一个糟糕的管理者就是一种巨大的债务。比尔开始悄悄地往外投简历，不久就在另一家公司找到了工作。这家公司给的报酬和福利并不比原来那家公司好，但是他总算离开了原来那家公司，他想找到一个他认为对自己的幸福更有益的新环境。比尔的这个案例只是上百万个案例中的一个。人们感到如此无助，以至于他们都不再努力让事情变得更好。

盖洛普公司证明说，如果公司想让员工积极投入工作，就必须"着眼于把那些高水平的管理者放到合适的位置"[18]。但是，这些所谓的高水平管理者在哪儿？哦，他们在哪儿啊？这么多年来，我在数十家公司和上千个人一起工作过，我可以诚实地告诉你，高水平的领导者真的比白老虎还稀有。

那么人们就有了一个困惑：如果积极投入工作对一家公司的业绩真的那么重要，如果能催生这种积极投入的战略不是那么复杂和昂贵，为什么会没有更多的积极投入工作的领导者出现呢？为什么会没有更多的公司积极提升员工的工作积极性呢？

我的结论是（借用并释义一下披头士的一句歌词）"你不可能买到爱"。

习得性无助

有一次去参观吴哥窟，我计划和孩子们骑大象。当我们准备爬上大象背的时候，我们注意到还有几头大象的右前腿被细细的绳子拴在一个桩子上。很明显，这些庞然大物可以轻而易举地扯断绳子或者拔出木桩，但是它们没有这样做。它们安静地待在原地。我于是问训象人是怎么用这么个小东西就把大象拴住的。

他解释说，当这些象还很小的时候，训象人就用类似的绳子把它们拴在木桩上。因为当时它们很小，那根绳子足以防止它们逃走。刚开始，大象总是努力想逃走，但是最终它们知道这样的努力是徒劳的。于是它们就不再努力了，甚至它们在长到足够强壮可以挣脱绳子时，也不想挣脱了。大象知道自己已经被拴住，再也不会努力挣脱绳子。真正拴住它们的不是物质的绳子，而是精神上的绳子。

这真是一个完美的活生生的例子。"就像大象一样，"我对孩子们说，"许多人一辈子一事无成，就是因为他们有过小象那种惨痛的经历。你们一定要小心别掉进这种思想陷阱，要定期反省自己的局限性。"

美国心理学家马丁·塞利格曼早在 1967 年研究抑郁症时就创造出"习得性无助"这个术语。习得性无助指一个人（或者动物）的一种态度。他之所以不会主动努力走出那种不利的环境，是因为过去的经历已经告诉他这么做是徒劳无功的。塞利格曼发现有些人和动物在反复忍受不可避免的痛苦刺激后，就会表现出这种行为。有了这种经历后，实验主体就不会努力去避免那种其实可以有效规避的不利环境了。换句话说，主体已经接受自己对于消极影响环境没有控制力，从而放弃了努力。

塞利格曼的研究基于经典条件反射理论，研究的过程就是让一个人或者一只动物把两个不同的事物进行关联。有一个实验是这样的，他先按响铃声，然后轻轻地对小狗进行电击。这样重复很多次后，小狗一听到铃响的反应就好像它又被电击了一样。

紧接着，塞利格曼把第一次实验中的小狗一只一只放入一个大木箱，木箱中间用低矮的栅栏隔开。栅栏一边的地板通电，另一边不通电，小狗可以跳过栅栏到另一边避免电击。他把一只小狗放到通电这边的地板上，开始轻轻地通电。他指望小狗会跳过栅栏到另一边，但是小狗没跳，反而躺在地上不动了，就好像小狗已经从第一个实验中得到教训，就是无论做什么都无法避免被电击这种结果，所以当电击甚至可以避免时，它们也放弃了努力。

在这些小狗没有跳过栅栏以躲避电击的实验做完后，塞利格曼把以前没有遭受不可避免的电击的小狗放到这个有栅栏的木箱里。通电后，小狗迅速跳过栅栏以躲避电击。于是塞利格曼得出结论，那些躺下的小狗实际上在实验的第一部分就已经获得了习得性无助。[19]

与那些小象和小狗相比，人并没有太大不同。当我们觉得对某种不利环境无能为力时，我们也只会放弃而接受"电击"。我们既会对不可避免的环境感到无助，也会对我们总体的生活感到无助。塞利格曼和其他一些研究人员发现，习得性无助和临床抑郁症之间有着很强的联系。我还相信习得性无助和消极怠工之间也有着同样强大的联系。这就是很多人都不再努力让事情变得更好的原因。

在组织工作坊时，我问大家对于自己所做的工作愿意做出什么样的改变。大家几乎都说愿意改善和老板以及同事的关系，但是其中许多人又因为听到太多的空头承诺，经历太多没有效果的提升积极性的项目，而最终放弃了这种尝试改善关系的想法。这就和塞利格曼用小狗做的实验一样，这些人也已经认命了。他们认为自己对工作中的关系或者工作环境没有任何控制能力。习得性无助就是这么扎下根的，人们也就不会在乎什么了（那些节食的人因为一次次地反复尝试减肥，结果感觉还是没变化，所以才放弃节食。他们不再相信体重有可能降下来，任由自己胖下去）。这些失败并不是因为有所改善是不可能的，而是因为人们总是得到不现实的期待、不充分的准备和不恰当的建议。

习得性无助十分危险。如果人们认为没有人（尤其是他们的上司）会关心他们，认为自己没有发展的选择性或者可能性，认为公司不是世界上那种集聚着一股为善力量的公司，认为无法改变这些，这个时候他们就会失去自信，失去骄傲，失去归属感，没有任何理由再相信他们所做的对别人来说是重要的。这就是他们为什么会变得消极怠工。

一旦习得性无助在一家公司内部生根蔓延，人们就会很痛心地看到接下来发生的事情。人们无力去质疑规章制度，无力去冒险做事。每个人都感到自己是那些不受自己控制的力量的牺牲品，感到被那些跟自己毫不相干的权威当局强加的各种预算、流程束缚住了。没人愿意主动工作，甚至懒得提出问题。每个人都责怪某种外部环境问题使得自己的能力得不到发挥，没有人觉得自己是有责任的。这种情绪会传染给客户。客户不仅能感知到这些员工的不满，会对此做出回应，还会变得非常愤怒，就如同我在前言中描述的康卡斯特的那些客户一样。

它—我们—我

我们可以把商界看成是一个三维空间。我们把这三维分别称为"它""我们""我"。如同每一件东西都可以用长、宽、高来测量一样，每个组织也可以用"它""我们""我"来衡量。从长远角度来看，一个组织内部，"它""我们""我"这三方面的运作必须协调一致。尽管某个组织内部有不满的员工，有冷漠的人际关系，还有浪费的生产过程，在短期内它有可能取得良好的收益，但是这样的公司经营不会长久。如果没有亲密的人际关系，没有积极的个人投入，强劲的利润是不可持续的。"它"这一维度是客观的，主要关注任务、体系和过程，以及资源和责任的有效配置。"它"这个维度着眼于组织能力，即员工向着目标理性工作的能力。

"我们"这一维度是人际间的，主要关注个体、个体之间的相互作用、他们之间关系的特点，以及他们所创造的这个群体之间的关系。"我们"这个维度所着眼的组织能力是指员工朝着目标协同工作的能力。

"我"这一维度是个人的，主要关注个人的价值、信仰、思想、情感、志向、意义感和幸福感。"我"这个维度所看重的组织能力是指所有员工都能热情投入到完成目标这个任务中的能力。

我相信，对于员工的工作积极性方面最大的一个负面因素就是领导者只看到公司的客观维度。"它"所涉及的都是提高销量，降低成本，增加市场占比，以及提高股东利润等方面的事。[20] 在这一维度上，领导者的重心就是效率、效能和效力。在这一维度中，所有管理者都会经历基本培训，然后大多数就止步于此。焦点就是要消耗最少的资源以获得最高的产量。一位成功的"它"维度领导者会制定清晰的目标、明确的战略和明晰的分工，而且还会给人们提供所需的相应的知识和资源，以便他们可以完成工作。当一个组织的"它"系数很低的时候，员工的努力就会被误导，而且经常相互冲突，主要原因就是管理混乱且装备落后。这不仅消耗了员工的能量，还扼杀了员工的积极性。

当然，客观维度是基本条件。如果这方面没有一个稳定的表现，这家公司的生存就存在危机。如果一家公司不能有效地运营，它就不能吸收能量和资源，因此就会垮掉。

"它"维度的结果是必要的，但还不足以让人们积极投入工作，这是因为人类组织是超越这一维度的。完全不考虑其他两个维度，经商就变成了纯粹的机械活动，其成败完全依靠对合理动因的有效组织。但是在我们呼吸和生存的三维现实世界中，商业成功依靠的是那些对工作极其关心的人的真心投入。这就是为什么有必要理解组织机构的另外两个真实且同样重要的维度——"我们"和"我"。

"我们"这一维度是关于组织内部人员相互作用和关系的特点的。人是一种社会存在，因此对于长远的商业成功来讲，团结就是基础。要想生存，就需要人际间关系的成功。如果人们不相互合作，不相互尊重，组织就会死亡。雅虎就是一个惨痛的教训。"我们"这个维度关注的是组织行为，对于那些只经过"它"维度培训的人来讲，这是一个让他们感到陌生和不适的领域。在这一领域，关注点是创造一个合作的群体。大家有一个共识，即"这是我们大家共同的公司"。一位成功的"我们"维度领导者会创造一个合作的环境，人们为了实现宏伟的目标而一起工作。这个环境中满是让人有工作欲望的情感因素。当一个组织的"我们"系数很低时，员工的精力就会转变成很多种形式，如办公室政治、自我管理，以及对棘手问题的消极对抗性回避。

"我"这一维度是关于组织机构内部每一个成员的自我成就、自我实现和自我超越的人类需求的。这一维度主要关注个人的发展、意义和幸福。在这一领域内，目标就是培养健康的心灵。每个人，从董事会主席到仓库卸车的伙计，大家都希望知道自己生活的意义。当人们有这种感觉时，他们就会更有生产力，更有创造力。在遭受挫折时，他们会更有弹性，在面对机会时，会更有热情。他们相信自己对于任何生活环境能都做出正确回应，相信自己能与他人进行人际交往，也相信自己可以收获不同寻常的结果。要想让员工有最佳表现，组织就需要为他们提供让他们觉得积极工作有意义的机会。

麦肯锡的研究[21]表明，"它"维度和"我们"维度（麦肯锡把它们分别称为"智力"系数和"情感"系数）对于在公司内部创造积极性是非常必要的，但是它们还远远不够。多年以来，麦肯锡一直在询问那些高层管理者，在创造能让员工有最佳表现的环境方面，他们发现什么是经常缺失的东西，即什么是能激发员工释放出非凡的能量、自信和个人生产力的东西。大部分答案是"一种强烈的意义感"。"说到意义，"麦肯锡这样表述，"它意味着一种情感，即正在发生的事情真的很重要，正在做的事情是以前没有做过的，以及这会对他人产生影响。"当一个组织的"我"系数很低时，员工就不会积极工作。他们不会在工作中投入更多的能量，会认为"这只不过是工作"，组织能给他们的只不过是工资。

要想努力让员工积极工作，生活在理性管理这个一维世界中的领导者只会讲"它"维度的故事。根据麦肯锡的研究，有两个最典型的故事，一个是转机故事，另一个是从优秀到卓越的故事。[22] 第一个故事是这样的："我们现在的表现没有达到行业标准，要想生存，我们必须做出巨大的改变——渐进性的改变不足以吸引投资者向我们这家表现不佳的公司投资。"第二个故事是这样的："就我们现在的资产而言，我们有能力拥有更高的市场占有率、更先进的技术和更忠诚的员工。在不久的将来，我们会成为这个行业无可争议的领头羊。"这两个故事通常还有下面这样的补充："如果我们做到这一点，我们在事业上就会有更多的机会，我们就会有更高的工资、更好的工作保障以及更多的福利。"

这样的故事并不坏，但是它们没有说服力。要想创造出积极性，还是有必要补充上"我们"维度的故事和"我"维度的故事。"我们"维度的故事讲的是："我们是一个卓越不凡的群体，我们大家都是其中的一员。"以美国特种兵为例。他们的团队精神是这个世界上绝无仅有的。关于他们有说不完的故事，他们每个人对其同伴和其队伍所做出的英雄事迹不胜枚举。这些故事激励着特种部队中的所有人，让他们有一种处于有凝聚力的环境中的归属感。在这种环境里，"我们"以互相能成为同事而感到骄傲，"我们"以能共同为一个高尚的目标一起工作而感到自豪。

"我"维度的故事讲的是"我们每个人"如何"改善我们客户的生活"，如何"造福社会"，以及如何"为人类社会的进步做出有意义的贡献"。这些故事会让每个组织内部的成员确信他们所做的是为善的，是有意义的，而且会对整个世界产生积极影响。很明显，对于特种部队的成员来讲，这是一个能让他们全心投入工作的无可比拟的力量源泉，所以他们可以为了崇高的理想每天不顾自己的性命而工作。

积极工作的领导者

虽然故事本身固然重要，但是讲故事的人得把它们和现实挂钩。正如认知生物学家温贝托·马图拉纳所说："每件说出来的事都是由人说的。"[23] 领导者不能只讲故事，而要吸收故事，感知故事，还要体验故事。

戴尔·卡耐基公司和 MSW 研究中心在 2012 年发布的白皮书中提到了激发员工积极性的三大主要驱动力：与直属领导的关系，对高层领导的信任，对工作单位感到骄傲的情感。直属领导的行为和态度是员工工作积极性最关键的决定因素。除此之外，高层领导"愿意投入工作，愿意带领公司朝着正确的方向前进，愿意公开交流公司的现状"也是决定性因素。[24] 如果员工感到自己得到关心，受到尊重，相信组织机构能够让他的个人价值得以体现，他就会忠于组织并且积极工作。当人们忠于组织并且积极工作时，他们就不会离开公司，这就会节省公司因为招聘和培训而产生的开销。

一项一项的研究都得出这样的结论：一位关心员工的管理者对员工的工作积极性至关重要。员工希望管理者关心他们的个人生活，希望管理者把他们当人看待并因此对他们表现出兴趣，希望管理者在意他们的感觉，也希望管理者对于他们的健康和幸福给予支持。能建立起与员工之间的强大关系，能建立强大的团队互动关系，能带领公司以以人为中心的方式前行，拥有这种能力的管理者就会创造一个良好的环境，让员工发挥出最佳表现。

道格·科南特就是这种管理者的一个代表。2001年，科南特从纳贝斯克公司被聘请到历史悠久的[25]金宝汤公司担任首席执行官。当时公司正处于资金短缺、士气低迷的状态，是世界上表现最差的食品公司之一。公司的核心业务，甚至著名的"嗯……好"番茄鸡肉面浓汤的市场表现也一落千丈。盖洛普公司对金宝汤公司做了民意调研，结果发现公司62%的管理人员没有积极投入工作，另外12%也是主动怠工。这些数字是盖洛普公司对所有《财富》世界500强公司做的民意调研中所见到的最糟糕的。

2009年，一切终于发生改变。几乎所有原来的管理者都被换掉了，一半的新领导是从公司内部提拔上来的，这一举措极大地提高了员工士气。对于新的管理者，最为关键的是他能得到周围人的信任。由于信任度的提升，公司收入增加，股价上涨，进而重回食品行业的前列。2009年，金宝汤公司远远胜过标准普尔500指数和标准普尔食品公司。金宝汤公司68%的员工都说他们积极工作，只有3%的员工消极怠工，积极工作与消极工作的比例是23∶1，而盖洛普公司对于世界顶级公司给出的相应平均比例是12∶1。这是一个难以想象的大逆转的故事。

这个逆转的原因非常简单，即科南特把人放在了首要位置。科南特告诉《福布斯》杂志："我做的第一件事就是让我自己明白，金宝汤首先要展现出对员工的承诺，然后才能期待员工表现出他们自己对公司以及公司成功的超凡承诺。"[26]科南特有自己的生活原则："要想赢得市场，首先要赢得工作场所。"[27]

科南特把对员工的关心放在首位，而且他要求公司的所有管理者都要这样做。他对员工的关心是身体力行的。他总是会询问大家的情况。在员工食堂——这是他经常吃午饭的地方，为的就是和员工在一起——他会问员工厨师的饭做得怎么样，他们的孩子怎么样。他会和员工握手，还会把手搭在员工肩上。这个地方与其说是一家大公司，倒不如说是一个家。这一点意义重大，因为这个品牌就是和妈妈、家庭紧密相关的。科南特能叫出上千名员工的名字，而且他亲自给员工写的感谢便条多达三万张。他还亲自指导上百名员工，一天给各个层面的员工送出大约 20 份感谢便条。他说："每 6 周，我要和十几个员工共进午餐，听听他们对公司的想法和建议，听听他们的困难，听听他们的反馈。"[28]

在金宝汤公司，道格·科南特是一位真正关心员工的领导者，这也成就了他这样一位积极工作的领导者。

第二章

无组织：要想赢，每个人必须为团队而战

我们就不能和睦相处吗？我们能别把事情变得更糟吗？

——罗德尼·金

当我刚在飞机上找到我的座位时，一位衣着得体但面露疲惫、体重超标的 40 岁上下的商务人士便出现在我面前。他微笑着转向我，伸出一只结实的大手说："你好，我叫格雷格。"

毫无疑问，他是个外向的家伙。他应该是个销售员，之前也许是一名橄榄球队员，我这样猜想。他的身高至少有 188 厘米，体重得有 110 公斤以上。

乘飞机的时候，我只想自己安静待着。你也许认为那种到世界各地，和上千人交谈并以此为职业的人一定是外向的，但恰恰相反，我是一个内向的人。在飞机上我几乎不会和陌生人说话，在其他地方也是如此，能免则免。但是格雷格迫使我无法再这样了，再戴耳机也为时已晚。那样的话，会让他觉得我没有礼貌。

我伸出比他的小很多的手同他握手，他的热情和温暖具有魅力，让我也感到放松，我笑着回应："你好，我叫弗雷德，很高兴认识你。"

"你好弗雷德，我也很高兴认识你。"说着他按下了座椅后倾的按钮，然后啜饮了一小口他的波本威士忌，问我："为什么要去旧金山？"

"工作，"我回答，"你呢？"

"回家过感恩节。我刚刚结束了一个漫长的商务行程，已经迫不及待地想见到我的孩子们了。"

他递给我一张名片，他效力于硅谷的一家大型软件公司。

"现场销售副总裁，"我看了看名片，"这个听起来像是一个很厉害的职位，这是什么意思呢？我指的是你的工作。"

他开始罗列他的工作职责："我负责销售队伍，其实就是管理他们与客户的交流。同时我还负责培训、运营和行政工作。"

"听起来责任重大啊。"我同情地说。

"嗯，很多跑来跑去的事情。"

我因为无法给他一张自己的名片而抱歉说："不好意思，我没有名片。我在领英工作，只需要在网上和人们联系。"

"那你做什么工作？"

"我是一名组织肿瘤学家。"（对于能让和我搭讪的人感到吃惊，我有一种反常的快乐。）

"这是什么意思？你是医生？"

"仅限于经济学。"

格雷格笑了："这真的是一个奇怪的工作描述。那么'组织肿瘤学家'到底是什么意思呢？"

"我研究组织为什么会死亡，以及领导者能做什么才可以避免这种事情发生。"

他若有所思地抿了一口酒："所以，告诉我，医生，它们为何会死亡？"

"新生的组织死亡有很多原因，"我回答，"但是我把那些成功之后死亡的组织叫作无组织，它们的死因是得了类似癌症的病。这些组织内部有像肿瘤一样活动的存在体。这些存在体费尽心思地吸收更多的能量、更多的资源，以及更多的力量，目的就是使这个系统的其他部件损坏。这些恶毒的东西会变成寄生虫，最后杀死宿主。"

"哇，"格雷格说，"我从未听说过这样的事。"

"我敢保证你所在的组织遍布这种毒瘤。"

"那为什么没有人发现它们？"

"每个人都能看到。如果我告诉你它们是什么，你就能立刻识别它们。"

"那么请告诉我，它们是什么？"

"人！你，你的员工，你的同事，你的上司，上司的同事，当组织中的免疫系统无法有效检查自身情况的时候，每个组织中的利己者都可以变成恶性肿瘤。而当这些贪婪的细胞一块进入一个部门，入侵一种功能，进入一个业务单元，或任何一个组织中的分支部门时，都可能是致命的。"

格雷格笑了："你之前说你在哪里取得的博士学位？"

"我没说过。不过既然你问起，我是在伯克利拿到的学位。"

"哈，伯克利人，"他说，"这倒可以解释很多了。那你是什么时候抛开你的专业，开始从事这行的呢？"

"我承认，人们一开始总是认为我有点奇怪，而那些愿意花时间听我解释的人，他们的思想发生了变化。我可以给他们提供一些有趣的东西，或者也可以说，我是一个大骗子。"我露出一种最好的卖"万全油"的销售人员式的微笑，"我能够骗过那些相当聪明的人，包括几个诺贝尔经济学奖获得者，还有像你们公司中做决策的首席执行官，大概有 26 年了。"

"既然你提到了，在我的组织中的确有一些实体符合你的这些描述。这么说来，这些实体正在杀死我！"他说着喝完了最后一口威士忌，"或许这次航程比我的常规旅行有趣多了。"他说道。然后他又开玩笑地说，"要不我给你一个欺骗我的机会怎么样？"

空姐过来把我们的杯子收走，并让格雷格在起飞前把托盘收起来。我喃喃低语了一句《黑客帝国》里的台词："系好安全带，妹子。跟老家说再见吧。"（我经常把自己想象成《黑客帝国》中墨菲斯式的人物。）

我转过身看向窗外。"我喜欢看飞机不断升高、城市不停变化的样子，"我告诉格雷格，"当你站在地面上时，一切都是混乱不堪的，但是当你从上面看的时候，美丽的几何图案就会呈现出来。我想这就是我热爱组织经济学原理的原因。"

帮助团队获胜

"这真的是一个颠簸的开始。"起飞时格雷格评论道。

"对我来说，这种开始还是相当平稳的。"

"我指的是我们的对话。我和别人一般可不是这么开始聊天的。"很明显在这样的互动中，我并不是他的第一个受难者，呃，或者说伙伴。

"我通常不会跟陌生人讲我是做什么的。对绝大多数人来说，我的想法太违背传统了。我的经验告诉我，只有当人们面临一个极其困难的挑战时，人们才愿意重新审视自己的心理模式。算是为了把咱们从这场疲惫的飞行中解救出来吧，格雷格，我先问你一个问题，你现在的工作中有没有巨大的挑战？"

他紧紧地盯着我："什么，难道你还会读心术？"

"大概吧，"我说，"是怎么一回事？"

他长长地呼出一口气："公司法律部要求我们修正一个马上要和最大的客户签订的合约，但是对方不同意。我倒是能够做些什么来缓解这种情况，但是这并不能解决问题，客户还是不愿意签字。如果我们失去这笔生意，就永远也无法完成预期指标。距今年结束只剩一个月了，如果我手下的很多人不能完成定额，他们就会失去奖金。这可不是什么开心事，而且他们也不再拒绝反复从猎头公司打来的企图挖走他们的电话。这一切都是因为那些律师根本不考虑业务，而只想着用一些理智的客户绝对不会接受的条款掩盖他们的愚蠢。"

"听起来，你面临一个很严重的挑战，格雷格。如果你愿意跳出那个固有的圈子来想问题，我或许可以帮你找到一个应对的方法。"

"那你认为我应该怎么做呢？"

"我不知道你应该怎么做，但是我或许可以帮你理顺一下这究竟是怎么回事。然后，你就可以决定自己应该做什么了。愿意试试吗？"

"来吧。"

"那么首先让我来搞清楚，格雷格，你的工作是什么？"

"我告诉过你了，我是现场销售副总裁。"

"我知道，但这不是你真正的工作。"我准备通过格雷格真正的工作帮助他——所有人在公司真正的工作就是，帮助团队获胜。

我能感觉格雷格开始有所理解了。短暂考虑之后，他说："我理解我真正的工作是帮助我的团队获胜，但是我只有通过销售才能挣到钱。我的 KPI 基于我的销售业绩还有收益。"

"并不是只有你一个人是这样的，格雷格。大多数人是因为他们在自己的工作岗位上工作而获得报酬，而并非因为帮助他的公司获胜而获得报酬。这就如同公司不是用激励制度去对抗肿瘤，反而是滋养着这些肿瘤，这也就是为什么这么多公司死于癌症。"

你的工作可能给你的职业带来危险

空姐来送餐了。当格雷格开始大吃他的牛排时，我祝福他："Buen provecho!"

"这是什么意思？"

"这是西班牙语'巨大利益'的意思，这意味着，'希望你能从食物中获得利益'。"

"谢谢，我的朋友。"格雷格用西班牙语回了我。

"不管怎样，先进行我们的谈话。"我说，"现在假设一支足球队里面的球员的报酬和职业发展都是由他们的 KPI 决定的。对于防守队员来讲，很明显他们的 KPI 就是虽然可以允许进球，但是进球越多越糟糕。而对于进攻队员来说，KPI 意味着进球的数量肯定是越多越好。这个说法你同意吗？"

"同意。"格雷格答道。

"假如你是一个防守队员，你是更愿意以五比四赢得比赛，还是以零比一输掉比赛呢？"

"我想说，'以五比四赢得比赛'，但我确信这应该是个错误答案吧，教授？"格雷格答道。

"试着从另外一个角度去想，"我讲道，"如果你是一个防守队员，你的报酬和对你的评价都是看你被进了多少个球这个 KPI，"我继续说，"对你来讲，是队伍以五比四赢得比赛，你赚的钱多呢，还是以零比一输掉比赛，你赚的钱多呢？"

"该死！"他明显开始意识到这个兔子洞有多深了。

"那么假如你是一个进攻队员，你的报酬和对你的评价都是看你的进球数这个 KPI，"我继续讲，"是你的球队以一比零获得胜利，你赚的钱多，还是以四比五输掉比赛，你赚的钱多呢？"

"太要命了！这太要命了！"格雷格耷拉着他的肩膀反复说着，"这个梗在哪儿呢？"

"恐怕这不是一个梗，"我说，"这是一个陷阱。举一个最简单的例子，两支球队完全采用直接以表现评估的方法，我可以找到一个所有队员都更愿意自己的球队输掉比赛的场景。"

"这就是我不明白的地方，弗雷德，"格雷格说，"为了赢得足球比赛，你必须比对手进更多的球，所以防守队员要尽力阻止对方进球，而进攻队员则要努力踢进更多的球。如果所有人都尽自己最大的努力，那么这个团队也会呈现出最佳表现，对吧？"

"不对。为了实现一个非线性系统的最优化，你必须对其子系统进行次优化。假如你把子系统最优化了，那最终会导致对整体系统的次优化。"

"哦，天哪，"格雷格说，"这难道是什么经济学的绕口令吗？"

"不是的，格雷格，"我回答，"它意味着如果所有人都在自己的岗位上做到最好，那么整个团队不会收获最好的总体目标。为了取得最终的胜利，所有人都要为团队而奋斗。团队成员必须将个人目标置于团队目标之后。有时，成员就不应该把自己的工作做到最好。这意味着他的 KPI 会被损害，也意味着他的报酬和职业发展都会受到影响。"

"你的意思是，你会因为人们做了对的事而惩罚他们吗？"

"我不会，但是你的公司和其他公司却会这样，因为公司的运营是看量的。这就是我说的，你的工作可能给你的职业带来危险。"

他仔细琢磨着最后那句话："'你的工作可能给你的职业带来危险'这句话到底是什么意思呢？"

"我们举个例子，如果一支球队以零比一输了比赛。假设防守队员此时进攻，则有一半的机会能进球。这是一个很冒险的战术。再进一步假设，对方队员进行反攻进球的概率也是 50%。对这支球队来说，以零比一输掉比赛和以零比二输掉比赛没有什么区别，他们怎么都是输了。"

我拿出一张便笺和一支笔，把它们放到他的托盘上。"我们现在假设输掉比赛算零分，平局算一分。"我说着，在纸上潦草地写下一个公式，"对于这支球队来说，派出防守队员去进攻的预期回报是 1/2（1）+ 1/2（0）= 1/2。但是对于防守队员来说，他们有一个完全不同的激励机制。对他们来说，进球并不重要。要记得他们的 KPI 是基于允许让对方进多少个球，所以他们自己一方进球数的多少只会对进攻队员有好处。那么假设每次被对方射进一个球算作 –1，那么对于防守队员的预期回报就是 1/2（0）+ 1/2（–1）=–1/2。所以对于防守队员来说，进攻是只有风险，没有任何回报的行动。"

"哇，我从没有想过这个问题，"格雷格说道，"这太不公平了。我过去总是认为那些球员只是很自私而已。"

"这也有可能。但是就算他们不自私，传统的 KPI 也在鼓励他们变得自私。"

"那么销售奖金会鼓励销售员表现得自私吗？"

"你猜呢？我猜想你的公司是根据产品销售收入发奖金的吧？这时，推动销售人员的最大动力就是卖出那些定价最高的产品，而不是那些利润最高或者最适合客户的产品。如果他们专注于那些能使自己赚钱最多的产品，他们将无法让公司的利润最大化，甚至可能会因为强行推销给客户一个没有多大使用价值的产品而造成混乱。另外，如果他们将重心放在那些真正对公司和客户有好处的产品上，又会损失他们自己的利益。"

"这不就相当于当人们做错事的时候奖励他们，而当他们做对的事情时惩罚他们一样吗？"

"没错！就是这样！"我回答。

格雷格看起来很高兴。

"所以说，如果把一家公司比作一支足球队，"我说，"销售就如同进攻队员，生产制造就如同防守队员。赢得比赛好比利益最大化，要通过最大化地提高收入和最大化地降低成本实现。所以对销售组织来说，'显性的'KPI 要专注于收入，而对生产制造来说，'显性的'KPI 要专注于成本。这么说你明白吧？"

"当然，我在工商管理硕士的经济课上学到过。"

"那你的老师一定是一个糟糕的经济学者。"

"为什么？"

"因为正如我们刚才说到的球队的例子，"我解释说，"你不能把这个团队——这是一个复杂的非线性系统——分割开来，不能把它分成两个子集，然后简单地将它们的结果相加。如果你这样做了，就是鼓励任何一个子集去尽力最优化自身的表现，而同时次优化整个团队的表现。"

"你的意思是,我的销售团队不应该被奖励销售奖金了?"

"到目前为止,我没有说任何类似这样的话,除了想表达销售奖金的确有不为人知的一面。"

"除非你可以靠他们赚足够的钱。我在这方面做得相当不错。"他笑着说。

"我相信你做得很好,但让我再给你举一个简单的例子。说出你两个销售代表的名字好吗?"

"菲尔,"格雷格回答说,"还有拉赫尔。他俩都是销售明星。"

"假设菲尔与一个客户联系了几个月。之后他发现,客户所在组织中的一个关键决策人物和拉赫尔上的是同一所大学。菲尔知道拉赫尔更可能做成这笔交易。如果拉赫尔做成了这笔交易,他将得到奖金和声誉,而菲尔将一无所获。如果菲尔想要实现个人销售任务,得到奖金,他会尽力自己去做成这笔交易,尽管成功的概率比拉赫尔要低一些。"

格雷格笑道:"听起来非常有道理。"

"你看,格雷格,比起去治疗这些肿瘤,你的公司其实在喂养它们,就像其他组织一样。"

乘客吃完晚餐,空乘人员正端着盛满淋着巧克力酱的冰激凌圣代的托盘沿着过道分发给大家,我礼貌地谢绝了。格雷格选了一个最大的圣代,旁边还有一块巧克力饼干。

关于贡献的谜团

"我真的不应该吃甜点,"格雷格后悔地说,"我已经不再像

25 岁的时候那样很容易就可以燃烧卡路里了，现在体重真的是与日俱增。"

"尝起来好吃的并不见得对我们有益，有益的东西一般来讲总是不太好吃。这就是为什么我们在吃东西的时候更多需要用我们的大脑而不是我们的舌头。"

"说起来容易做起来难啊，专家先生。你也是一个健康饮食主义者吗？"

"我只是尽量保持理性，"我说，"因为我想过那种活得更长久而健康的生活，所以我会很注意饮食。组织也会生病。它们会因为无组织而死亡，那是因为组织内部的人员都做着对自己有利的事情，而不是做对整个公司有利的事情。"

"阿门！"格雷格说，"我正在被那种根本一点儿也不关心公司死活的官僚主义折磨。"

"你指的是法律部门的官僚主义吗？"

"这些人一点儿做生意的脑子也没有。每次当我们做了一笔生意的时候，他们做的合同总要延迟好几个月才能弄好。他们总是坚持告知我们一些我们没有办法提供、没有办法请求或者没有办法承诺的东西。然后他们还希望客户能接受这些惩罚一样的条款。我们要是能签订一个合同，那可真的是奇迹。这次，他们做得比以前还过分，他们准备搅黄这个交易，并把我们的客户拱手让给我们的竞争对手。"

"我猜想你们公司法律团队的主要责任应该就是将法律风险最小化，所以他们会想尽办法阻止任何可能出错的状况。"我说，"但不幸的是，他们在热心地做了这件事情的时候，也阻止了事情向正确的方向发展。"

"对，弗雷德。"

"这只是故事的一半，格雷格。从他们的角度出发，他们所能看到的是你在尽力让销售达成，而根本不去考虑那些可能会伤害公司的法律风险。"

"所以到底谁是正确的呢？"

"你们都错了。你们的目标既不应是将风险最小化，也不应是将销售最大化，而应是帮助公司赢得胜利。这意味着，要保证完成任务，既要顾及道德上又要顾及可持续性上的情况，能在扩大股东收益的同时获得经济价值的增长。"

"但是如果那样，就没有什么 KPI 了啊。"

"这就是为什么一个团队不同的部门会不断产生分歧。KPI 和固有的物质刺激鼓励人们不要把彼此当作队友。有一个显而易见的解决办法，就是根据员工对公司整体目标的贡献率来对其进行额外补偿。"

"你的意思是说，不应该以员工所做的工作来评估他们，而应该基于他们对团队的贡献有多大来评估他们？可这究竟要如何实施呢？"

"你有没有看过一部叫《魔球》的电影？"

"看过！我非常喜欢这部片子。我们用这部影片向客户解释他们如何从大数据中获利。"

"这是一部非常好的关于如何测量每个员工对公司整体目标的贡献的电影。在电影里，那个耶鲁的神奇少年科学家发现身价最高的球员往往不是那些做出最大贡献帮助球队赢得胜利的球员，那些不是耗巨资请来的球员会比高价聘请的球员更具价值，所以奥克兰运动家队的管理者会卖掉那些身价比较高但是没那么有价值的球员，而花钱去买身价没那么高但是更有价值的球员。"

"对，"格雷格说，"他为此真的承受了很大的压力，但最终球队以整个联盟最低的预算资金赢得了晋级赛。"

"一个球员的真正价值，"我说，"更多的不是看他的 KPI，而是要看他对整个团队取胜所做出的贡献。"

"也许在棒球运动中是这样，弗雷德，但是你如何将它放在商业中运作呢？每时每刻盯着人们的行动并进行精确统计是不可能的。"

"对，格雷格。这就是为什么奖金通常会结合着公司的局部表现和总体表现来考虑而发放。"

"在我的公司，"格雷格说，"对于管理层及以上的人员，我们有一个像这样的交叉系统。公司的各种补助，其中一部分是根据部门的表现结果而定，这是为了鼓励我们好好工作；另外一部分是根据公司的整体表现结果而定，这是为了鼓励不同部门之间协调配合。"

"那你是如何运作这些的呢？"

"哦，你问到点上了。我们都希望达到自己的目的，但同时也关心公司是否能完成既定目标。"

"但是，格雷格，这有用吗？"

"你不认为有用吗？"他显得有些愤慨，"你如何得知？你又不在我们公司工作。"

"相信我，我是个医生，"我说，同时试着调动一下气氛，"你想要说的是你个人的努力对公司整体结果的影响吗？"

"我不知道。有太多因素会影响结果了，因此我的贡献变得难以测量。"

"或者说，跟公司整体结果相比，个人的贡献太小了。"

"拿我个人来说不是太大，的确如你所说。"

"那么在你看来，你的贡献对 KPI 有什么影响呢？"

"推动其增长。"

"你之前说奖金一半取决于公司整体业绩，一半取决于你的 KPI？"

"是。"

"所以你要在哪方面努力才能使你的报酬最大化呢？是稍微挪动一点儿公司总体结果的指针，还是大力提高你自己的 KPI 呢？"

他沉默片刻说："我自己的 KPI。"

"当然。你看，我们又回到了个人激励计划。占比 50% 的总体结果并不能改变你的任何事情。不管怎样，你都付出了同样的努力。但从你的动机来看，它确实会使事情变得更糟。"

格雷格的眉头皱了起来："为什么？我知道，只关注自己的 KPI 可能对团队来说不是最好的，但我仍然会为自己的职位尽力而为。"

"当然，但你的积极性没有那么高了。一方面，相比在完全单一的方案里，这种状况你只会得到 50% 的奖励。另一方面，你另外那 50% 的奖金要依赖许多你无法控制的事情。这就产生了不确定性，尤其是在遇到经济衰退或大客户破产等外部因素的情况下，而且这会与组织的其他部分产生冲突。"

"对！"格雷格表示很同意，"去年，当产品经理和工程师因为产品推迟发布而互相指责时就出现了很多分歧。正是因为他们把彼此都拉下水，双方都没有得到他们期望的奖金。你真应该看看那些销售人员和客户服务人员之间争论客户流失原因的恶意电子邮件！"

"你喜欢这种五五分方案，还是完全只看个人业绩的方案？"

"我猜我更喜欢单一的方案。但如果我们改变百分比，让人们更加关注公司整体的结果会怎样呢？如果我们把奖金比例设成只看公司的总体业绩指标呢？毕竟，我们希望每个人都为团队效力，不是吗？"

当空乘人员来收我们的托盘时，格雷格假装在找他的钱包。"我来吧，弗雷德，"他开玩笑说，"顺便说一句，你现在看起来不那么奇怪了。"

"谢谢你，格雷格，但是我们还有一半的路程才到旧金山。我们为什么不分摊费用呢？"

分摊费用

"你把人们的注意力集中在通过团队合作取得的总体结果上的想法并不坏，但我恐怕还是坚持一个方案去实行最好。"我说道，"原因是，你有没有和一群人一起去一家餐馆吃饭，有人建议你们一起分摊费用？"

"是的。就在几周前，我和妻子尝试着和我们的邻居分摊费用。本来是想让事情不那么尴尬，但看起来他们会比实际吃的付更多的钱，因为他们只点了汤和沙拉。我妻子安妮点了鱼和白葡萄酒，我吃了牛排还喝了啤酒。所以，最后还是很尴尬。"

"餐馆老板可是很喜欢人们这样分摊费用哦。"

"那是为什么？"

"因为它能确保你们所有人的花费都比你们单独付钱的时候多。如果你和另外九个人一起来吃饭，而且大家分摊费用，那么每人只付自己点的 1/10，另外的 9/10 是从你朋友的腰包里出的。如果你点了一份牛排，外加啤酒和甜点，他们会付 9/10。"

"是这样的，"格雷格回答，"正如我所说，这很尴尬。"

"这就会造成经济学家所称的'道德风险'，"我解释说，"当合同的一方当事人在合同签订后有了一种动机，以牺牲他人利益而让自己受益的方式行事时，就存在道德风险。例如，补贴性的洪水保险就是鼓励在易于遭受洪水泛滥影响的地区生活的人去建设一些没有此类保险就不会建设的东西。或者，紧急财政援助会鼓励银行参与在没有此类援助的情况下就不会参与的一些有风险的经营活动。道德风险会鼓励个人做错事，因为他们可以把自己行为的成本和风险转嫁给他人。"

"不过，你这个故事有问题。我因为邻居要支付更多的费用而烦恼，所以我坚持每个人都为自己的晚餐付钱。我有顾虑，你知道吗？"

"但其他人没有，"我得意地笑着回答[1]，"这才是最重要的。"

"你什么意思？"

"假设你，谨慎的格雷格，点了最便宜的饭菜，但是你同桌那些无耻的共同进餐者点的是最贵的。你会有什么感觉？"

"我再也不会和他们一起吃饭了。"

"如果你没有这个选择呢？下次你会怎么做？"

"我不会再做一个受骗替别人买单的傻瓜了。"格雷格断言，"我会点昂贵的食物，因为其他人也会这么做。"

"正是！你们都在竞争到底，或者更准确地说，竞争最高价的吃的。"

格雷格看起来有点难为情："但是这和奖金，还有组织癌症有什么联系呢？"

"账单拆分，"我回答说，"对于一个系统来说，不是一个坏的类比。如果团队获胜，所有队员都能得到报酬，或者所有销售人员都能得到平均的佣金，或者公司的所有员工都能从总奖金池中获得报酬。"

"怎么会这样？"

"因为它可以保护人们不受他们行为影响。就餐馆账单而言，这是他们点餐的费用。就佣金而言，这是他们努力的好处。在菲尔和拉赫尔那个假定的例子中，发生了什么？"

"菲尔想通过这笔交易来赚取佣金，尽管'传球'给拉赫尔成功的可能性更大。"格雷格回答说。

"这就是重点，"我说，"如果你把激励从个人转向集体，事情就会向相反的极端倾斜。如果给菲尔和拉赫尔同样的佣金，不管这笔交易是谁做的，他们每个人都愿意让对方去努力。每个人都有让别人做这项工作的动机，因为那个人会承担成本，每个人都会从对方的努力中获益。"

"这是一个糟糕的系统！"

"这就是为什么公司一旦变得比只占一层楼的初创企业更大时，就不倾向于使用集体激励的方式了。在初创企业中，一小群人可以观察彼此的行为。道德风险是件棘手的事儿。那么你会死于逆向选择。"

平均分配会赶走那些最优秀的人

"什么是逆向选择？"格雷格问。

"想象一下你是世界上最好的销售员，格雷格。你优秀到可以在北极卖出制冷空调。你是希望直接获得佣金，还是希望获得销售团队的平均佣金？"

"当然是直接获得佣金！因为我是最好的，所以平均分配会让我很失望。"

"正是这样。"

"现在想象一下，你是世界上最差劲的销售员，"我说，"你都没有办法在北极卖出加热器。你是希望直接获得佣金，还是希望获得销售团队的平均佣金？"

"平均佣金，因为如果我是最差的，这样我会好受些。"

"平均工资会让最优秀的人离开，"我说，"那些要求高于平均工资的优秀的销售人员会离开，而蹩脚的销售人员将被吸引，从而使公司销售人员的平均生产力进一步下降。这就是逆向选择。这家公司最终将陷入一个由付出最少努力、创造生产力很低的销售人员所造成的死循环。"

格雷格点了点头："明白了。"

"在经济学中，"我说，"我们称之为'搭便车问题'。如果没有免疫系统，我的意思是没有一个激励和控制系统来制衡他们，搭便车的人会利用别人来隐藏他们缺乏天赋或努力精神的事实。"

"集体激励比 KPI 更糟糕。"

"它们是毁灭性的，这就是组织不使用它们的原因。一旦组织真的使用了它们，就会遇到大麻烦。好似清教徒在感恩节真实故事中的表现。"

"感恩节除了跟我们现在的季节有关，和我们说的内容有什么关系？"

"感恩节就是一个关于集体激励的危害的警示故事，"我回答，"但很少有人知道这个真实的故事。你想在星期四（美国的感恩节是 11 月的第四个星期四）见到你的朋友和家人时让他们震惊一下吗？"

"无论如何，给我扫扫盲，告诉我吧。"

"1620 年 12 月，"我说，"那批清教徒在普利茅斯岩登陆。三年后，他们举行了一个盛大的宴会，感谢上帝使他们度过了早期的饥荒，并给他们带来了丰收。你知道是什么造成了早期的饥荒和之后的丰收吗？"

"天气？"

"不！是激励措施。"

"这是什么意思？"

"起初，清教徒决定废除私有财产制度，他们认为这导致了贪婪和自私。于是，他们建立了一个群体制度，所有的工作都要共同完成，他们群体努力的回报就是平均分配。他们希望这能带来繁荣和兄弟般的友爱。"

"但是没有成功？"

"他们的实验以灾难性的失败告终，就像群体制度的所有实验一样，在群体中，努力和回报之间没有任何联系。"

我打开笔记本电脑，点击了一个叫作"感恩节大骗局"的文件。[2]

"它创造了懒惰、嫉妒和贫穷。事实上，它杀死了大多数人。每个人都讨厌为别人工作，所以他们都不努力工作。两年来，收成不足以养活他们，一半以上的人死于饥荒。"

"饥荒不是天灾。"

"不是，是因为一种愚蠢的行为。然而面对灾难时，他们终于恢复了理智。长辈们决定分田耕种，给每个家庭一块地，让他们自己种。如果他们有自己不使用的产品，就可以和邻居交换。"

"这解决了问题？"

"是的。他们看到的不再是懒惰、嫉妒和怨恨，而是生产力的飙升。他们的产量如此之大，以至于他们不仅在彼此之间进行贸易，而且还与邻近的印第安人进行贸易。"

"我从没听说过感恩节故事的这一方面。"

"你可以在感恩节时随便与家人分享它，你也可以在赞美个人激励方案时分享它。"

"女士们，先生们，飞机现在开始下降了，我们进入了旧金山港湾区。我们将在25分钟后着陆。请回到座位上。"

"我真不敢相信我们就快到了。"格雷格说。

我笑了："有好伙伴相陪的美好时光真的过得很快。"

"你说这条隧道的尽头有光亮，我希望它不是迎面而来的卡车。"

"永远别害怕，弗雷德医生在这儿呢。"

"好吧，医生，你的诊断令人沮丧，"格雷格闷闷不乐地说，"我的公司有一种如同癌症一般的病症存在，因为我们没有人为了共同的利益而和谐工作。每个人都在以自私的方式行事，所以我们变成了那些会吸收资源养分的恶性细胞，这使公司的病情加重了。这都是被我们的 KPI 弄的。我们无法真正为集体效力，如果我们努力通过给每个人相同的激励来改变现状，那只会使事情变得更糟。"

"是的。"我回答。

"我希望你有治疗这种病的药方。"

"无组织不是一种可以用药物就能解决的问题，"我说，"你无法解决激励机制的问题，只能去管理它。这种治疗需要领导者在行为上做出改变。如果你体内有肿瘤，就需要改变饮食和其他习惯，以增加战胜癌症的机会。如果你的公司里有肿瘤，你需要养成健康的习惯，比如有共同的目标、清晰的战略、牢固的人际关系和良好的员工积极性。如果你和其他领导者随着时间的推移做出始终如一的健康选择，你们就会降低风险，更好地在第一时间就识别肿瘤出现的迹象。"

"你这么一说听起来很简单，就像减肥书上的计划一样。但是如果阅读减肥书就可以让我轻松减肥，我早就如同羽毛一样轻了。"

"我不是说这很容易，格雷格，其实这很难，但这是可行的。好消息是，要想赢得比赛，你不需要压制性的领先，只需要比你的竞争对手做得更好就行。我保证贵公司面临的每个竞争对手都面临同样的问题。因此，目标就是比它们能更有效地解决激励机制问题。"

"那我们该怎么做呢？"

"这个问题问得好，可是答案很长。除非你想在飞机上再多待几个小时，否则我只能给你些简单的提示。"

"好的。"

"你必须把你的雇佣军组织变成传教士组织。你必须激发你的追随者，做出追求一个共同目标的内在承诺，给他们机会做最好的自己，因为他们想做到最好，因为他们发现这一点在本质上比外在激励更有价值。你只能用另一套激励措施来做到这一点，即非物质的激励措施，比如人们很自豪地去追求的一个崇高目标、人们感到自豪而去实现的伦理原则、员工感到自豪而想归属的志同道合的人的社区，以及让世界因你而改变的权力感。"

"你的意思是从金钱转向非物质奖励吗？对于志愿者组织来说，这也许没问题，但我认为这在我的工作中不会起作用。销售人员的动机就是佣金，而不是梦想着改变世界。"

"我认为你贬低了你的员工的身价，格雷格。我敢肯定，除了钱，他们还关心工作的意义。澄清一下，我的意思不是转换激励机制，而是补充激励机制。不是要或不要的问题，而是两者都要。要比竞争对手跑得快，你需要用你的两条腿，一条物质的，一条非物质的。"

"那你怎么用这两条腿呢？"

"我们快要着陆了，"我说，"所以我要打破自己的规则来给你建议。不过我不知道你是否能用得上，因为它需要一定程度的谈话技巧，但也许这些想法可以帮助你和法律部门的同事打交道。你需要与你的法律合作伙伴来个不同的对话。这个对话应该从一个双方都愿意合作去寻求结果的共识开始。"

"但是弗雷德，问题是我们没有共同的目标！我想和客户签订该死的合同，而法律部的老大迈克想阻止我这样做。如果我们完全不一致，那么如何合作呢？"

"不如你对他说，'迈克，我的理解是，我们都想帮助公司在保证法律风险最小的情况下实现收入和利润目标。我相信虽然我们对于什么策略更有利于实现这一目标有不同的看法，但我们在目标上是完全一致的。你同意吗？'"

"哇，真是太好了！"

"很有可能迈克同意这一说法。即使他不同意，也必须接受这一点，否则之后不管是在你面前，还是在老板面前，他都会被视为一个笨蛋。"

"明白了！"格雷格说。

"接下来，让他向你解释为什么他认为目前这一稿的合同风险太大，以致无法证明它所包含的收入和利润是合理的。"

"事实是合同并没有什么风险！"

"这是你的看法，格雷格。如果你想让事情有所进展，就要管好嘴巴，让迈克解释他的理由。"

"好吧。我明白了。继续说。"

"当他讲完后，你需要以最能支持他的方式总结他的立场，并承认他有充分的理由担心合同。"

"但是他没有理由！"

"格雷格，让我问你，你目前与迈克打交道的方式对你来说怎么样？"

"好吧。我明白了。我现在就闭嘴。"

"当迈克从惊叹于你不再是之前那种暴脾气的老样子的震惊中恢复过来时，你可以请求他允许你向他解释你的观点。我打赌他会愿意听。"

"我们从来没有到这种地步。事实上，我们从未面对面谈论过这件事。到目前为止，我们只是发电子邮件。"

"要比你的竞争对手做得更好是很容易的，门槛其实很低。"我沉思着，"下一步就是向迈克解释你的理由，但不要说你是对的。你只需要把你的观点展现为你的观点而不是真理就好。最简单的方法是以这样的话开始，'我看待事物的方式，当然我也意识到这不见得是一个完整的观点，是这样的……'"

"这个我能做到。"

空乘人员走过来提醒格雷格把托盘收起来，把椅背放直。

"很好，你试试看。"我这样对他说时，他正在按座位按钮。我接着说："我从我的一位导师那里学会了用这种方式交谈，他是哈佛的一位教授，叫克里斯·阿格里斯。我第一次在哈佛商学院的研究生研讨会上见到他时，他说他曾与一万多名管理人员共事过，他们中没有一人能够做到他所说的'模式二'，也就是用'相互学习'这种方式来与人打交道。如果没有接受广泛的培训，所有人都会按照'模式一'行事，而'模式一'就是'单向控制'。[3] 我必须承认当时我认为这太过夸张了。但25年后，在我和一万多名管理者共事之后，我不得不同意克里斯的观点。我还没有找到一个人能做那些看似简单的事情，就是进行一段相互学习的对话。但是，嘿，谁知道呢，你可能是第一个！"

"机会渺茫啊。那之后呢？"

"在你们都了解了所提议的行动方案的相对成本和收益之后，你们会设法找到一种满足你们所有需求的方法。"

"如果我们不能呢？"

"别这么快就放弃这个选择。你可能会惊讶于你们如何能够想出一个满足你们所有需求的策略。但如果没有，我建议你提出我所说的联合升级。"

"什么？"

"联合升级。你可以说，'迈克，这是一个非常困难的决定，可能对公司产生重大影响。我很感谢你为解决我们之间的分歧而进行的谈判，但是看起来我们自己似乎还不能做出决定。相关成本和收益的最终评估是由高于我们工资等级的大人物决定的。的确需要有人来做这个决定，但这个人不是我们。我建议我们一起去找××'。你们的首席执行官叫什么名字？"

"约翰。"

"找约翰，向他解释各种选择和可能的结果。他是做出判断的合适人选。我们不会要求他调解或解决我们的问题，我们是去告诉他，我们来就是给他提供让他做出这个艰难的决定所需要的信息。如果他想在与客户的合同中要求附加条款，我们就这样做。但是如果他决定愿意承担目前这个版本的合同所带来的法律风险，你能做好准备跟他保持一致吗？"

"我喜欢这样。我要试试看。"

"你愿意在领英上给我留言，告诉我事情进展如何吗？"

"当然，我至少能做到这点。"

然后我们感觉到飞机平稳着陆了。

第三章

虚假信息：到底在干什么

在神的战争中，经常

有一些争论者。我认为，

他们完全不理会

"相互之间"是什么意思。

对着那头大象瞎扯，

那头他们谁都不曾看见的大象。

——《盲人与象》 约翰·戈弗雷·萨克斯

一位国王让六个盲人通过触摸大象身体的不同部位来说大象长什么样子。这六个人每一个人都说自己知道大象长什么样，但是每个人说的又好像是不同的东西。摸到象腿的盲人说大象像一根柱子，摸到大象尾巴的盲人说大象像一条绳子，摸到大象鼻子的盲人说大象像一棵树，摸到大象耳朵的盲人说大象像一把蒲扇，摸到大象肚子的盲人说大象像一面墙，摸到象牙的盲人说大象像一根坚硬的管子。国王对他们说："你们都对，你们也都错。你们对是因为你们每个人都确实摸到了大象的一部分，你们错是因为你们把整个大象想象成你摸到的那一部分了。"

　　把一个组织想象成一头大象，把每个员工想象成摸到大象某一部分的一位盲人，每一个人都相信，他所经历的足以让他描述这个整体。每个人都认为，在当前的环境中，他们比别人都更了解正在发生的事情。他们都对。每个人都相信自己所掌握的知识足以决定整个组织的状态。正因为相信这一点，每个人都认为对于组织该如何朝着目标前进，自己是有影响力的。其实，他们都错了。

在一个完全均衡发展的组织内部，每个部门的人，每个子系统的人，借用一位经济学家的术语来说就是，都致力于使整个系统最优化。然而，内部成员之间还是会发生冲突。所谓"均衡"是指每个人都发挥作用，不计较个人的绩效指标，目的就是帮助整个团队获胜。但这并不意味着他们都认同所采取的行动方案是最好的，或者认同每个人应该怎么做才能帮助组织实现共同目标。因为每个人掌握的信息不同，会做出不同的推断，所以关于团队的战略决策，他们经常会意见不一致。更糟糕的是，如果每个人都认为自己是对的，别人是错的，冲突就会升级，最终不可避免地导致整个组织分崩离析。

我把这个问题称为"虚假信息"。它会导致个人不可能与他人齐心协力地工作，进而追求更大的组织目标，即使每个人都认同这个目标。"虚假信息"问题会导致个人去追求各自的KPI，而不是共同目标。有了"虚假信息"，他们虽然在共同目标上是一致的，但是对于如何实现目标的最好战略，却不能达成一致。这是因为人们只看到了自己的行为可能对总体目标产生影响的那一小部分，所以他们并不知道他们的行动会如何影响公司其他部分。当他们感知到当下的环境中出现的机会和挑战时，他们并不知道其他地方存在的机会和挑战。

更糟的是，组织作为一个整体，它最好的战略通常不会让所有人满意。设想一下在一间有四个人的屋子里安装一个恒温器这个大家都熟悉的问题。这四个人都有自己偏好的不同温度（假设分别是 68° F[①]、69° F、71° F 和 72° F）。要想使大家都觉得舒服，

---

① $1° \text{F} = \dfrac{5}{9} ℃$

温度设成平均数 70° F 最合适。如果设置成这个温度，每个人都可能把恒温器拧到让自己更舒服的温度。除非他们对目标温度达成一致，除非他们能真实地共享他们的偏好，否则他们不可能做出一个很好的共同决定。

"虚假信息"本身就是一个严肃的问题。它妨碍人们做出理性的决定，它阻碍合作发生，而且它会在个体中制造冲突，尽管大家目标一致。一旦它和无组织结合起来就是致命的。这两股力量结合起来就会产生不连贯、自我毁灭的组织行为模式。在真实世界中，人们并不是齐心协力的，人们总是不顾前途，被自己的KPI 牵着鼻子走，而且总是优先考虑个人业绩报告。无组织绝不仅仅是削弱组织力量的问题。但是即便无组织没有发挥作用，虚假信息也会给出致命一击，降低组织的效率，阻止它成功和持续经营，甚至威胁它的生存。

"鲸"世传奇

当只把注意力放在眼前的环境和经历时，我们就会无视更大的环境，还会做出极其可怕的决定。这会让别人，也让我们自己处于危险之中。我首次经历"隧道视野"的危险，是在加拉帕戈斯群岛潜水寻找鲸鲨的时候，那次几乎付出了生命的代价。

鲸鲨是世界上最大的鱼类（鲸的个头更大，但它是哺乳动物，不是鱼类）。鲸鲨可以长到将近 17 米，重达 27 吨多。它的嘴差不多有两米宽。幸运的是，这种温顺的庞然大物只吃浮游生物，它没有牙齿。但是，它那有力的尾巴扫到你就足以让你送命。

潜水者都梦想着能近距离看到鲸鲨，但是因为鲸鲨是远洋

（迁移的）物种，因此很难找到它。那天，我从潜水船的甲板上往下看，寻思着自己会不会很幸运地看到鲸鲨。我还没有来得及瞥到鲸鲨，周围就出现了上百条锤头鲨，它们在船周围懒洋洋地游着。"不错，有美味的早餐了。"我想鲨鱼应该是这么想的，"裹在氯丁橡胶里的人，是我们最爱的美食。"但我可不是大老远到加拉帕戈斯群岛遇到一点危险就会临阵退缩的主儿。

"下去要小心啊！"潜水长告诉我和我的六个同伴，说完就把呼吸调节器放进嘴里，从船边跳进水里。我们跟着他也跳进冰冷、波浪起伏又有大量鲨鱼出没的水里。

我听从潜水长的指令，缓慢下沉，注意着一旦鲨鱼有了最轻微的进攻迹象就准备逃命。但是锤头鲨对我们竟然全然无视，可能把我们当作下沉的木头了。它们无视我们，悠闲而优雅地扭动身体慢慢游着。

几分钟之后，有人猛敲水箱，这让我高度警觉起来。这是一个信号，说明有人看到了鲸鲨。我往四周扫了一圈，试图看到那个庞大的身形，同时让我自己朝着响声那里前进。然后，我就见到它了——一头巨大无比、摄人心魄、令人畏惧的庞然大物。我又兴奋又庆幸这次旅行没白来。远远望去，鲸鲨好像一动不动，可是当我离得稍近一些的时候，我意识到这头庞然大物迅速游走了。

我开始全速地使劲蹬脚，全然不顾任何事，只想着那条魅力无穷的鲸鲨。我根本没有意识到，我已经把伙伴们甩在了后面——一个潜水者致命的错误就是拿生命去冒险。几分钟后，我发现自己已经到了那条鲸鲨旁边。我潜到它的下面，转过身来，脸朝着它，就在距离它那硕大的腹部几英尺①的地方游着。我张开双臂，目不转睛地看着它。我处于一种变异的意识状态中，完全和这个令人难以置信的生命体融合在自然环境中了。

当我感觉到我的呼吸越来越困难的时候，我对这条鲸鲨的迷恋才终止。我还在想出了什么状况。我在水下待了还不到30分钟呢，所以我觉得我还有足够的氧气。我查了一下我的氧气气压表。这一看把我吓坏了，氧气瓶里只剩下100磅②每平方英寸③，这就意味着我实际上几乎没剩下什么氧气了。¹我的潜水计算机显示当时的位置是17.68米深。最糟糕的是，我发现我是自己一个人，旁边一个人也没有，所以我也没有可分享的氧气瓶。我吸了吸氧气瓶里仅剩的那点儿氧气，就像要从牙膏管里面往外挤牙膏一样。"放松。"我告诉自己，"你还有足够的氧气能坚持到水面。"

在休闲潜水时，如果你在限定的时间范围内，在限定的水深范围内逗留，回到水面时就不用停下来让你身体里的氮气"排出来"。如果你超出限定，不停下来减压，只要深呼吸，氮气就会在你的体内凝结，从而让你的血液产生气泡。这种后果可不是闹着玩儿的，有可能造成"减压病"（关节痛），还有可能造成死亡。即使我们在限定范围内逗留，休闲潜水者一般都会在距水面三米半到五米之间时留一个三分钟的安全间歇，让体内的氮气排出来，作为一种额外的安全预防措施。尽管这个安全间歇是被强烈推荐的，但不是必需的。我冷静地想着安全间歇是不是真的可供我选择。我以最快的速度往上游，完全不顾潜水计算机发出的声音，

————

① 1 英尺 ≈0.3 米。

② 1 磅 ≈0.5 千克。

③ 1 平方英寸 ≈6.5 平方厘米。

它是在提醒我慢下来，做个安全间歇。

我终于到达水面，大口地呼吸美味的新鲜空气，然后戴上潜水呼吸管（浪太大，不戴呼吸管很难呼吸）。我往周围看了看，发现水流已经把我冲得远离了我们的船和我们的队伍，完全就我一个人不知道朝着什么鬼方向漂着。而且浪太大，我什么都看不到，别人也看不到我。

我把手伸进 BCD（浮力控制装置，一种充气背心）里面，打开无线电指向台，这是出发前让我们以备紧急情况时使用的。我还把我的"香肠"充满了气，这是一个大大的椭圆形橘色气球，能在水面以上 90 多厘米的地方飘动，希望这能让救援队看到我。经历了我生命中最长的 10 分钟之后，我听到了来自 Zodiac 发动机的声响。两名船员把我拉上去，然后开动马达回到了母船。

潜水长正在船上等着我。"在做潜水指令的时候，我是怎么告诉你的？"他严厉地问。

"要小心，"我弱弱地回答说，"我是很小心的。我时刻关注着锤头鲨的动向。我没有看到它们任何一个有突袭的迹象。"

"我不是让你小心锤头鲨，你这个笨蛋！"他骂道，"锤头鲨并不危险。事故往往发生在人们只关注鲨鱼，而不注意氧气量、水深、位置以及他们的伙伴和团队。你就是那个告诫大家要安全潜水的典型案例。"

那一天我可是得到一个大大的教训。我的确是过于关注锤头鲨和鲸鲨，而忽略了最关键的信息。我着迷于那些极度的冒险和机遇，以致忘了最普通的安全预防措施，这会导致潜在的致命后果。

潜水长说："杀死你的不是你不知道的东西，而是那些你认为你确信的，但实际并不对的东西。"因为我在水下待的时间没有超过半个小时，所以我"确信"我的氧气瓶里还有足够的氧气，但是我以为我所知道的并不是事实。我看到鲸鲨并且追逐它的兴奋，让我消耗了氧气瓶中比正常比例高两倍的氧气量。

这件事情让我深刻地意识到，决策制定者是多么经常性地关注自己所处环境中可见的冒险与机遇，从而忽略了系统内部其他部分的关键信息。换句话说，我们把全部注意力放到了"鲨鱼"身上，不管它是我们期待的目标，还是我们厌恶的目标，因此我们就看不到我们的行为对组织其他部分的影响。

只关注自己的经历和喜好会带来严重的问题。在一个复杂、高关联性的系统内部，任何一个人的行为都会对其他人产生重大影响。然而，因为大部分人只考虑我们行为的短期结果，而并不考虑其总体的长期影响，所以总会做出一些糟糕的决定，从而使得我们自己和我们的组织处于危险的境地。

谁最内行?

"人们就要死了!"布鲁斯大吼着说，他是首席汽车工程师，"我不管你们的什么油耗经济指标! 这款汽车已经太轻了。如果我们再减去什么东西，我们就直接把它们叫作滚动的棺材好了。"

莱瑞使劲儿地摇着头（他是法规事务的执行官）说："如果我们的团队不能达到 CAFE（公司平均燃油经济性）标准，那么想拿工资就得见鬼去了。你也许不在乎，但政府在乎。"

"你得从别的车型那儿去合你的规了，"布鲁斯说，"这款车几乎已经没有什么防撞性了。"

"你看。要是我不签字,你的车根本就不能生产。如果你不能让它再轻一些,那你也只好跟它说再见了。"[2]

这是 20 世纪 90 年代我给一家主要的汽车生产商做顾问时偶尔听到的一场争论。我当时帮这家公司提升其一个叫作 VLE(车辆生产线管理)系统的文化方面的事情,就是要努力模仿日本丰田的"重量级项目经理"组织[丰田称之为"苏沙"(Shusha)]。在丰田,"苏沙"是汽车老板,意思就是关于汽车的最终决定都是他做的。这可以让他平衡各部门主管(高级副总)的权力,他们都想让自己的部门利益最大化。

例如,设计的最优化是"受众"(高雅),工程的最优化是技术,生产的最优化是每辆车的制造用时,采购的最优化是节省材料等。从这个意义上来讲,负责安全的工程师有权保证生命安全,而负责燃油效率的工程师则要关注省油。

对于负责安全的工程师来讲,他的目标就是保障汽车在出现事故时能尽可能防撞以保护车内人员的安全。虽然有一些部件对于汽车的其他部分相对几乎没有什么影响(比如安全带),但是这些工程师针对这些部件的大部分决定很大程度上会影响整辆车的生产。比如,一种让汽车更安全的方法就是增加它的自重。举一个比较极端的例子,在交通事故中,坦克的安全性最高,而摩托车的安全性最低。

现实告诉我们,重量是"昂贵的"。除了它的直接耗费外,还会增加油耗和经营成本。它还会造成污染,因为对于汽车油耗是有法律限定的,这样的话,还会造成监管问题。而且,如果车身更重,就需要更强劲的发动机,也需要更强的减震悬架。所以,因为额外的重量,汽车的行驶要么变得更不舒服(因为汽车的减震悬架更硬了），要么变得更不稳了（因为减震悬架不够硬）。在这种重量下，要想让汽车加速就需要更长的时间，而且制动距离也相应变长。所以，尽管增加重量会使汽车在遇到事故时更安全，但是总体上看，汽车更不安全了，因为制动所需要的时间会变长，距离也会变长。

莱瑞和布鲁斯各自追求的目标都很重要。布鲁斯想要保护车内人员的安全，而莱瑞想要保护环境。但是，他们却陷入了僵局，很难确定一个合适的解决方案。当莱瑞和布鲁斯在商讨怎么办时，公司却因为这件事一周一周悬而未决的，丧失了大把大把的钞票。

巨大的复杂性

这自然引出一个问题：难道解决这种争论不应该是管理层需要做的工作吗？毕竟他们的工作是要全盘考虑可用信息，然后做出有利于公司整体发展的客观的、有依据的决定。这也是他们有权而且工资高的原因。

问题在于，每个"盲人"对于自己摸到的大象的身体部位的经历都太丰富、太微妙，以致实际上不可能做出精准描述。要描述像大象那么庞大的公司，就一定要涵盖与公司有关的所有信息，包括公司现状和将来的信息：公司的结构如何；工作流程是怎样的；员工、客户、供应商、承包商以及顾问都是哪些人；有哪些资源，比如原材料、财产、工厂、设备、成品和半成品、零部件、现金、信贷额度等；负债是多少等。这个单子可以列得特别长，还必须包括公司现在和将来的市场环境。

把员工知道的、能做的、需要的，以及有可能发生的事如实地传递出去，就需要组织尽量精简，而这样传递出去的信息就几乎没什么价值了。盲人也就仅能把一小块他所了解的知识传递给做出整体决策的高级管理者，这不足以帮助管理者做出明智的抉择，决定采取什么样的最佳行动路线（而且请记住我们现在正在做一个夸张的假设，就是在总体目标下大家完全同心同德，而且没有哪个部门想着让自己最优化。如果以实现 KPI 为激励机制，那么员工给出的信息就可能不可信了，因为他们会有一个自然的偏向，即让自己的部门受益）。

例如，维修部门的人可能知道因为工厂实行三班倒的运作方式，所以设备无法运行太久；销售部门的人可能知道客户十分愤怒，因为库存不能满足他们的需求；采购部门的人可能知道中国有一家能提供半成品的供货商；工程人员可能知道要想加工来自中国的产品，需要对工厂设备进行调整；政府关系部门的人可能知道，监管部门会不赞成从中国进口商品……从某种程度上说，这真是一件让人头疼的事。没有一个人，甚至没有一位首席执行官可以评估所有的必要信息，从而制定最好的总体战略。没有人知道哪一个决定才是能帮助团队取胜的最佳决定。

不仅不可能把所有信息整合到一个共同的大池子里，来充分评估众多的备选方案，而且市场环境也在随时变化。这就需要不断对计划进行实质性修改。信息一经交流就已经过时了，这会对公司常规计划的推动造成严重影响。

除此之外，没有一个人可以理解并处理一个组织内部如此大量的信息，不可能对一家庞大公司的整体状况做出完全精确的描绘，甚至那些位于公司顶层的大人物也不行。正如那几个摸象的盲人一样，他们根据自己的经历推断并描述整头大象的样子。高级执行官们也是如此，他们远远地看见了大象，错误且高傲地认为他们可以辨别出大象的细微特点，而且在进行总体描述时能把这些微小的特征都考虑进来。进一步来讲就是，他们相信他们可以通过一些措施，通过胡萝卜和大棒对员工进行控制。诺贝尔经济学奖获得者弗里德里希·哈耶克把这称为"致命的自负"。[3] 许多组织会死于中央计划和微观管理。

你不可能取悦所有人

小的时候，我在阿根廷生活。当时，我喜欢踢足球，位置是中场，任务就是把球传给位于最有可能得分的球员。进攻球员总是举手并大喊"我这儿"或者"这儿"，试图引起我的注意。可是我只能把球传给他们中的一个人，所以不得不决定哪个队友才是最有可能帮助球队获胜的人。

不管我的决定是什么，总会有人责怪我没有把球传给他，说他们的位置其实非常好。他们并不理解我所面对的挑战不是把球传给那个已经站好位的队员，而是把球传给我认为位于最佳射门位置的队员。

作为团队，我们是一个整体，但是对于我如何传球会有很多争吵。从某个点来看，我认为不管我选择把球传给谁，总会有几个队员因为我的决定而不开心。他们只看到了自己的机会，没有把自己的位置和其他队员的位置进行对比。

多年以后，我在一次爬山中，了解到如果一个人患上了低体温症会怎样。如果一个人的体温低到危险的程度，他的身体就会从四肢收回血液，并把血液送到关键部位以确保它们的温度。这首先会牺牲手指和脚趾，保护主要器官，之后会牺牲手和脚，接着是胳膊和腿。把血液送到内脏也许是能生存下来的最佳战略了，但是我想如果四肢的组织在这件事上有发言权，它们可能更愿意减少一点儿整体生存的可能性，而让一部分血液流向它们。这样的话，它们就能存活下来。如果低体温症的解决方案是要协商和投票，四肢肯定想达成"妥协"，前提就是让它们存活下来。落入这个陷阱的有机体会从基因库中消失。这对于复杂的组织机构试图民主运营是同样的道理。

没有免费的午餐

即使一个人可以看到当下或未来的局部影响，也不可能知道放弃局部而失去的机会是什么，因为总会有"机会成本"。基本上可以说，这意味着你每次对什么事说"是"的时候，就得对其他选择说"不"。你本可以拿着分配的资源去追求这些选择，但你得去做你已承诺的事情。其实，连一顿免费的午餐也有机会成本。如果你接受了午餐邀请，那么在这顿午餐的时间，你就不能回复电子邮件，不能自由自在地看书，不能锻炼，不能给朋友或者家人打电话，不能出门散步。

机会成本就是放弃的其他选项的价值。当你在几个相互排斥的选项中做出抉择的时候，你就会面对机会成本问题，也就是通过选择其他方案你可能获得的益处。你面对三个投资项目——A、B和C，每个项目都需要200美元。假设你选择项目A，而放弃了项目B和项目C，是因为你把钱投到项目A后就一无所有了。再假设项目A的最终收益为300美元，会计利润就是100美元。

你会认为这是一个正确的选择吗？

要回答这样的问题，你就需要知道项目 B 和项目 C 的会计利润可能是多少。只有在知道项目 B 和项目 C 有可能产生的会计利润低于项目 A 时，才能证明选择项目 A 是正确的。这可能极难决定，因为你根本还没投资项目 B 和项目 C，所以只能估算它们的会计利润。咱们再把盲人摸象的故事引申一下，组织内部的人在摸大象身体部位的时候不是要尽力推测大象长什么样，而是在努力测定未来将会成为"粒子大象"的"量子大象"的概率波（在我的工作坊，我把这个称为"薛定谔的大象"）。[4]

要把一个有特定行动方案的系统的益处和其他需要同样资源的方案的益处进行比较是极其困难的。有关现有选择和它们的价值等的认知分散在整个系统内，被不同的组织成员掌握，这些人可能为了自己的利益不愿意分享它们。而且，因为系统的复杂性，就算粗略地计算机会成本，也是相当困难的。这就是为什么人们更关注实际成本而非机会成本。但这是错误的，就像一个醉汉只到有亮光的地方找钥匙，而没有到他丢钥匙的地方寻找一样。

双重忠诚问题

如想赢得商业竞争，就需要组织的全局战略既要兼顾局部策略，也要考虑局部信息。战略和策略之间有效互动很难实现。正如我在前一章中讨论的，小团队总是因为激励政策，而让自己部门的利益最大化，从而与其他团队竞争。另外，除了首席执行官以外的每一位管理者都有着双重忠诚。

为了让员工有最佳表现，管理者必须让他们从内心就愿意投入。他需要调动员工的积极性，一起追求团队目标。要想达到这个目标，他就要让员工在工作的时候有目标感和自豪感。另外他还需要在员工和自己之间创造一种情感信任纽带。他还需要给员工提供机会，让他们体验工作的成就感，可以自主工作并把控工作，支持他们在职业生涯上的发展。

另外，他又不得不让他的团队目标、流程甚至员工福利屈从于整个组织的大目标。这就意味着他要全心致力于竭尽所能实现高于团队目标的更高要求，即上层管理者的目标。举个例子，如果领英现在想要高效运转，那么那些相互之间竞争稀缺资源的部门管理者就需要站在公司高度考虑问题。他们要分享真实信息，即使这些信息会降低他们部门得到资源的可能性，即使这意味着其部门的一些员工会丢掉工作。尽管有时候管理者需要"替组织的团队挡子弹"，但他们的下属经常中枪。

在大多数公司里，团队管理者都会尽力维护团队利益，但这可能会降低组织效能，影响协作。此时，组织的每个部门最终都会像美国国会议员那样，视自己的职责为保护他们自己选区选民的利益。正像我们从政治角度看的那样，一个集体内部如果每个人都代表不同的利益团体，就会导致各种冲突，而且组织运作也不会很顺畅。

如果一位管理者把他的主要职责视为他是上级主管团队的一员，同时把自己负责的团队放在次要位置，那么他就是在冒险切断自己和下属之间的情感纽带。他的员工会认为他"不忠"，或者说他为了自己的事业而"弃他们于不顾"。这样员工的希望便会破灭，进而消极怠工。

对于管理者来讲这是一个可怕的双重束缚。如果他把系统最优化放在首位就会被责骂，因为这就意味着他把部门利益放在了次要位置，其他员工会认为领导背叛了他们。如果他维护自己部门员工的利益，还是会被责骂，因为他把自己部门的利益放在首要位置就意味着把组织利益放在了次要位置。这时，他的上级领导和同级同事都会感觉他背叛了自己。摆脱这种束缚的方法就是本书第二部分介绍的杰出领导力。

集中还是民主：这是一个问题

因为组织不得不根据环境变化做出快速调整，那么决策最好留给那些最了解市场环境的人去做，因为他们最了解针对这些改变需要做出哪些调整，而且他们最了解要想调整需要哪些资源。哈耶克解释说："如果董事会先把这些信息开会沟通，然后再做出决定，那么这个问题不可能被解决。"听起来哈耶克更倾向于民主，然而，事情远比盲人努力想出大象的样子复杂得多。"那个'在现场的人'，"他继续说，"不可能仅凭自己对所处环境有限却熟悉的认知做出决定。他需要更多的信息，以便让他的决定适合那个更大的组织的整体变化模式。"[5]

换句话说，局部的信息太复杂了，以致人们不能有效地将其传递给高层决策者，所以最好让掌握局部的人做决定。以战争为例，前线指挥官在他们的活动范围内比将军更了解战事，所以明智之举就是授权他们去做决定。但是局部的信息又不足以评估任何决定所带来的总体影响。战争的胜利不是因为无数局部战术的成功，一支军队要让所有的决策符合整体战略。

相反，总体的信息也很复杂，以致人们不能有效地将其传递给局部决策者。将军会比前线指挥官更清楚地看到战局，所以明智之举是让将军做战略决策。但是全局的信息又不足以评估某一特定时刻和特定战场的战术。战争的胜利不仅仅是因为出色的战略，还需要具体的实施策略来执行这些大战略。

哈耶克在经济学领域中被称为"社会主义计算辩论战"的背景下写道，这是自由市场和马克思主义经济学家之间的一场争论，关于是否有可能在中央计划经济中合理分配资源。对于奥地利学派的成员，比如路德维希·冯·米塞斯和哈耶克，他们的回答是一个绝对的"不"字。他们认为，合理分配资源的唯一的方法就是通过自由市场的价格机制，在这种机制中，人们的个人决定决定了该生产多少商品或服务，以及根据支付费用的意愿决定分配给谁。

哈耶克指出自由市场价格为人们提供进行经济计算并以此采取行动所需的信息和激励。对于哈耶克来讲，价格体系就像汽车的仪表盘，它能让单个的生产商和客户仅需观察几个仪表的指针变化情况就可以调整自己的行为。米塞斯认为社会主义经济下的价格体系不能发挥作用，因为政府控制着生产资料，所以就不可能对商品设定市场价格。米塞斯著名的结论就是"在社会主义经济体中，理性的经济活动是不可能的"。[6] 他认为，这不仅因为激励机制问题（无组织），还因为信息问题（虚假信息）。

不幸的是，这并没有帮助那些庞大的组织。随着它们发展壮大，组织把无形的市场的手替换成了有形的管理的手，我们在这里借用了经济历史学家阿尔弗雷德·D.钱德勒的术语。[7] 在组织内部，部门不会为它们的服务定价。如果我在公关部工作，我不会负责一个新的研发中心的新闻发布。从这个意义上讲，资本主义的一个组织就和社会主义市场经济很相似了。另一位经济学家穆瑞·罗斯巴德解释了这个决策制定问题是如何因为在组织内部交易中缺乏市场价格而产生的。因为没有了市场，所以就不可能核算价格。没有价格核算，剩下的就只是经济非理性和经济混乱。[8]

一些公司努力模仿在利益中心之间使用转移价格的市场，但是这个系统却不能模仿一个真正的市场。管理者不是对他们核心的经济效益有产权和剩余索取权的真正的企业家，所以他们不会真正地受物质激励鼓励，让利润最大化。在公司内部，生产资源没有市场可言，因此也就没有价格。没有价格，经济核算就不可能。没有人，尤其是企划部，能做出合理的决策。

尽管很多大公司是私人所有并在市场经济下运营，但它们的首席执行官和最高管理团队发现他们自己处于一个类似于苏联计划委员会（或者阿西莫夫的故事《赢得战争的机器》[9]中的人物）所处的情形中，努力利用极不可信的信息做出决定。想象一下在没有市场价格、没有利润表，也没有资产负债表的情况下努力经营一家公司的情形是怎样的。这就是一种猜测练习。可悲的是，这就是大多数大公司做出战略决策的方式。

这一切会把领导者置于何地

作为一名领导者，你必须激发团队（或者机构）的每个人的激情，激发所有人的内在积极性，和团队（或者机构）的每个人合作，实现公司的大目标。换句话说，如果人们都有积极性，愿意为了团队利益一起工作，那么以物质激励为驱动的无组织和虚假信息问题就更易处理了。

这意味着领导者需要得到人们的允许（是因为他们的道德权威，而不仅仅是因为他们的形式权威）以做出必要判断。他们需要像民主政治那样有一个"过程一致"环节，也就是人们对于谁当总统不能达成一致，但是对于应该如何选举总统的方式达成一致。当领导者从那些愿意帮助团队取胜的同级团队成员处获得信息，同时通过这些团队成员一致认为公平且也愿意积极执行的这样一个过程做出决定时，他们就会比竞争对手做出更好的总体决策。他们能够在决策权下整合更多的信息，而且能够更好地考虑如何权衡利弊。这会使得团队成员"即使不赞成，也依然会积极工作"，不会有沮丧的感觉。

领导者需要让员工和他共享有关局部机会、风险、成本以及利润的信息，这样他们就可能对那些替代选择进行对比，从而做出正确决定。这需要领导者放下架子，抱着谦逊、开明和服务的态度，实现更高的目标。要做到这一点，领导者要成为团队成员的榜样，这样员工才能也放下他们的自我意识，以最佳的状态执行某个决定。每个团队成员都需要重新定义"赢"这个词，这样一来，胜利就并不仅仅意味着谁正确或者谁最有影响力，而是在当前的情况下谁能与他人协作做出最好、最有见识、最合理的选择，最有可能帮助团队获胜（在《清醒》这本书中，我把这个叫作"抱持学习者的精神"）。

冷静地考虑一下，这一点好像是显而易见的，但它又是违背人类一些最基本的驱动力的。为了证明自己的智慧，人们总是希望自己是正确的。为了能体验到权力的存在，我们总想控制别人。为了证明自己的存在感，我们总想为所欲为。为了感受到我们（比他们）更好，我们总想着赢（甚至可以针对我们的团队成员）。

我们想要保护和偏向那些和我们更亲近的人（我们自己的人）。简而言之，我们想要向自己证明，向我们的下属证明，向其他所有人证明我们是有价值的。我们会通过一些行为来这么做，而这些行为恰恰和作为一个团队要总体协调一致所需要的行为相反。

在第八章中，我会介绍一个具体过程，它可以让你比现在大多数公司都能更好地应对这些挑战。25年来，我和客户已经不断地改进了这项技术，所以我保证它会起作用。但这里有一个潜在的问题，即它起作用的前提是你触及了机构这头大象的额头部位，你摸到了它卓越的领导者。

第四章

幻灭：所有领导者都去哪儿了

你说话的声音太大了，我根本听不见你在说什么。

——拉尔夫·沃尔多·爱默生

马丁·温特科恩是大众汽车的前首席执行官，1947 年出生，父母是德国难民，他们在第二次世界大战后移居匈牙利。[1] 对于他的父母来说，生活无疑是艰难的，但是他们的儿子聪明，有抱负，成绩明显高于同龄人。最终，温特科恩在德国著名的普朗克研究所获得物理学博士学位后，进了德国博世公司，后又去了奥迪公司，并在 2007 年成为大众汽车的首席执行官。[2]

　　德国人尤其以他们的工程师而自豪，特别是汽车行业的工程师。他们的汽车行业有戴姆勒、宝马和保时捷这样一流的品牌。当温特科恩成为首席执行官时，他渴望着把大众汽车打造成世界最大的汽车生产商。这需要征服美国汽车市场，那儿的市场竞争很残酷。

　　温特科恩展现出他性格中决断、严厉和专横的一面。他以苛刻和精确闻名，对"它"维度极其执着。英国《卫报》曾报道在 2013 年夏的某一天，温特科恩发现一辆车的油漆有一小点儿隆起。"这个油漆的厚度超出公司的标准还不到一毫米，但温特科恩还是告诉工程师这辆车废了。"文章如是说。[3]

温特科恩过去有一个习惯，就是批评和命令别人，甚至在公共场合也这样。因此，其他执行官都很畏惧他们的这位领导。你要是告诉他任何他不想听的内容，你就倒霉了。有一位员工这样向路透社爆料："如果你告诉他什么坏消息，就等着他生气、大吼，并且把你骂得体无完肤吧。"[4]

所以，当2015年大众汽车承认它在全球范围销售的1100万辆汽车，包括在美国销售的将近50万辆汽车存在很大的问题，其氮氧化合物排放远远超过法律规定，但却通过了排放测试时，全世界的人——尤其是一向以他们的汽车产业为傲的德国人——被吓到了。温特科恩说他也同样惊呆了。尽管他认为自己要对这些柴油发动机的问题负责，而且不断道歉，但是他声称自己的工作并没有问题。很快，他把责任都推给了在美国工作的员工，然后宣布辞职，以便"给公司一个全新的开始铺平道路"。[5]

2015年9月，大众汽车承认错误，其股价随即下跌了30%，市值损失高达180亿美元。[6,7]另外，大众汽车同意支付43亿美元作为刑事和民事处罚，仅在美国的损失就达到200亿美元。[8]2016年上半年，大众汽车在欧洲汽车市场的份额下降了10%，降至2008年经济危机以来的最低点。下跌的主要原因是排放门事件后公司所遭受的强烈抵制。[9]

这种损失不仅仅体现在财务层面，麻省理工学院的科学家们的研究表明，欧洲成千上万的人可能因为装有不达标的尾气排放设备的汽车所造成的污染而过早死亡。[10]公司高管认为那些始作俑者对大众汽车造成了"无法估量的伤害"，强烈要求依法起诉那些对此事件负有责任的人。[11]这种呼吁引起了关注，美国联邦检察官对大众汽车的6名高管提起了刑事指控。他们在佛罗里达州逮捕并监禁了其中一人（其他人仍在德国）。[12]

温特科恩在这个事件中也许是无辜的，但是在领导方面有着不可推卸的责任。他是一位不讲情面、控制欲强又傲慢自负的领导者。那种把大众汽车推下悬崖的行为，是他促成的，甚至可以说可能是他煽动的。面对像雪崩一样的指责和控告，他却选择辞职，一了百了，留下他的公司去面对在德国、美国、英国、韩国、印度、巴西、澳大利亚、法国、意大利、南非以及挪威数十亿美元的罚款和刑事诉讼。[13]

当人们因为恐惧不敢发表意见的时候，错误就会变为灾难性的失败。[14] 当员工对自己的工作产生恐惧时，他们就会通过骗人来达到目的。[15] 温特科恩太苛刻，不会倾听他人的声音，以及公开批评员工都迫使一些人钻法律的空子，还使很多人隐藏了关键信息。我敢肯定他们都害怕他发怒。他定了公司的基调，公司就得按照这个调子走。

温特科恩不是那种愿意花时间内省的人，经历这次灾难，他也许会反思一下。也许通过这样的反思，他会发现他的领导力在大众汽车公司扮演了什么角色。但是对于他，对于大众汽车而言，现在为时已晚。

不幸的是，温特科恩的管理模式并不少见。优步这家出行服务公司的员工和客户就在那位傲慢的创始人和首席执行官特拉维斯·卡兰尼克的领导下深受其害。2010年的一段视频记录了他和一位优步司机关于车费的争论。[16] 2014年10月，美国商业促进局因为优步公司超乎寻常的高收费和对客户投诉不予理睬的行为给它评了一个"F"级。[17] 2017年，优步前工程师苏珊·福勒控诉说自己被一位管理者性骚扰，但是公司对此不闻不问。事实证明，在优步，这类骚扰很普遍。[18]2017 年 6 月，优步对内部性骚扰事件展开调查，开除了 20 名员工。同年，优步销售额为 65 亿美元，亏损 28 亿美元，卡兰尼克休假回来后便被迫辞职。[19, 20]

《纽约时报》于 2017 年 2 月报道的优步员工的抱怨简直让人震惊："优步的一位管理者在公司于拉斯维加斯举办的拓展活动中摸了一位女员工的胸部。在一次会议激烈的对峙中，一位经理喊出了诋毁性的词语。另一位管理者则威胁要用棒球棍打一个业绩不佳的员工的头。"文章评论说："公司只关注如何让员工有最好的表现，这让优步以前的和现在的员工把优步公司的环境描述成霍布斯环境。在这种环境中，员工之间有时会相互攻击，上层管理者对于一些违反规定的行为会视而不见。"[21]

卡兰尼克和他的员工刚开始就像一群海盗。他们得心应手地使用一些非传统的方法，这被领英的创始人里德·霍夫曼称为"闪电式扩张"，意思就是像闪电一样快速形成规模。他们进入市场，赶超了另一个打车应用软件来福车（Lyfe），但是他们没有把自己打造成一支训练有素、纪律严明的专业队伍。尽管有很多原因，但我将其概括为四个字，那就是"上行下效"。我相信一个组织的失败反映的就是领导团队的失败。

"像葡萄一样被压扁"

1984 年上映的电影《龙威小子》讲述的是日本一位德高望重的空手道大师宫木把一个常受人欺负的小男孩丹尼尔收为门徒的故事。当宫木先生问丹尼尔是否想学空手道时，这个孩子无所谓地答道："差不多吧。"宫木先生让丹尼尔坐下。"丹尼尔，咱们必须谈谈，"宫木先生用蹩脚的英语严厉地说，"一个人走在路上，在右侧走，安全；在左侧走，安全；在中间走，早晚会被压扁，就像葡萄一样。学习空手道也一样，你要么说'想'，要么说'不想'。如果你说'差不多'，那么你早晚会被人打扁，就像葡萄一样。明白吗？"[22]

我对领导者的警告也是如此："要么你有领导力，要么没有，半瓶子晃荡，则早晚会被人打扁，就像葡萄一样。"

当人们跟随一位领导者时，就会让他进入他们的心灵密室。他们给这位领导者以权力，让他影响他们的思想、情感和行为。他们之所以会这么做，是因为他们信任这位领导者，相信他在运用这种权力时既公平，又富有同情心。他们还相信这位领导者能让他们在"它""我们""我"这三个维度上的最基本的需求得到满足。

俗话说，地狱里的烈火也抵不上一个理想幻灭的追随者的怒火。如果人们怀疑他们的领导者背叛了他们，他们就会对他还有公司实施疯狂的报复，根本不管自己的怀疑是不是有根据和道理。那些想要通过自己的见识和价值观激励整个公司的领导者需要孤注一掷。如果他们成功了，人们就会全心投入工作，公司就会飞速发展。如果他们失败了，人们就会怠工，公司也会陷入低谷。

理想幻灭就像一个黑洞，有着极强的引力。几乎所有领导者的努力，不管主观意愿多么好，注定会落入它的视界。除非你集聚了逃离的能量，否则黑洞会吞没你和你的组织。

后果自负

每当有人来请我帮助他们动员一下企业文化改革时，我都会警告其领导团队,他们将要面临的巨大风险是什么。我已经见识过太多的领导者在还没有认清事实时就不假思索地启动变革。不可避免,他们的新方案会让企业文化变得更糟糕。

比如,我曾在一家《财富》世界 50 强金融服务企业工作了几年,主要工作是给领导层提供指导。他们请我加盟的目的就是创造一种更有建设性的企业文化。一开始,我提醒那些高管,领导力和文化变革就像投资期货市场:下行风险不受投资控制。我解释说,参与这样的项目和参加研讨会,并公开支持不同,实际上要花时间去解决重要的商业问题,主要途径是让员工期待的文化价值观和文化实践真正落地实施。我提醒他们说:"如果你们不这样做,就会对你们的企业文化造成巨大的伤害。"

我还向他们解释说,我们往往将大量精力放在研讨会和文化革新项目上,但是我们想要向员工传递的最重要的信息更会通过我们的行为传递出去。所以我们不仅要把时间花在参加研讨会上,而且在我的指导帮助下,还要致力于用研讨会的成果应对公司面临的挑战。

后者从未发生。事实上,我最担心的问题出现了。我为这个项目花了数百个小时,但我从未被邀请参加领导团队的商务会议。这并不让人吃惊。尽管这个项目最终宣布获得成功,但是一段时间后,公司员工的积极性得分降至历史新低。因为领导者的言行不一致,所以员工只好选择离开。即便不是身体上的离开,至少也是情感上的离开(就我所知,从那之后,这家公司在领导力和文化建设上再没有做过任何努力)。

承认这个失败的确是一件尴尬的事情。我很希望这个项目取得成功,毕竟它达到了相应的绩效指标。我看到太多的组织机构,在实施了大量的积极性提升项目后，结果反而被一群"行尸走肉"——失去活力的消极怠工的人——充斥。这就是为什么在领导力实践中，我认为怎么强调诚信都不为过。一旦你的言行不一致，你所引发的不是人们发自内心的投入，而是不信任和怨恨。

除非以一个正确的动机开始，否则任何努力都不会奏效。设想一下，一个男人向其未婚妻求婚。他单膝跪地，拿出给她的戒指，问："你愿意嫁给我吗？"未婚妻问："你为什么想娶我？""因为已婚男性比未婚男性的寿命长。"他这样回答。[23]

如果你是那位女士，会有什么感觉？你会怎么做？当我问参加研讨会的人这些问题时，他们不约而同地说自己会感到不安，而且肯定不会嫁给这个家伙。他的回答完全是自私的，表明了他自私无情，足以证明他不适合做伴侣。他对未婚妻没有爱，不在乎她的幸福、她的未来、她的快乐。她于他只是一种资源，是实现他的目标的一种方式。一位与会者明确告诉我："如果我是她，我就会想，'如果将来你离开我，结果活得更长怎么办？如果我让你生气，你还会和我在一起吗？那句誓词'不管更好还是更糟'还算话吗？'"

其实，这和现在大多数领导者面临的情况极为相似。他们就是想通过员工积极性提升计划来努力改善组织的绩效。尽管员工很少会明确地问领导者"你为什么要提升我的积极性"，但毫无疑问，他们会很含蓄地问这个问题。令人沮丧的是，他们推测领导者的回答可能是，"因为这会让公司在盖洛普员工积极性调查中得一个更高的分数，进而证明公司（和我）更加成功"。

如果你认为公司提升你的积极性只是为了剥削你，你会怎么想？有这样一个项目，它努力为你营造一个积极的环境，这样你作为一种人力资源就可以有更多的产出。面对这样的项目，你会做出何种反应？你是会感到有积极性了，还是会十分愤怒？我问过的每个人都倾向于后者。这种项目是自私的，甚至在商界也会给人控制欲很强的印象。因提供服务而获得工资这样的物质交换只会让人服从，积极性需要情感投入，只源自情感交换。

在咨询界这是一个公开的秘密。大家都知道，尽管积极性提升项目对于咨询公司来说利润相当高，但是对于客户公司来说，几乎毫无价值。然而，就像祈雨舞①一样，每当积极性调查结果揭示出一个基本问题时，人们下意识的反应就是找到一种消除这种症状的解决方案。这从来没起过作用。用糖丸治不了癌症。

你说的不是他们得到的

我们小时候，就知道光说无用。长大以后，我们发现人们有可能说一套做一套。我们看到了成年人的"信仰价值观"（他们宣称一个人应该做的事情）和他们的"行为价值观"（他们实际所做的事情）之间的矛盾。我们明白了向别人说谎会让我们强大，但是当别人向我们说谎时，我们就会变得异常脆弱。我们意识到，不去兑现真正的承诺，只是唱高调是一件多么容易的事。

我记得上小学时，一个周末，我去找一个朋友。朋友和他弟弟打了一架，因为弟弟很闹，不能让我们好好玩儿。当他弟弟捣了几次乱后，他实在受不了了，就打了弟弟，弟弟就开始大哭。朋友的爸爸进来当着我的面，重重地给了我朋友一巴掌，说："这

---

① 一种为了祈求作物生长需要的降雨而表演的仪式性舞蹈。——编者注

就是告诉你，看你以后还敢打你弟弟不！"

我惊呆了。我的父母从来没有动过我一根手指，我以前也从来没有看到过大人打小孩儿。这么多年，我一直没有忘记这件事，因为它触动了我内心深处的一些东西。随着我长大，我发现最让我不安的是整件事的伪善。如果我朋友打他弟弟是不对的，那为什么他爸爸打他就是对的？

在一个充满矛盾的环境中生存，大多数人都会怀疑那些崇高的宣言，至少在看到它们转化成一致的行为时，我们才可能相信。我们知道自己家庭的价值观塑造是通过观察父母的行为而不是听他们说的话。父母所说的远不及他们所做的有影响力，尤其是当他们面对巨大的压力，而且没有意识到我们在观察他们的时候。

空说是廉价的，但行动的成本很高，这就是为什么行动才是可信的。你能够轻易地宣称自己有多么高尚的价值观，但依照这些价值观去行动却需要做出艰难选择，同时还得接受因此带来的后果。小时候，有一次我和妈妈讨价还价："如果你答应我，你不再生我的气了，我就告诉你一个秘密。"妈妈笑了，也不生气了，说道："告诉我吧，我不生气了。"只要我不必因诚实付出代价，我就愿意做一个诚实的人。这类事发生在你 4 岁的时候，是有趣；发生在你 44 岁的时候，就是欺骗。

那些地位比我们高的人制定了标准让我们参考。我们的父母以把他们的价值观付诸行动的方式告诉我们，要想在学校生存和发展必须遵守的规范是什么。对于领导者来说，道理是一样的。他们的行为告诉我们对于公司什么才是最重要的，我们怎么做才能成为这个群体的一员，成为"我们中的一员"。除非公司领导者能在日常经营中，最重要的是在考验他们耐性的时候，对于他们信奉的价值观身体力行做出表率，否则的话，他们所宣称的，说得好听些，就是与员工毫不相关，说得难听些，就是具有毁灭性。唯一让公司员工积极向上、齐心协力的办法就是，领导者要做出表率。

不公平的状态

领导力不是公平的。模范行为固然非常必要，但是不足以激发员工的积极性。这是因为人们会通过自己的思维模式过滤器，观察和解读你的行为，即使你做得对，他们也会觉得你不够好。

假设你完全按照自己宣称的价值观做事，你应该是很安全的。对吧？错！即使你的领导力记录干净到在人类历史上绝无仅有，即使你完美得表里如一、言行一致，员工还是会失望，不抱幻想。当人们被那些差劲的父母、老师和管理者控制时（谁没有过这样的经历呢），他们就要忍受一种创伤后焦虑。在感到被那些先燃起他们的希望之火，然后又无情地让他们的希望之火熄灭的权威人士背叛后，他们害怕会再一次被人利用。

进一步讲，当人们看到有人举起那面"崇高的目标"和"价值观"的大旗时，他们脖子后面的毛发就会竖起来，就像动物感到周边有危险时一样。他们对那些动听的话语充满了怀疑，以便保护自己。谁能责怪他们呢？他们不想再次被愚弄，所以他们把领导者看上去不那么言行一致的表现都视为应反对领导者的证据。"当领导者的行为好像（对于他的下属来说）违背了其所倡导的组织价值观时，"加州大学伯克利分校的管理学教授詹妮弗·查塔姆这样写道，"员工就会得出结论，即这位领导者自己没有说到做到。

简而言之，组织成员感知到领导者的伪善，就会把认真工作的承诺变成消极怠工。"[24]

员工不可能知道一位领导者在做出抉择时面对的情况，也不可能读懂领导者的思想，知道他的所想和所感，所以他们就会自己对故事进行补充，把那些可疑的地方都归因于领导者的行为。当他们的故事把领导者描述成一个坏蛋的时候，员工就不会再信任领导者。他们会变得愤世嫉俗，每个随之而来的负面事件都会进一步强化他们的这种观点。即使领导者表现得合情合理，那些过度敏感和挑剔的员工也会怀疑他们的动机。

归因误差

"我们总是倾向于用自己的理想标准来判断自己，用别人的行动判断他们。"这是美国驻墨西哥大使狄威·莫洛在1930年所说的话。[25] 我们会根据自己的意愿来做出自我评估，但是我们对他人的评估却基于他们的行为以及这种行为对我们的影响。每当我们做的事似乎和我们秉承的价值观不符的时候，我们就会找出理由让它变得合理，并解释说我们本没打算这样做，或者这么做是出于好意。但是当别人做的事似乎和他们秉承的价值观不符的时候，我们就坚决认为他们错了，他们是愚蠢和卑鄙的，或者更极端一些，他们是邪恶的。我们这么做完全是自然反应，不会去询问他们的动机、意图或者思想，也不会考虑他们所处的外部环境。

"归因误差"[26] 是一种心理偏见，它让我们对自己的评判比对别人的评判更仁慈，因为我们知道自己的所思、所感，也知道自己面临的选择，但我们并不知道别人的所思、所感，也不知道他们面临的选择，所以我们就会自己编故事以提升我们的自尊心，同时也为了展现我们比别人更强。比如，我开车撞树了，就会把这个事故归因于周围环境。比如，我之所以急打方向盘，是为了避免轧到一条狗。或者，如果我抓到一条 8 磅重的鱼，我会告诉你它重 10 磅，我会把这种夸张解释成善意的谎言。但是如果这件事是你做的，我就会说你在吹牛。

这种假想的领导力的不一致是"不可讨论的"，因为员工只会和那些跟自己观点一致的人共享这种结论。员工会担心（不是没有理由地），一旦他们面对领导者，就相当于给了领导者解释他们言行的机会，或者可能让他们意识到自己的错误，进而有机会改正。这些员工会将自己失败的理由归结为领导者"不重视反馈"。下面这段对话就很好地诠释了这种现象。

"你最好别去招惹这些家伙，他们对批评根本不会有任何反应。"

"你怎么知道？"

"嗯，你看，就没有人招惹他们。你还记得乔吗？他被解雇了。"

"为什么？"

"我也不知道。他肯定招惹他们了。"

由于这种状态会一遍一遍重复，人们就习惯听天由命了，也体验到了无助的滋味。此外，他们把对领导者的不信任带到了其他组织，认为它们也是这样，于是他们一开始就带着一种消极的偏见。这就使得领导者更难以激发员工的积极性。这是一种极为恐怖的恶性循环，让许多人的工作环境变得恶劣。

这种不幸、不公的状态会让领导者的工作难上加难。首先，和别人一样，领导者也是根据自己的意愿来评估自己的，也会为自己的行为找出各种借口，所以有可能把自己的观点强加给员工，而忽略了他们的感受。然而，员工只会根据领导者的行为对自己的影响来评价他们（这一点你不会完全理解），而且会推断领导者的动机（他们不会考虑你所处的环境）。其次，如果领导者相信员工对自己的评价不公正，他们就很可能会忽视员工关心的事。领导者还会对员工的质疑置之不理，因为从领导者的角度看，很明显自己是完全正确的，而员工明显错了。如果领导者感到自己被不公正地批评了，就会很容易地选择躲避、防卫、反对甚至反击。

我深深地体验过这种防卫的冲动，那是在我主持的长达一周的研讨会期间。我告诉参会者，我的目标之一就是希望能在午餐时通过和他们小范围的深入交谈，对他们有更进一步的了解。不幸的是，参会者比让这项每日计划得以开展的人大约多10人，于是没有办法，我只能分开安排。

为了尽量减少两个项目之间的差异，我认为在研讨会结束前一天的晚宴时和那些我没来得及一起吃午饭深谈的人坐在一起聊聊天是一个不错的主意。然而事实证明，这是一个糟糕的主意，因为音乐声太大，环境太乱，而且现场还没有桌椅，晚餐就是冷餐，人们都站着吃。有一个区域是专门为我和我想一起吃饭的人预留的，但是面对喧闹的音乐和周围跳舞的人群（还有一杯一杯的香槟），我完全忘记要和那些就餐人员沟通加深了解这件事，只顾和周围的人畅聊，没有像其他人一样与这些人进行深入交谈。

第二天早晨，当我准备开始研讨会的时候，我的一个职员告诉我，昨晚和我畅聊的那些人向她抱怨，说我没有履行我的承诺——与他们进行小范围对话。当然，他们没错。但让我吃惊的是，昨天晚上没有一个人提到这一点。只是当他们中的一个人向我的职员抱怨，然后我的职员告诉我之后，我才知道他们的感受。

更让人尴尬的是，就在前一天，我还和所有参会者讨论了履行承诺的重要性，重视别人所重视的东西的重要性。我的第一个想法就是当着全体学员的面和他们说下面这段话："你们昨晚为什么不问我呢？如果你们稍微提醒一下，我肯定会找机会完成它。你们为什么向别人抱怨而不直接来找我？我可能从来没有意识到我没有履行对你们的承诺，而且你们可能也从来没有意识到我是多么在意你们，也在意我所做的承诺。我欠你们一个道歉，但是你们本可以让事情对我来说更容易些！"

这就是被整个研讨会，还有全部企业视为转轴支点之一的"诚信时刻"。幸运的是，我的这个培训最后被挽救了。我深吸了一口气，闭上眼睛让自己平静下来。我意识到如果我向这群人表达出任何一点防卫性的言语，我就会背叛自己的价值观，失去他们的信任，最终毁了这次研讨会。让自己平静下来以后，我走进教室，走上讲台，说了一些话，和我当初设想的话完全不是一回事："我已经注意到了我昨晚没有履行对一组人做出的晚餐承诺。现在和大家坦白，我真的完全忘了，这让我十分尴尬。我对这个事件深表歉意。我让你们失望了。现在我想问问大家今天的研讨会结束后，你们愿意来找我一趟吗？如果你们能给我一个弥补的机会，我将不胜感激。"

那天研讨结束后，我和前一天晚上一起吃饭的那几位客人进行了非常有建设性的谈话。谈话期间我说："我并不是找任何借口，但是为了自己的学习，也为了你们的学习，我现在想问问大家，昨晚是什么阻止你们没有提醒我们本该一起吃晚饭进行深谈的。是我的什么举动让你们没敢提出这件事呢？"他们全都大笑了起来。其中一个人说："我们以为这么劳顿的一天下来后，你不想和我们谈话了呢。"

我很高兴他们向我的员工抱怨了，我也很高兴事情得到了圆满解决。转念一想，不知道有多少次我让别人失望了，但自己还不知道，也就没有机会把事情纠正过来。一想到这个，我就不寒而栗。

当领导者注意到周围的人苛刻地评价他们，而且不给他们解释的机会时，他们可能会自卫，甚至不择手段。我曾经把许多领导者都说急了，因为他们读了我的 360 度报告后，感到他们在我所收集的报告中受到了不公平的批评。他们当时的念头就是召集会议，直面那些给他们评级的人。我现在还记得有一位怒不可遏的副总冲着我大喊："这是谁说的？"我当时真的很同情他，他感到人们不公平地妄下结论，也不给他一个解释的机会。我提醒他，他已经同意让受访者匿名。这下他更生气了。"好吧，"他吼道，"我会查出来的。"我跟他解释说，他做出的一丁点儿指责性调查都会毁了他的名声。他最后确实冷静了下来，但是有那么一阵，这件事好像一触即发。

权力悖论

如果你希望成为一名卓越的领导者，当你解决了消极怠工、无组织和虚假信息问题后，你必须面对那个最大、最具挑战性的对手，即你自己的权力。

约翰·罗纳德·瑞尔·托尔金在他的名作《指环王》中给我们

讲了一个故事，一个关于致力于毁灭至尊魔戒的故事。这枚戒指不仅能给人权力，而且任何戴上它的人都会成为它的奴隶。这确实就是每天我们的世界中真实发生的一个寓言故事：那些有权的领导者，甚至那些好心、理想主义的领导者，也会屈从于欲望，而让自己变得更重要、更受人尊重、更让人羡慕，总之，更有权。

对于托尔金而言，权力总是邪恶的。书中很多好人都问是否可以用这枚戒指来行善。托尔金的答案是一个掷地有声的"不"字。邪恶的手段能够带来的只可能是邪恶的结果，不管最初的意图是好是坏。这就是为什么，当弗罗多给甘道夫魔戒时，聪明的甘道夫喊道："不！要是有这种权力，我的权力就太大太可怕了。戒指又在我之上，它得到的权力就更大，也更致命。别诱惑我，因为我不想让自己成为黑暗魔王那种人！然而戒指诱惑我的方式是通过……实现我心里的理想，用它去做好事。"[27]

托尔金的寓言并不离谱。有研究表明，权力可以让受可卡因刺激的同一神经中枢核心兴奋起来。[28] 有权的感觉会增加男女体内睾酮水平和其附带的 3α–二氢雄甾酮水平。这个反过来会让多巴胺的水平上升，操纵大脑的奖赏系统，给人一种愉悦的短期快感，但是这会导致可怕的长期上瘾。换句话说，权力实际上会让我们冲昏头脑。权力让人上瘾，如果你屈从于权力，它就会毁了你的一生。

记住这一告诫——如果你能赢得员工的信任和承诺，就能获得巨大的力量，但是这种权力会让你变得不值得信任。美国心理学家达彻尔·凯尔特纳把这称为"权力悖论"。"善良是获得权力的最佳途径，"他写道，"但是获得了权力确实会让人变得邪恶。权力的诱惑让我们失去了最初为我们赢得权力的那些品质。"正如托尔金的朋友、英国历史学家阿克顿勋爵所说的那句著名的话——"权力导致腐败，绝对权力导致绝对腐败"。

社会心理学的大量研究都支持阿克顿的言论：权力会让人冲动行事，不去考虑别人的感觉和期望。权力鼓励人们可以心血来潮地想做就做，按照自己的想法行事，甚至冲动行事。如果研究者在做实验时给实验对象权力，实验对象则更可能用不正当的方式和别人进行身体接触，更肆无忌惮地去勾引别人，做出冒险的选择，赌博，在谈判中草率报价，不考虑社会规约脱口说出不该说的话。他们像饼干怪兽①一样大吃饼干，吃得下巴和前胸上都是饼干渣。

觉得自己有权的人更容易出轨，更容易危险驾驶，更容易说谎，更容易从商店偷东西，更容易让他们诡称自己有理由打破别人应该遵守的规矩。权力似乎会导致自我迷恋。在多次试验中，实验对象被要求在自己的额头上写一个大写的字母 E，以便别人能读出来，有权力的人更可能把这个字母写成朝着自己的右边。而对于看这个字母的人来说它是反的，这是因为有权力的人不会以他人的视角看世界。

也许更令人不安的是，有大量证据表明，拥有权力会让人的行为更加反社会。研究发现，20% 的商界和政界领导者有自恋和精神错乱倾向。这个比例和监狱服刑人员的比例大致相同，而在普通人中，这个比例大概是 1%。[29] 权力大的人更可能会打断别人，不按顺序发言，别人发言时他们也不看着对方。他们还会更客意恶意、羞辱性地取笑朋友和同事。对公司的调查发现，大多数的

---

① 饼干怪兽是美国儿童教育电视节目《芝麻街》中的木偶。——编者注

粗鲁行为——大喊大叫、说脏话、性骚扰、伤人的批评——都来自有一定权力地位的人。

凯尔特纳声称，那些有权力的人的行为举止就像那些大脑眶额叶（眼窝正后方的前额叶区域）受损的精神病人，这种情况好像会引起极度冲动和极度迟钝的行为举止。他暗示说："权力的体验就好比让人掀开你的头盖骨，把你大脑里对共情和社会适当行为至关重要的那一部分拿出去。"这个悖论就是，把权力给予那些人是让他们做更大的善事，但是一旦人们有了权力，就会滥用它。

在商界有大量的实验性证据可以佐证凯尔特纳的结论。斯坦福大学的研究学者于 2016 年做的一项研究认定，在 2010—2015 年的 38 个新闻事件中，以下这些行为违反了行为准则：

- 34% 涉及首席执行官在报告个人事项时对董事会或者持股人没说实话，比如曾经的酒驾、隐藏之前的犯罪记录、证书造假，或者其他行为。
- 21% 涉及和下属、承包商或者顾问发生性关系。
- 16% 涉及首席执行官使用公司基金的用途可疑，但严格上讲尚不构成犯罪。
- 16% 涉及首席执行官有让人反感的个人行为和侮辱性言语。
- 13% 涉及首席执行官公开发表前后矛盾的言论，冒犯了客户和社会团体。[30]

这些行为都要付出代价。据《财富》杂志报道，当首席执行官沉迷于上述行为时，对公司造成的损失，如果按市值损失计算（股票下跌），仅仅三天就是 2.26 亿美元。

有一则寓言是这样的：一只蝎子想要过河，但是它不会游泳。所以它请求青蛙背着它过河。青蛙说："如果我背着你，你就会蜇我。"蝎子回答说："我不会蜇你的，因为那样咱俩都会被淹死。"青蛙想了想，觉得有道理，于是就答应了。青蛙把蝎子驮在背上下了水，但是游到河中间的时候它感到身上一阵刺痛，意识到蝎子在蜇它。它俩开始一起往下沉，青蛙喊道："蝎子，你为什么蜇我？现在，我们都要淹死了。"蝎子回答说："我没忍住啊。那是我的本性。"

可悲的是，权力具有像蝎子一样的本性。尽管人们知道对于权威和控制的那种自恋般的满足感是有害的，但大多数有权的人对此都情不自禁。他们不可避免地会去"蜇"他们的下属，然后在那条消极怠工和缺乏信任的河流中和员工一起被淹死。

黄金法则规定如下：要想让别人怎么对待你，你就要怎么对待别人。正所谓，己所不欲，勿施于人。大部分人在理论上接受这个法则，而在实践中往往违背这个法则。当他们掌握权力之时，做得会更加肆无忌惮。领导者在公司行使权力的时候有可能不被它腐蚀吗？抑或就像魔戒能让戴上它的人变成奴隶，成为邪恶的帮凶？就个人而言，如果你获得了这种权力，你要怎么用它来行善呢？

如果你想带领一家积极向上的公司，就必须超越知性理解。面对腐蚀，你需要绝对的诚信，每天工作时要真诚，要懂得尊重、公平、包容、谦卑、关爱，要懂得鼓舞他人。做不到这些，你就不可能让你的下属积极工作。这些行为绝对不能是为了弄虚作假装出来的。除非它们源自你的核心价值观，并通过巧妙的方式得以实施，否则你遭遇失败的概率就会非常高。除非你有超人的自律和意识，否则就会有背叛下属的危险，因为你会受权力腐蚀作用产生的影响考验，还会受支持者极为敏感和挑剔态度考验。

你的员工就是你的镜子

你的领导行为并不只是你的直接行为，作为一个领导者，你要通过对系统、战略和过程的选择来展现你的价值观。你有权定义，或至少有重要的影响力——如何为公司招募，如何聘用员工，如何让新员工懂得人际交往技巧，如何培训他们，如何给他们奖励和升职，如何训诫或解雇他们。这种种程序都因为你的认可而存在，同时也向你的组织传达了什么对你是重要、正确和公正的。同样，你的组织内部的所有管理者都是在你的认可下就职的，所以他们的行为比任何你所说或所写的内容都更能反映你的价值观和信仰，也许甚至比你自己所做的任何事都更能反映你的价值观和信仰。

我经常听到有的领导者抱怨他们的员工不会工作，还听到他们哀叹一些业绩出色的员工（在被我们称为"它"的那个维度上）的人际交往技能十分糟糕（他完全不具备被"我们"和"我"这两个维度的技能）。也许这种抱怨是真的，但是当这些领导者接受了相应的职位，有权力提拔、贬职和雇用、解雇员工时，就必须面对这种现实。团队成员都是他们直接或间接选择的人，这种认可就是向整个组织宣告领导者的价值观。

做一个脾气不好的成功企业家，"它"维度的益处是很明显的，而"我们"和"我"这两个维度的益处则恰恰相反。例如，当一家律师事务所的管理层意识到他们所不愿看到的那种人才流失正在愈演愈烈的时候，他们才如梦初醒。它正在失去最优秀的人才。他们面临一些棘手的决定，因为他们发现，最好的一些律师（由客户评定）同时也是最糟糕的一些领导者（由员工评定）。律师们有为客户提供最好服务的热情，但也需要善待员工。从短期看，律师事务所的客户满意度和收入都增加了，但是从长期看，人才流失造成的损失特别大。员工之所以加入这家公司是因为它的品牌，而之所以离开是因为它的管理者。几年来，这家公司把人招来又把人赶走，结果陷入了麻烦之中，因为人才的流失和在就业市场上信誉度的下跌，直接威胁到自己的生存，所以管理层向我求助。

管理层请我与公司最"难缠的人"共事，期望改造他们。"他们为什么要改变？"我质疑道，"他们因业绩好，所以不断受到奖励，因为有闯劲而得到提拔。现在他们对他们的员工很严厉，就像当初领导者对他们做的那样。"

一阵尴尬的沉默过后，一位律师开口承认："我们过去，不，实际上，我们现在就是那些严厉的领导者。"我建议第一步就是，他们自己要弄清楚他们想要什么样的企业文化，而且在多大程度上愿意改变自己的行为，从而成为这种企业文化的榜样。我强调说这种榜样是具有决定性意义的，它包括定义公司的升职和奖励机制，还包括要接受一些不服从指挥的"最好的员工"可能会决定离职的情况。

在高尔夫球比赛中，有一种变体叫作"最佳抢球"。球员每一个洞打两个球。他可以打两杆，选择最好的一杆，从那个点打两个球，以此类推，直到一球入洞。还有一种变体叫作"最差抢球"，打法正好相反。球员打两杆，选择最差的一杆，从那个点打两个球，再从最差的球的位置继续击球直到两个球入洞。高尔夫球很难打，但"最差抢球"更难打，因为它需要高度的一致性，任何一个错误都会产生很多连锁反应。

领导者在两方面很像"最差抢球"。首先，人们会根据每一位领导者最薄弱的环节对他进行评判。要想激发员工内在的积极性，领导者就需要在"它""我们""我"这三个维度保持高度一致。他需要展现商业头脑、社交智力以及个人诚信。任何失误都会削弱和破坏其他方面的表现。

其次，也是要求更高的一点，就是领导是一个团队运动。每个管理者的权威都源自首席执行官，因此首席执行官要承担责任并最终对管理者的行为负责。任何一位在行为上和公司的目标以及价值观不能保持一致的管理者，都会给整个领导团队抹黑。所有的管理者都需要保持高度一致，因为人们总是拿团队最差成员的表现去评价领导层。

在商界，"员工因公司名声而来，因管理者而去"是个老生常谈的话题。[31] 即使员工会因为他们的直接上司而对工作充满激情，对于提拔并维护糟糕领导者的公司，他们还是会消极怠工。就如同在玩"最差抢球"时，得分要依赖最差的击球，积极性得分也要依赖最差劲的领导者的表现。这对领导者提出了更高的要求，不仅要让自己伟大，还要让领导团队中每个领导者也变得同样伟大。

百无禁忌规则：照镜子

一旦你全心投入去真正地带领一家公司，你和你的团队就需要经常审视你们的行为。为了避免那些能毁灭积极性的矛盾发生，你需要审视公司从你身上得到的信号是否一直保持一致（记住，重要的不是你认为你发送了多少信息，而是他们认为他们收到了多少信息）。要想做到这一点，你就得授权和鼓励你的员工，当他们发现你所承诺的价值观和你的行为不一致的时候，尤其是当你和他们意见相左的时候质疑你。你必须允许他们有说话的自由，而且当他们这么做时，你要心存感激。要想进行有效领导，就不能有什么禁忌话题。

下面是一个被我称为"照镜子"的例子。我加入领英后的几个月，首席执行官杰夫·韦纳希望我帮助他成为最好的领导者。[32]我建议我们首先做一个360度评测。我做了一个深度评测，不仅使用了量化工具，还和20位与他打过交道的人（董事、直接下属、中层员工等）进行了开放式面谈。这种形式的评测相当紧张，因为我会问一些非常尖锐的问题，然后摘录这些问题的答案，作为原始数据给客户看，一起分析。

在杰夫这个案例中，我问面谈者的一些问题如下：

杰夫作为一个领导者，你最欣赏他哪一点？

要想成为一位更出色的领导者，你认为杰夫在哪方面要做出改变？

你认为杰夫所宣称的价值观和他的实际行动之间有差距吗？

你有什么想和杰夫讨论，但又害怕会让他感到不安的事吗？

这项工作的目的就是帮助杰夫意识到他平时总听到的那些积极评价并不是人们对他评价的全部，尤其是当他不在场时。这个评测给杰夫展示了一张图，里面是他的利益相关者对他的优点和尚需改进的地方的看法。这个评测还有助于杰夫和他周围的人就以前他们感到难以开启讨论的话题展开对话。这份报告给杰夫提供了一个只要能和大家一起更好地工作就可以讨论任何事情的机会。

自从 2006 年我和杰夫见面，他就一直听我谈论消极怠工、无组织、虚假信息和希望幻灭等话题。他非常理解这些动态的信息对任何一家公司的危害有多大，而且他一直致力于解决这些问题（这一点很符合一位杰出领导者的做法）。这也是为什么他想了解如何才能基于他建设性的行为，解决他说和做之间的不一致问题，或者说他的意图和别人对他的意图的感受之间的差距问题，让这些问题都成为可谈论的话题。

从积极的一面讲，人们敬佩杰夫有鼓舞人心的能量，以及他描绘公司巨大前景的能力，同时他还掌握把这种前景变为现实所需要的关键战略细节。他们承认他思想很丰富，博学，能处理大量信息，并通过这些信息提出很好的问题，给出令人信服的指导意见。他们很感激他的指导和他富有同情心的管理。

因而，要得到有关杰夫的缺点和不足的信息就难了。我向面谈的人解释了这么做的目的是帮助杰夫成长，需要让他知道在哪些方面提升自己。他们给了我一些非常好的素材。没什么让人感到惊讶的，很显然杰夫的缺点是他优点的阴暗面。

比如，杰夫与人互动的方式，有时候让人感觉是一种质问，他表现得很不情愿接受反对意见。这打消了别人向他提供信息的念头，因为他们可不想和他过招。另一个问题就是，有时候他的话听起来像是反问句。人们相信，当杰夫对某件事已经做出决定后，他不会自己主动表明立场，而会通过苏格拉底式的发问，努力让别人理解他的主张。对这种行为，一些人表示理解，而另一些人会抱有成见。另一个发现就是，鉴于杰夫的强势，有时候他的好意会被一些人认为是不祥的预兆。"当他变得那么'好'时，很明显你把什么事弄糟了，他实际上正在努力克制自己。"其中一个接受面谈的人这样说。然而还有一种批评是说杰夫的精力、魅力和热情能创造出一种现实扭曲力场。"杰夫太强大了，以致别人都被他的热情淹没，失去自己的立场。"

让一个优秀领导者的风格保持稳定的方法，不是让他的光芒暗下去，而是要让他学会运用同理心。这份报告成为杰夫和每个团队成员谈话的主题，也成为整个领导团队谈话的主题。在杰夫的要求下，他们给出了一些具体案例。通过这些案例，杰夫可以识别具体的行为，以及他当时内心的状态，而正是这些具体行为导致他和周围的人产生了隔阂。杰夫还可以向他的团队解释他那么做的目的。有了这些信息，杰夫和他的团队就能寻求办法来更好地满足每个人的需求。

面谈者给杰夫提意见，需要一定的勇气和坦率。对于杰夫，他需要同样的勇气和坦率面对这些意见并把它们公之于众。后来，每个高管都承认杰夫的团队是他们所加入的团队中最优秀的一个。

这个故事还有一个插曲。在我让杰夫听取报告结果之前，领英的董事会要求人力资源部门高级副总裁给他们准备一个针对首席执行官的业绩评估。这种评估通常是由咨询公司来做的，主要评估硬性技能（"它"维度），也许还会关注领导能力，但焦点是首席执行官的商业敏锐度。

当高级副总裁提到这件事时，杰夫建议——我认为这是一个相当大胆的提议——向董事会呈报我正在给他准备的那份报告。我是反对这个建议的，因为我打算把诊断结果用于推动领导力发展，而不是用于评估。再者，这份报告太私人了，都是没有加工的一手材料，不适宜和任何人分享，更别说董事会了。实际上，我甚至没有把这份报告提前给当事人看，因为我知道大部分人在面对这些信息时都需要引导。

杰夫一再坚持，所以我写了一个总结，在会议室里当着杰夫的面把它交给了董事会。因为这个案例涉及杰夫的团队，所以通过分析这份评估报告，杰夫的团队进行了非常有成效的交流，重点是杰夫如何与董事会更好地合作，以及如何让杰夫成为一名更优秀的领导者。有几名董事赞扬杰夫让公司信息高度透明，还认为这份首席执行官评估是他们所见过的最有建设性的。

马丁·温特科恩和杰夫·韦纳分别代表了领导力的两个极端。温特科恩不能忍受去照那面隐喻的镜子，也不能忍受去做深刻的自我反思，而这些是想要成为一位鼓舞士气的领导者所需要拥有的品性。他不能听到坏消息，也不能忍受任何批评，不去检讨自己的行为，相反把责任都推到别人身上。他创造的企业文化就是畏惧，这只能产生灾难性的后果。相对而言，杰夫有勇气面对自己，因为他明白这样做完全是做领导所需要的。正因为他这样做了，他所培养的企业文化就是高度透明和诚信的文化。世界上最有才能的人可能不愿意把他们最好的本领展示给像温特科恩这样的人，但是，在 2016 年，他们投票选举杰夫为硅谷最令人敬佩的领导者。[33]

有一次，当甘地乘火车刚要驶离车站时，一位欧洲记者跑到他那节车厢的车窗前，问："您有什么消息能让我带给英国人民吗？"

那一天正好是甘地的沉默日，这是他高强度演讲安排中很关键的休息时间，所以没有做出回答。然而，他在一张小纸片上草草写了几个字，递给了这位记者，纸上写道："我的生命就是我的消息。"

我要说的是，你不仅不能只"说"你的价值观，甚至不能只"表现"你的价值观（理解为纯粹的商业化行为）。如果你想避免消极怠工、无组织、虚假信息和幻灭带来的灾难，就必须全面"活出"你的价值观，无时无刻不向每个人传达这就是你用生命定义的承诺。

第二部分

软方案

第五章

动力：目的、原则和人

如果你想造一艘船，先不要催着船员去收集木头，也不要给他们派任务，分工作，而要激发他们对海洋的渴望。

——安东尼·德·圣 – 埃克苏佩里

一个经济学家和一个平民并肩走在路上。平民说："看，路边有 20 美元！"经济学家回答："不可能！如果真是 20 美元，早就被人捡走了。"

正如自然界憎恶真空一样，经济学家也憎恶意外之财。对于我们来说，路边会有 20 美元这件事根本就没有道理，因为它一掉在地上，肯定就会被人捡走。

积极的员工可以促进生产力的提高，遇到他们就像从路边捡到上千美元钞票一样。但绝大多数领导者只是让员工傻坐在那儿，员工没有动力，也没有积极性。这没有任何经济意义。美国的公司在生产力方面一年的损失预计达 3000 亿美元，[1] 外加人才流失、市场份额、消极怠工的成本等，那些以结果为导向的领导者为什么不为此做些什么呢？如果他们什么都不做，他们为什么没被取代呢？

有一个思想实验可以让你了解员工积极性很高的组织机构喜欢的那种拥有巨大竞争优势的感觉。先让我们假设你就在这样一家公司上班。有另外一家公司，它的"毒"文化众所周知，员工都不正常工作，工作让人精神崩溃，管理是控制型的，这家公司的品牌糟糕透顶。这样一家公司要花多大的力气才能把你从现在的公司挖走呢？它要支付高出现在多少倍的薪水才能让你和现在一样努力工作，既有协作性，又有创新性呢？这个问题我问过很多人，大多数人都拒绝给出一个数字，他们根本就不会跳槽。有些东西是金钱买不到的。

考虑到提高员工积极性的巨大优势，你一定会认为当一个领导者不去激励员工的时候，他的顶头上司就会向他施压。如果他不做出任何改变，那位高级管理者就会把他换掉，换一个更好的人选（"要么别人改变你，要么你改变别人"），如此这般沿着这条食物链往上，直至首席执行官和董事会。除非他们也这样做，否则公司的价值观就会崩塌，直到公司被别人接管，或者倒闭，公司资产会被其他公司收购。

然而全球 90% 的劳动力（在一些国家，这个比例高达 98%[2]）仍然没有工作积极性。很纳闷，是不是？一家没有积极性的组织机构和一家有积极性的组织机构竞争，就像一头骡子和一头受过严格训练的赛马比赛一样。那些没有积极性的组织机构，它们的领导者还有它们的文化怎么可能还存在呢？它们应该从地球上永远消失。

对于这个有悖达尔文优胜劣汰原则的现象有两种解释。首先是一种错误的理念，即金钱是人们最想要的东西。这个理念深深扎根在这些组织的运营方式里。其次是大部分人都会陷入的心理牢笼。在本章，我会对一些错误理念进行分析，也会给出避免陷入这些错误理念的方法和建议。尽管这绝对不是一件简单的工作，但它还是这个问题的浅水区。在第三部分，我会描述心理牢笼，并向大家展示如何让自己从这个牢笼中解脱出来。

卓越的领导者知道一旦人类的基本需求得到满足，他们就不会主要被金钱驱使了，而是更看重有意义的目标、道德规范、对他们很重要的人和自我超越。这些领导者还理解不能在这些人面前挥舞胡萝卜和大棒，这种做法只会让人们机械地服从他们，而他们将一无所获。

30 多年来，我一直努力寻求通过规范的经济手段来解决消极怠工、无组织、虚假信息和幻灭等问题，但是我发现自己失败了。这些硬问题需要一种软方案才能解决。"我怎么才能激励别人呢？"这个问题的答案貌似被经济学驱动着，但实际上驱动它的是心理学。这个答案和人们寻求意义与卓越有很大关系。当一位领导者利用这种渴望为追随者提供一个机会让他们创造个人和集体认知，变成他们引以为傲的人，加入一个他们引以为傲的群体，这位领导者就得到了最宝贵的资源——积极工作的人。

坏工作，好工作

盖洛普公司就生产力和积极性这个主题做过史上最广泛的实证研究。它调查了 400 多家组织机构，采访了 8 万多名有代表性的管理者，做了大约 200 万份调查。绩效指标包括销售、利润、客户满意度、员工流动率和员工意见等方面，最终区分了好的工作场所和坏的工作场所。[3]

我一个朋友的女儿，一个刚走出大学校园的千禧一代，她的第一份和第二份工作经历就说明了盖洛普公司的研究。这个女孩（让我们叫她艾米吧）首先在一家软件公司做了 6 个月的电话销售。她对这份工作并不太上心，因为她知道这不是自己最终要从事的事业，做这份工作只是为了交各种租金。她的薪水是每小时 20 美元，另外还有完成额度奖或者超额奖。她的工作就是给以前用过公司软件的老客户打电话，向他们推销一款新产品。这种工作和艾米的愿望或者才能毫不相干，她就是机器上的一个齿轮。

除了推销公司的产品（她自己都从来没用过），艾米真的不知道自己工作的意义何在。她也不知道这款产品怎么能让客户受益，她只是一个小时接着一个小时在令人麻木的冗长叙述中鹦鹉学舌地重复着同样的推销说辞，照本宣科。她只知道，如果她完成了推销额度，就会得到报酬，如果连续两个月没有完成指标，自己就会被辞退。

"我的经理从来不表扬我，只会批评我，"艾米向我抱怨道，"好像我做的什么事情都不对。我总是非常紧张。我没有掌握做好这份工作所需的手段。我也不想去问别人，因为我看到人们在寻求帮助的时候总会遇到麻烦。于是我就只能埋头去做我不得不做的事情。我讨厌这份工作，讨厌老板，讨厌同事。过了一段时间之后，我连自己都讨厌了。"

让父母松了一口气的是，艾米把那份糟糕的工作给辞了。同时让他们感到欣慰的是，她找到一份让自己完全有积极性的新工作。她现在上班的公司通过网络把生活在附近的居民联系起来。她相信这家公司致力于在世界上做有意义的事情。她因为有机会参与一个有高尚目标的工作而心存感激，而且周围的人都很支持她。她理解了如何让自己努力去适应那家公司的蓝图，她还知道她的工作让许多人的生活变得更好。

艾米知道她要做什么，而且领导相信不用监管，她也能做好自己的工作。对于该怎么开展工作，以及如何与同事协调努力，她有很大的灵活性和自主性。她知道经理就在那里默默地支持她，帮助她成长。经理总是在那儿，还经常问她，为了把每天的工作做得更好是否需要什么工具、材料以及培训。经理还不时和她谈论她的职业发展，鼓励她进行职业规划，更好地发挥才能和热情。

艾米的工作表现极佳，而且经理总是不吝惜赞美之词，表扬认可她的努力。艾米感到自己非常有用，庆幸终于找到了最适合自己的工作。她周围的每个人也都很关心她。她的一些好朋友都是她的同事。她帮助他们，见证他们取得成绩，反过来她的朋友也是这样。要是艾米的团队成员之间产生了分歧，他们会一起讨论，大家都相信以集体智慧会想出一个明智的解决办法，能整合每个人的需求和观点。

艾米觉得自己是一个超高效团队中的一员，这个团队的每个成员都全身心地做高质量的工作。对于她所做的，对于她是如何做的，对于她为什么这么做，以及她为谁这么做，她都充满了自豪感。不久之前，她还满脑子想着换工作或者退休，现在她只想着如何帮助自己的公司变得更强大、更繁荣。

根据 2014 年一项对 300 家公司做的研究，94% 的千禧一代想要用他们的技能让世界变得更好。[4] 高于 50% 的人说他们宁愿少挣钱，也要找到和自己的价值观相匹配的工作。[5] 如果你不想把那些千元美钞丢在路边，如果你想让你带领的团队积极向上，你必须看透那种认为员工最在乎的是外在报酬的幻象，你需要把你的关注点从单纯的物质刺激转向非物质方面的东西。

内在激励的四大支柱

想要提升员工积极性的组织需要依据被我称为内在激励的"四大支柱"。

1. 目标：重要性、意义、影响、服务、自我超越

2. 原则：诚信、伦理、道德、为善、为真、尊严

3. 人：从属、联系、团队、认知、尊重、表扬

4. 自主：自由、创新、成就、学习、自制

金钱不是驱动力

上文第一个场景中出现的问题在于，软件公司认为金钱是像艾米这样的员工最在意的东西。自从亚当·斯密在《国富论》中描述了制针厂的生产力状况，这种错误的理念很早就植根在我们的文化之中。[6] 管理者已经被教导，对于组织机构的控制行为，即使不是唯一有效的手段，也是必要的手段。这种想法就像《圣经》一样权威。

诚然，人类在意物质的东西，但是大多数人这样做只是因为要让自己和所爱的人有足够的生活保障。之后，额外的金钱和它所能买到的东西的重要性就会直线下降，或者像那些喜欢用专业术语的经济学家说的，"收入的边际效用在不断递减"。

根据管理心理学家弗雷德里克·赫茨伯格的说法，物质奖励是一种"保健因素"[7]。这就意味着它们的缺失或者不公会让人们懈怠，但是它们的存在并不会让人们的积极性有所提高。正如管理学作者丹尼尔·平克评论的那样，谈到驱动力，把金钱放到桌面上谈的唯一原因，就是把有关金钱的问题拿到桌下再谈。[8]

对于人类本性的这种误解危害极大，让我们举例说明。盖洛普公司 2013 年的调查显示，美国 2/3 的工人即使有 1000 万美元，也愿意继续工作。[9]人们想工作的愿望如此强烈，以至于金钱对于他们根本不重要。但是他们工作之后会感到懈怠，所以每天就盼着到点下班。事实是，组织机构被设计、引导和运作成一个只想最大限度压榨工人，而不是最大限度激励他们的地方。大量证据证明，那些致力于以质量换取数量的组织最终的结局是既没有得到数量，也没有得到质量。

奖惩制度确实可以强迫人们服从。如果你的目标是让人服从，给他们好处或者威胁他们也许会起作用。如果你的目标是激发他们的积极性，那么奖与罚一点儿用都没有。事实上，奖惩制度的影响更糟糕，甚至会起相反的作用。[10]人们不像迷宫中的老鼠，也不像巴甫洛夫实验中听到铃响就有反应的狗，尽管要是这样对待他们，也会让他们做出那样的反应。金钱激励不可能激励人们去关心工作，为了一个共同目标而工作，也不会让他们做出明智的决策。经济激励在情感上是无效的，只可能让腰包鼓起来，但不可能触及人心。经济激励在招募顶尖人才、留住顶尖人才和提升顶尖人才的积极性方面，不会给组织带来竞争优势。

从逻辑思维的角度考虑，用两种办法提升员工的积极性会比用一种办法更好，也许是这么回事。但是，对于有感情的人来讲，这不是简单的加法问题。有时候，各种方法会相互排斥。事实上，40 年的心理学和经济学研究证明，如心理学家巴里·施瓦茨所说："在原本人们没有经济激励也很努力工作的环境中加入经济激励后，不会提高人们原有的工作动力，而会削弱他们的工作动力，像追求金钱这样的外在动机会削弱内在动机。"[11]

一家公司越多地实行物质奖惩制度，人们就会越少地用内在动机驱动自己。

行为经济学家尤里·格尼茨做了一项研究，他分析了以色列的一个托儿所，为了鼓励父母能按时来托儿所接孩子所做的事。[12]越来越多的父母——包括格尼茨和他的妻子在内——接孩子总是迟到，大家根本就不顾托儿所的那位女性负责人的再三恳求。于是托儿所的领导决定迟到的家长必须交罚款，希望以此促使家长按时接孩子，迟到不仅是没有信守承诺，还有经济成本。

出人意料的是，在这个决定公布之后迟到的家长更多了。在领导者决定执行罚款制度之前，大约有25%的家长会迟到；执行罚款制度几周以后，大约有40%的家长会迟到。格尼茨发现家长并没有把罚款作为一种处罚，而认为它是延长托儿所服务的费用。因为这笔罚款数目很小，所以他们很乐意支付。他们觉得迟到是可以理解的，成了家长付费购买的服务。基本上讲，罚款破坏了一个道德对话，那就是托儿所的老师，如何按时回家。

经济激励能够很危险地在人们的头脑中把"这件事对吗"这个问题重构成"这件事有好处吗"。一旦这个道德维度丢失，就很难找回了。当以色列的这家托儿所把罚款额度提高时，接孩子迟到的家长比例增加到了大约50%。这件事具有完美的经济学意义。当可以通过付费延长孩子在托儿所的时间时，需求就会增加，于是接孩子迟到对于家长而言变得更加便利，道德上的顾虑也就烟消云散了。

在经济学里有一个货币原则被称作格雷欣法则，即劣币驱逐良币。举个例子，如果流通中有两种货币，假定是铸造金币，面值相同但更有内在价值的那种货币（比如含金量高的金币）就会从流通中消失，因为人们会把它囤积起来。因此，如果法律赋予了劣币和良币同样的价值，那么劣币就会在流通中成为主导。人们花钱的时候就会花劣币，而不花良币，把良币囤积起来。[13]

在员工积极性方面有一个相似的法则，即坏的动机驱赶好的动机，就像托儿所那个例子展现的一样。一个领导者越依赖经济激励，就越不可能激发员工的积极性。这位领导者越得不到员工的积极性，就越会依赖经济激励。这是一个恶性循环，因为经济激励不可能催生杰出的员工。经济激励永远不会激励人们好好工作，尽管他们想要经济激励，在意经济激励，也觉得应该获得经济激励。

为什么意义胜过金钱

从经济学的角度来讲，意义胜过金钱有三个原因。第一，我在前面已经解释过，物质奖励是具有排他性的，只有这么多钱可以分。如果我因为业绩好而得到更多的奖励，从奖金池里拿了我那一份，你得到的就少了。如果你多拿了，我得到的就少了。如果我们多拿了，股民得到的就少了。这就会导致对立、地盘战、争吵、嫉妒和怨恨。

意义、目标、道德自豪、自治和归属感则没有排他性。如果你被公司的大目标激励，不会从我的激励里拿走任何东西。非物质奖励会让馅饼越来越大，而不是越来越小。共享愿景的社区拥有社群效应，它可以提升每个社区成员的士气和归属感。如果你非常认可公司的理念，并为工作所践行的价值观感到骄傲，这也不会削减我的自豪感。如果我们都感到很骄傲，这也不会削减任何股东的骄傲。实际上，我们每个人都会让其他人更加骄傲。

第二，物质产品的价值和得到它们的方式没有关系。我得到一笔钱，不管是因为我该得到它，还是因为每个人都有份儿，或者是因为我使用了欺骗手段，这笔钱对我来说都一样。作为一个纯经济的存在，我是一个唯利是图的人。也就是说，我只关心自己拿到了多少钱，而且还是通过花最少的努力拿到这笔钱。

此外，非物质产品高度依赖人们得到它们的方式。如果我是一个唯利是图的人，我不会关心公司的崇高目标。因此，我的报酬里非物质方面的价值是零。另外，如果你是一个有使命感的人，你会深切地关心公司的大目标。因此，你的报酬里的非物质方面对你来说就相当有价值。进一步讲，你不能享受那些通过非正当途径获得的非物质的东西。对一个有使命感的人来说，不是通过自己努力得到的非物质奖励，就像一枚刚从冶炼炉中拿出来的硬币，十分烫手。

第三，物质奖励是惩罚性的，取决于雇主无法控制的外部因素。"如果你完成了我想让你完成的指标，你就会得到奖励。"雇主这样对雇员说，"但是，如果你没有完成指标，不管什么原因，你都没有奖励，也许还会被惩罚（解雇或者降级）。"这种话诉诸两种原始的人类情感——贪婪和恐惧。你可以把这两个驱动力想象成肮脏的含铅汽油，它们也许会让你的车前进，但是最终它们会堵塞发动机，而且污染环境。

相比而言，非物质产品不取决于外部因素。赋予意义的是对崇高目标的追求，同时与我们欣赏和欣赏我们的人在社群中表达一致的道德原则。这些不需要依赖任何外力推动，全部体现在那些做出承诺的人的行为上。

在我以前的工作中，我区分了对目标或依赖偶然未来的成功的追求，以及过程价值的承诺——超越成功的成功。[14] 成功会立竿见影，让人愉悦，但是这种愉悦不会长久，而且容易因为失去而焦虑。你这次拔得头筹，但可能会在下一轮、下一季或者下一个财年失去这个头衔。超越成功的成功会带来心灵的平静，这种平静更稳定，你也不会焦虑。你可能会赢，也可能会输，但你总是会竭尽全力，提升道德价值。

我喜欢把意义、诚信和归属感想象成在我通往成功的岩石林立的路上的一个攀爬防护带。它给我安全感，给我自信，它让我相信，即使前面的挑战对于现在的我来讲太过艰难，我也不会摔下去。紧握这些价值观可以让我充满热情地追求崇高的目标，我知道我一定可以成功，那种成功是超越物质的。这种想法会让我无畏地投入工作，不用为琐碎的小事而烦恼。它让我学会的不是自责，而是从错误中吸取教训。

荷马的《奥德赛》里有这样一个故事，奥德修斯让他的船员把他绑在桅杆上，这样即使他能听到塞壬女妖的歌声，也不会伤害自己。意义、诚信和归属感就像那根桅杆，它给予你安全，让你抵制住塞壬女妖危险的歌声，以免让你和你的船员沉入大海。它是一种安全设备，让你在正直的路上行进，抵挡住本能的召唤。这些价值观都是美好生活的基础，这样的生活值得去过，这样的生活被亚里士多德称为"德行幸福的生活"。[15]

在第一章，我用了一个毛毯的类比，但这个类比不能解释全面激励以促进合作和局部激励以培养责任之间的矛盾。如果你把毛毯往上拽，脚露出来就会冷。把毛毯往下拽，上身露出来也会冷。这块毛毯就是不够大，不能盖住全身。然而，通过目标、原则、人以及自治权等，有一种非物质方式可以让这块毛毯变得足够大，能够让你和你的组织都感到温暖。

领导者的工作

领导者的工作就是激发员工发自内心地为追求一个共同目标而投入。怎样才能做到这一点呢？要给人们一个卓越的提议，一个有意义的提议。"如果在这个任务中你表现出最好的一面，"一位领导者这样提议道，"你不仅可以得到应得的物质奖励，还会得到骄傲、友谊、自由和人生意义。你会超越自我，与比你的物理存在更大、更持久的事物建立联系。"而且，当你作为道德行为的榜样，给你的员工提供发展机会时，他们给你的公司的回报就是他们最大的努力，合理地利用这份努力就会将其转化成巨大的发展和利润。

一位卓越的领导者所追求的是他无法要求的东西——真心投入而不是服从，热情而不是顺从，爱而不是恐惧。这些都是珍贵的宝贝，只能给予那些真正值得拥有它们的领导者，而他同时也会回馈他的员工以同样珍贵的礼物——意义。

要想成为一名卓越的领导者，你需要深思什么才能真正激励员工。如果你是一位领导者，让整个公司的员工回答下面这些问题。

目标

• 我们作为一个组织为什么存在？

• 我们对客户和这个世界独一无二的贡献是什么？

- 我们的成功为什么会对其他人产生影响？
- 为什么我们的组织值得我们付出最大的努力？
- 我们每个人都明白自己的努力对我们的共同目标有何贡献吗？

原则

- 我们想表达什么样的价值观？
- 我们如何展示一种我们希望扩展到全人类（我们之间，和所有外部利益相关者之间）的存在方式和联系方式？
- 什么样的行为会让我们不管努力结果如何也会感到骄傲？
- 我们所做的每一件事都体现了真、善和正义吗？
- 哪些行为在促进合作的同时，能将个人自由和责任最大化？

人

- 我们如何创造一个包容的环境，让所有与我们有共同使命和价值观的人都感到自己属于这个环境？
- 我们如何真实地与彼此联系？
- 我们如何确保每个属于这个社群的人都感到被认可、被尊重和被欣赏？
- 我们如何加深加强相互信任和团结的纽带？
- 我们怎样才能更好地支持彼此的学习和成长？

自治

- 我们如何培养明智的选择和发自内心的投入，使我们每个人都能在履行使命时谨慎行事？

- 我们怎样才能在我们认为重要的事情上做得越来越好呢？
- 为了测试和拓展我们的能力，我们面临哪些挑战？
- 什么活动可以帮助我们学习和成长？
- 什么样的反馈机制可以支持我们改进工作？

目的

我女儿米基在 7 岁的时候，看见我收拾行装准备出差。那次我要去安盛保险公司在巴黎的总部。她恳求我留下。"求求你，爸爸，你别去。"她这样求我。我的心都要碎了。

我很想用"亲爱的宝贝，我也不想去，可爸爸得工作"之类的话哄哄她，但是我没有这样做。这么对她说就好像我这次出差是被无法控制的力量逼着去的，但实际情况并不是这样。于是我选择给她一个更符合我的反应—能力哲学的答案，这个答案道出了安盛为客户提供的核心服务。我选择去，是因为这很重要。我跟她解释说："米基，亲爱的宝贝，如果我死了，这将是一件非常糟糕的事情。我会非常想你。我也不能看着你长大了。而且，你也会非常想念我。我们会错过很多我已经计划好将来要一起做的有趣的事情。"

她睁着大大的眼睛望着我，眼里满是泪水。

"如果我死了，事情比这还要糟。"我又补充了一句。

"为什么，爸爸？"她问道。

"不仅我不在了，"我解释说，"而且你和妈妈会遇到经济困难，妈妈就不得不去工作更长时间来挣钱买吃的，支付我们房子和车子的开销，还要供你上学。还有许多其他的事情，这一切都得她一个人做。"

这时，米基看上去真的很难过。

"我已经做了一些事情让这一切不会那么糟糕，"我这样告诉她，"即使我不能保证第一部分不会发生，但是这次和我一起出差工作的人会确保你和妈妈不会有事。我和他们达成了一个协议，如果我出了什么事，他们会给妈妈足够的钱去买她需要照顾你的所有东西，也不用延长工作时间。这样做的人知道，像我这样的人，以防自己不在了都会提前想办法保护自己的亲人，所以我每个月会付给他们一小笔钱。作为交换，如果我死了，他们会付给妈妈她需要的钱。这个就叫'保险'，是一个美好的东西。它让我和许多需要它的人，能够平静地走进一个有时令人恐惧的世界。我很感激他们，也很自豪能帮他们做得越来越好。"

她仍然含着泪，但是笑着对我说："爸爸，你去吧，去吧。"

在马蒂尼翁大道25号的会议上，我与安盛高管分享了这个故事。"你做得对，弗雷德，"他们中的一个人这样评论道，"我们不卖保险，卖的是爱。"

在内心深处，每个公司都有一个崇高的目标，它只是需要被发现。我很自豪能协助安盛去帮助人们照顾他们的亲人，甚至当他们不在人世的时候，让他们以自信和平静的心态面对一个危险的世界。它的目标激励我保持最好的工作状态。我很自豪地向女儿解释我所做的工作。我本可以告诉她，我去工作是为了赚钱。当然，安盛会因为我对它的服务支付报酬。但那只是事情一半的真相，而这一半真相其实不那么重要。更重要的事实是，通过与一家帮助人们过上更美好生活的公司结盟，我实际正在完成自己的人生使命。

在我的领导力研讨会上，我问参与者："你会如何向一个 7 岁的孩子描述你的公司，让他为你在这样的公司工作而感到骄傲呢？"我鼓励他们在回到自己的公司后，与同事展开这样的对话。通过发现你公司的产品或服务满足了人们的需求，你可以把员工与一个崇高的目标联系起来，一个可以给你、你的同事和你的家人带来意义与自豪感的目标。你会怎么回答这个问题呢？你的管理者会说什么呢？你的同事、员工和客户又会怎么说呢？

我们都希望为那些懂得如何最好地利用员工的技能、资源和才能以实现更大利益的组织工作。我们都想创造价值，积极地改变社会和环境，为我们关心的人增加机会。没有人愿意为一家以产品伤害客户或者以流程破坏环境的公司工作。这意味着，那些想要让自己的组织有积极性的领导者，需要思考如何让组织在世界上产生积极影响。

如果你想让你的同事有工作积极性，他们（和他们的家人）必须相信你提供的产品或服务是真正对生活有促进作用的，就像你创造它的工作过程一样。这需要你与客户产生共鸣，理解什么对他们来说是重要的，你所提供的服务或者产品如何满足他们的需求。这还需要体现出你与员工的共鸣，理解什么对他们是有意义的，你给员工提供的工作如何满足他们的需求。

联合利华的首席执行官保罗·波尔曼曾想成为一名牧师，并以精神领袖的身份度过一生。这没有什么让人吃惊的，作为全球第三大消费品公司的负责人，波尔曼赢得了一个有良知的全球商业领袖的声誉。他是个身材高大、圆脸的荷兰人，目光炯炯有神，是一位抱有崇高商业目标的旗手人物。

2009 年，当波尔曼接手这家公司的时候，他发誓到 2020 年首先将联合利华的环境足迹减半。与此同时，使公司的规模扩大一倍。另外，企业要帮助 10 亿人实现更好的健康和幸福。这些目标令人望而生畏，有些人会说这简直是疯狂的目标，但波尔曼相信吉姆·柯林斯和杰里·波拉斯所说的"宏伟、艰难和大胆的目标"（BHAG，Big，Hairy，Audacious，Goal 这几个词的英文首字母缩写）。他还坚称："如果你相信某件事，你必须为之奋斗，并有勇气做出随之而来的更艰难的决定。"[16]

波尔曼思想的核心是希望为可持续发展提供一个具体的商业案例。比如，他曾与联合国前秘书长潘基文合作，研究企业如何能更有效地与联合国合作。他还帮助创建了消费品论坛，该论坛同意在 2020 年前停止从非法林区购买棕榈油、纸张、大豆或牛肉等。"我们正在努力证明，你的企业可以成为一个成功的企业。同时，我们也努力向金融界表明，这应该是它们投资的一个更好的驱动力，"波尔曼说，"我们在发展，我们的股价也在上涨，所以我们获得了信誉。我们越是能够加强这种联系，并将其展示给他人，越能够成为这个世界上永远的激励者。这就是成功的样子。"[17]

波尔曼让他庞大的跨国公司为一个崇高的目标服务。他还说："将可持续发展作为一项战略和一种经营模式，为人们打开了一扇想象不到的大门。谁会拒绝这趟旅程，谁又会拒绝登上通往更美好世界的列车呢？"

一个由领导者持续地管理、实现和塑造的崇高目标，可以通过一只"看不见的手"驱动个人和组织项目，从而造福社会。像联合利华这样开展有意义的项目的公司不是为了"摧毁竞争"或者"成为第一",而是为了通过与客户、员工、股东、债权人、供应商和其他利益相关者的互利交流来创造经济价值(人类价值)。

原则

"你们这些在路上的人,必须有自己的生活准则。"克罗斯比、斯蒂尔斯和纳什唱道。虽然这句歌词指的是父母和孩子,但也可能指的是领导者和追随者。人类是有道德的动物,我们深深地关心什么是善良和公正。问一个人他为什么做某件事,你总会得到一个道德上的理由。5 岁的孩子会说"是他先打我的",55 岁的成年人会说"我有这个权利",我们寻求通过诉诸道德原则来使我们的行为合法化。为了全面参与,我们需要一个我们可以自豪生活的准则。作为文化架构师,每个卓越的领导者都需要为组织定义其道德原则。

在《道德景观》一书中,神经学家、哲学家萨姆·哈里斯证明说:"关于价值观的问题……实际上就是关于有意识的生物的幸福问题。"[18] 善能促进有意识生命体的繁荣,引导我们关注对它产生积极影响的一系列态度、选择和行为。哈里斯声称,人类科学可以帮助我们理解,为了尽可能地过上最好的生活,每个人都应该重视什么,想要什么,做什么,同时还要支持他人也尽可能地过上最好的生活。对他来说,道德问题有正确和错误的答案,就像物理问题有正确和错误的答案一样。在促进人类发展方面最有效的道德原则就是尊重自我决定权和财产权。美国的开国元勋宣称,这是一个不言而喻的真理:每个人都被赋予了"不可剥夺的"

生存权、自由权和追求幸福的权利。我想在此基础上再加上对人生意义的探索的权利。卓越的领导者认为这些真理是其组织文化的基本原则。他们的准则是无条件地尊重每个人，视其为自己的目的，而不是他人达到目的的手段。

卓越的领导者确立尊重个人自我决定的道德原则。他们给每个人，从员工到客户再到供应商，提供了自由和明智的选择机会，以促进他们的幸福，而这种机会仅仅受到其他人平等的生命权、自由权和财产权的限制。

他们还确立了有效的原则，让员工积极主动追求一个共同目标，明智地使用各自分散的知识。正如我所指出的，这是非常罕见的。大多数权威管理人士认为，他们可以通过外部激励和控制来实现这一点。这些管理者相信，他们的工作就是在混乱和一个运转良好的组织之间保持平衡。他们设计结构，制定流程，确立规则，并通过制裁来实施这些。这绝对是一个错误。重申一下：领导者的工作是激发人们的内部承诺来合作实现组织的大目标。

一个有效的组织的运作是员工个人承诺的结果，而与当权者的意愿无关。这使得它能够在没有控制的情况下也能保持秩序。事实上，一定程度的自组织对于公司在不稳定、不可预测、复杂和模糊的环境中保持一致性是至关重要的。维萨信用卡协会的创始人、前首席执行官迪·霍克总结了他对自组织系统的看法："简单、明确的目标和原则会导致复杂、智能的行为，复杂的规章制度会导致简单、愚蠢的行为。"[19]

太多的领导者傲慢地（而且低效地）试图塑造周围的环境，而不是让环境帮助他们做出决定和指导他们的选择。相比之下，卓越的领导者能敏锐地意识到自己的局限性，这让他们变得谦逊。

他们无意按照自己的意愿来塑造组织。相反，他们成为有原则的管理者，这些原则促进联盟、协作和使用知识来推进组织的使命。

例如，网飞公司已经把它的规则简化到了零。他们宣称："我们讨厌规则。规章制度已然潜入大多数公司，这些规则的制定是为了防止表现不佳的员工犯错。但规则也会抑制创造力和创业精神，导致创新的缺乏。随着时间的推移，这会让公司变得不那么有趣，也不那么成功。我们的解决方案不是随着业务的增长而增加规则，而是以比增加业务复杂性更快的速度增加人才密度。伟大的人做出伟大的判断而且犯很少的错误，尽管有时也显得模棱两可。我们相信的是自由和责任，而不是规则。"[20]

人

在工作（乃至生活）中，幸福感最重要的来源之一是我们与周围人的良好关系。在我们生命的大部分时间里，我们与亲人的关系最为密切。这是一个复制我们基因的有效的达尔文策略。[21]

正如以色列历史学家尤瓦尔·赫拉利所指出的那样，[22] 抽象的语言使我们能够大大扩展我们社群的影响范围，使合作和集体行动能够在更大的范围内进行，囊括数十亿人。生物学家理查德·道金斯把这种关系定义为"模因"，用来指代一种心理基因[23]，它让大量的人感觉自己属于同一个群体，创造出一种超越任何家庭或种族差异的认同感。例如，来自不同种族的人都愿意将自己定义为美国人，而那些来自不同国家、文化或宗教背景的人也愿意将自己定义为美国人。

公司也是如此。正如赫拉利断言的那样，智人之所以统治世界，是因为我们是唯一能够大规模灵活合作的动物。这是由于我们具有独特的能力，能设想和相信只存在于纯粹想象中的对象，如神、国家、金钱和有限责任公司。赫拉利声称，所有大规模的人类合作系统，包括宗教、政府、贸易网络和商业组织，都源自我们独特的认知能力和想象虚构实体的能力："大量的陌生人可以通过相信共同的神话而成功地合作。任何大规模的人类合作——无论是现代国家、中世纪教堂、古城还是古老的部落——都植根于只存在于人们集体想象中的共同神话。"[24] 大量的陌生人可以成功地合作是因为他们相信共同的神话，因为这一点他们不再觉得彼此是陌生人。

卓越的领导者能够在共同叙事的基础上建立社会关系。百瑞–威米勒公司（Barry-Wehmiller）首席执行官鲍勃·查普曼选择了家庭式的共同叙事。查普曼一开始并没有想成为一个卓越的领导者。1975 年，他的父亲突发心脏病去世后，他接管了父亲的制造技术和服务公司。查普曼是一个受过传统训练、按数量计算的商人。他认为，利润就是一切，人只是达到目的的手段。

直到有一天，他和妻子去参加一个婚礼，突然感到了"灵光一现"的时刻。当他看到新娘和新郎的家人用他们的爱表示对这份婚姻的支持时，他意识到，像关心自己珍爱的家人一样关心员工，就是一个领导者的工作。因此，他开始以同样的方式对待百瑞–威米勒及其子公司的每一位员工。[25] 百瑞–威米勒哲学的核心是相信领导者不应该管理员工。"他们应该当员工的管家，"查普曼说，"毕竟，在你的生活中，你'管理'的是谁？你的配偶吗？你的孩子们吗？不，你在乎他们。你承认你对他们负有深深的责任。"

查普曼得出了一个惊人的结论:"在这个国家,我们用错误的方式衡量成功。我们用一家公司的财务表现和它的发展来衡量它,然而人们的生活每天都在被许多公司的运作方式毁坏。"于是,他下定决心:"我们要用触及人们生活的方式来衡量成功。对于我们采取的每一个行动,我们都需要了解它对我们所接触的所有人的影响。所有人,我们的团队成员,我们的客户,我们的供应商,我们的银行家。"查普曼担心的不仅仅是百瑞-威米勒公司的直接利益相关者的利益。"如果每个企业都这样做,"他补充说,"世界将会比现在好得多。"[26]

百瑞-威米勒的社群意识是显而易见的。"在公司工作的人谈论他们对公司和彼此的'爱',"西蒙·斯涅克在《领导者最后才吃饭》(*Leaders Eat Last*)一书中这样写道,[27]"他们自豪地戴着公司的标志或公司的名字,好像这是他们自己的名字一样。他们会像保护自己的血肉一样保护公司和同事。"这种投入得到了回报。自1998年以来,这家公司的市值从3800万美元增长到24亿美元,控股80多家公司。斯涅克还发现,百瑞-威米勒"年复一年超越它的竞争对手。在过去的20年里,它每年的复合增长率高达20%"[28]。

我理解试图建立一种终生的归属感的吸引力,但我担心这样做的领导者可能会让自己陷入误解之中。在一个家庭中,父母不能因为经济原因或者表现原因,或者因为企业或者经济衰退而不要孩子。在公司里,管理者确实会因为这些原因解雇员工。相信家庭相似性的员工可能会感到被背叛,这是有道理的。

网飞公司的首席执行官里德·黑斯廷斯说:"我们是一个团

队，不是一个家庭。"他要求他的管理者扪心自问："如果一位员工告诉我，他要去一家同行公司做类似的工作，那么哪些员工值得挽留？而其他人可以得到一笔丰厚的遣散费，这样我们就可以为这个角色寻找合适的人选了。"[29]

就像领英的创始人里德·霍夫曼一样，我也认为把一家公司看作一个运动队是一个更好的比喻。我的意思是，它有以下 5 个特点。

- 特定的任务（赢得比赛和冠军）使团队成员团结起来。
- 灵活的组合。球员组成会随着时间的推移而变化，要么是因为他们选择离开，要么是因为教练认为其他人更适合某个位置。
- 共同的原则。共同的信任原则，共同的投资原则，共同的利益原则，将团队的成功置于个人荣誉之上。
- 全体的成功。当团队成功时，个体成员也成功了。
- 要赢的承诺。通过公平竞争（原则）和高绩效（优势）共同赢得（目标）的承诺。

这并不意味着公司不关心人际关系。虽然职业运动队为运动员提供的就业机会有限，但只要遵循相互信任、相互投资、互惠互利的原则，劳资关系仍然是有益的。当团队成员相互信任，将团队成功置于个人荣誉之上时，团队就会获胜。这种方法完全符合个人激励。团队的成功是每个团队成员成功的最好方式。

在一个团队中，领导者和成员都寻求联盟的好处，而不是像在一个家庭中那样建立忠诚的纽带。"作为盟友，雇主和雇员都试图为彼此增加价值，"里德·霍夫曼这样建议，"雇主说，'如果你让我们更有价值，我们也会让你更有价值'。这位员工说，'如果你帮助我发展壮大，我也将帮助公司发展壮大'。员工投资的是公司的适应性，公司投资的是员工的就业力。"[30]

我儿子托马斯 7 岁时第一次在拼字游戏中打败了我，我比自己赢了还要开心和自豪。比起我赢了他，我更高兴看到他成功，我当然是在努力这么做。

因为我爱托马斯，我致力于他的幸福和发展。看着心爱的人茁壮成长是最大的快乐，值得为此付出巨大的努力，承担巨大的风险。

希腊人称这种爱为"挚爱"。[31]"挚爱与头脑有关，它不仅仅是一种不请自来的情感，还是我们刻意生活的原则。"我们不对自己的感觉负责——我们无法控制自己的感觉——但我们要对自己的挚爱负责，因为挚爱不是一种感觉，而是一种意志行为。挚爱是一种承诺，与我们的好恶无关。

卓越领导者的挚爱超越了他们的家人和朋友，超越了组织中的利益相关者。这是在工作中保持个人联系的关键，而不会使他们陷入家庭关系和职业关系之间的危险混乱。

自治

每个人都渴望自治。我们都想成为自己命运的主宰。当我们为他人工作时，我们可以出卖自己的体力，甚至精神能量，但我们从来不出卖自己的情感能量。我们可以出卖自己的身体和思想，但我们绝不出卖自己的心灵和灵魂。我们只把后者作为礼物送给那些值得拥有它的人。任何企图通过权威削弱我们自治的人，永远不会得到我们最好的付出。

给予员工自主权并让他们做出最佳判断蕴藏着巨大的力量。例如，诺德斯特龙公司对新员工有一个简单的目标声明："我们很高兴你加入我们的公司。我们的首要目标是提供优质的客户服务。"然后他们提出了一个同样简单的规则："在任何情况下都要运用你良好的判断力。没有额外的规定。请随时向你的部门经理、商店经理或部门总经理询问任何问题。"诺德斯特龙不依赖复杂的程序和控制来确保高质量的服务。他们依靠雇用和培训关心客户的员工，然后激励这些员工明智地展示他们的关心。

多年来一直担任迪士尼世界首席运营官的李·科克雷尔制定了迪士尼主题公园的运营规则。他们的"演员"被赋予了在公园里立即处理顾客投诉的责任，而不必去找经理。在这之后，投诉数量直线下降，顾客很高兴。有少数情况下，员工给顾客的补偿过高，比如为了回应投诉，给高尔夫球手免费的全套球杆，但这是让员工承担更多责任所带来的痛苦的一面。其好处是员工积极性大幅上升，而员工流动率有所下降。[32]

与自上而下的命令与控制管理不同，员工自主权是一座金矿。它比金钱更能激励和推动生产力，因为每个人都希望在成长的过程中得到尊重和支持。这允许员工自己做决定，并从结果中学习，鼓励员工更加投入，对公司更加忠诚。员工有机会设计他们的作品，给人一种个人权利和自尊的感觉。他们认为自己是一个可以自我做决定的人，对自己的行为有很大的控制力。

2005 年，几位管理顾问提出了一个名为"只问结果的工作环境"（ROWE，Results-Only Work Environment 的首字母缩写）的想法，该想法的基础是员工对自己在哪里工作、如何工作以及何时工作拥有完全的自主权。衡量员工的标准仅仅是他们产生的结果，而不是他们在办公桌旁花的时间，或者他们参加会议的次数等。在 ROWE 组织中，员工拥有完全的自主权。

这一想法在那些需要较少空间、员工高度自律的公司得到了证明。ROWE 认证的组织（SpinWeb、盖普公司、美国家庭保险公司和其他一些公司）[33] 在报告中说，请病假和休假的人数少了，因为他们可以更灵活地应对疾病和其他事件。报告中还说，员工更健康、更快乐了，工作压力也更小了。ROWE 提高了员工满意度，减少了流动率，从而降低了招聘和入职成本，公司的生产力有了很大提高。

ROWE 的创始人之一乔迪·汤普森表示："与自治的最终好处——控制自己的时间——相比，薪酬不再具有以往的威力。这就建立了一个公平的竞争环境，创造了一个专注于与业务相关的工作的团队。这是成年人的工作场所。管理者管理的是工作（清晰、可衡量的结果），而不是人（我的时间和地点）。"[34] 当人们有工作积极性时，管理他们是不必要的；当他们没有工作积极性时，管理是远远不够的。

研究人员爱德华·德西和理查德·瑞安写道："自主动机涉及的行为带有充分的意志和选择意识，而受控动机涉及的行为带有压力和对来自外界力量的特定结果的需求。"[35]

德西、瑞安和福特汉姆大学的保罗·巴德对一家美国投资银行的员工进行了一项研究。据丹尼尔·平克报道，这三名研究人员"在老板给予'自主支持'的员工中发现了更高的工作满意度。这些老板从员工的角度看待问题，提供有意义的反馈和信息，在做什么和怎么做方面提供充足的选择，并鼓励员工接受新项目。由此带来的工作满意度的提高，反过来又带来了更高的工作绩效。研究人员发现，把自主权交给个人带来的好处也适用于他们所在的组织"[36]。

当一个组织中的员工被赋予有意义的目标、自主权、富有挑战性的工作、与同事合作，以及在他们实践自己的价值观的过程中拓展和成长的机会时，这个组织给予员工的不仅仅是金钱。贸易是建立在互利共赢的基础上的，为了让员工参与你的组织，你必须给他们一些他们认为比把精力花在任何其他用途上更有价值的东西。

沃顿商学院荣誉教授、组织理论学家、系统思维之父拉塞尔·阿克夫有一次访问麻省理工学院，我有幸接待了他。[37]在偶然的闲谈中，他说了一句话，多年来我一直铭记于心。"金钱对于一家公司就像氧气对于一个人一样。如果你没有足够的氧气，就会有严重的问题，"他说，"但如果你认为生活就是呼吸，那你就错了。"没有人只想呼吸。没有人只想为工作而活，也没有人只想为生活而工作。在我们的内心深处，每个人都想真正活着，想为这个世界贡献一些有价值的东西，想体验有目的地活着所带来的巨大满足感。

卓越的领导者看透了疏远人们的文化和心理幻觉。他们明白，我们中的绝大多数人主要不是被金钱打动的。我们被有意义的目标、道德原则和与他人的联系感动。我们重视自主、掌控和学习。当我们处于富有创造性和好奇的状态时，当我们要在激动人心的挑战面前大显身手时，我们就处于最佳状态。我们不寻求那种填补我们空虚的、从外向内的生活。相反，我们寻求表达我们自我充实、从内而外的生活。为了让我们有最好的表现，公司必须认识我们，并根据我们的本性来对待我们。

　　积极的领导行为、员工幸福感和生产力之间的联系，就像健康的饮食习惯和健康之间的联系一样，是有科学依据的。如果你已经养成了不健康的领导习惯，那么养成卓越领导者的习惯就像戒掉含糖食品一样困难。这就是为什么要成为一个卓越的领导者，你需要经历我将在第三部分中描述的个人转变。这不是一时的狂热或冲动节食，而是你生活中一种新的饮食方式。

第六章

文化：定义、演示、要求和委任

文化是无意义的无限的一部分……人类赋予了它意义。

——马克斯·韦伯

很多人在乘坐飞机时都会遇到许多烦恼，如脾气暴躁的美国运输安全管理局探员，塞在座位口袋里的口香糖，超额预订的航班座位也是惹来烦恼的原因之一。航空公司之所以这样做，是因为它们认为有些人不会准时到达登机口。因此，当所有乘客都按时出现时，登机口的服务人员必须诱使其中一些人让出座位，并用旅行券、礼品卡或者现金重新为这些人安排航班。如果有足够多的人在时间上拥有灵活性，这种安排就会奏效，但如果情况不是这样呢？

2017 年 4 月 9 日（星期日），美国联合航空公司（以下简称美联航）一架从芝加哥飞往肯塔基州路易斯维尔的航班 UA3411 发生了一个恶性事件。尽管出价高达 1000 美元，但人们拒绝自愿让座给 4 名休班的机组人员，后者必须及时到达路易斯维尔，以便能执行第二天他们在那里的另一班飞行任务。在被选为"自愿让座"的人中，三名乘客不情愿地下了飞机，但 69 岁的越南裔美国医生戴维·道拒绝离开，声称路易斯维尔一家医院需要他。于是，美联航的员工决定采用强制措施。机组人员雇用了安保人员，粗暴地把尖叫的医生拖下飞机。其他乘客用手机拍摄的视频显示，道的眼镜从脸上掉下来时，划得他的脸都是血。[1]

这些视频迅速走红，全世界数亿人看到了它们。它们引发了广泛的愤怒，到处都有抵制美联航的呼声。[2] 推特和脸书上充斥着尖刻的评论，比如"座位不够，准备挨打"。喜剧演员吉米·坎摩尔制作了一支假广告，主角是一名戴着铁四指的美联航空乘人员，他说："我们会狠狠揍你一顿，打到你可以把自己的脸当成漂浮装置。"[3] 当美联航首席执行官奥斯卡·穆诺兹表扬机组人员应对乘客的方式时，这场公关灾难升级了。穆诺兹称这名乘客"具有破坏性和挑衅性"[4]（大概是因为他在被拖下飞机时大喊大叫），然后委婉地发推特说："我为不得不重新安排这些乘客而道歉。"（有人回应说，"重新安排"听起来像是"我要用拳头来重新安排你的脸"[5]。）

事件发生后，美联航的股价一度下跌 4.3%，每股下跌 3.1 美元，市值损失逾 9.5 亿美元。事件发生不到一个月后，穆诺兹被请到国会解释自己的行为。他承认这个事件是一个巨大的错误，并一再表示遗憾。然而，他迟来的道歉并没有赢得任何同情，美联航的品牌仍然是航空业最糟糕的品牌之一（事实上，它的竞争对手正在利用这一事实）。国会向穆诺兹和其他航空业高管施加了巨大压力，要求他们善待客户。

为什么美联航的员工表现得如此冷酷无情？为什么他们不关心客户？为什么他们没有想到他们即将给这个品牌带来巨大的灾难？他们为什么不寻找其他有创意的方式让员工去路易斯维尔呢？那里离芝加哥只有 5 个小时的车程！他们为什么认为有必要使用这种野蛮的战术？为什么飞行员不进行干预？为什么这位首

席执行官认为吉米·坎摩尔所描述的"净化、沉默、不负责任、企业空话"能够安抚愤怒的公众?

简而言之,答案是一种功能失调的文化。在美联航的价值结构中,合理的决策、自主权和责任心显然不是它优先考虑的问题。美联航似乎已经向员工灌输了一种观念,就是让他们盲目地遵循规则和程序,而不是训练他们独立思考,根据自己的优势处理问题,或者以符合道德价值观的方式做一些最能帮助团队赢得胜利的事情。客户关怀在美联航的企业文化中一定不像公司宣称的那么重要,我相信它的财务业绩也是如此。美联航员工的行为不仅显示了他们的麻木不仁,而且效果适得其反。他们无缘无故地破坏了大量的品牌价值,除了按照上级的命令或规则去做一些蠢事。

在第一部分中,我说过一个组织最困难的问题是使其成员在追求一个共同目标时保持一致。这一困难可以用两个经济理论之间的冲突来解释。其中一种被经济学家称为"非线性优化",规定如果员工的个人或团队绩效指标(如销售收入、生产力、客户满意度、员工轮岗、还款日财政状况优劣度、库存周转率等)与组织的全局性能指标(如利润、增长和经济增加值)冲突,则应避免改善前者。为了鼓励他们"优化系统"(用另一个经济学术语来说),他们的表现需要基于这些全局指标来衡量和激励。

另外,"最优契约"理论证明,当自私的员工比他们的管理者更加了解周围的环境、他们的能力、他们的努力的时候,以经济激励让他们努力工作的唯一方法就是让他们自己负责建立基于个人绩效指标的薪酬办法。不幸的是,这是激励员工去做与"非线性优化"理论所规定的完全相反的事情。

例如,美联航的员工得到许诺,如果他们遵照管理者的指令行事，就会得到奖励（比如不会被解雇、发奖金或者升职）。但是如果他们不遵照管理者的指令行事，他们得到的就是惩罚（解雇、扣奖金或者降职）。这只能激励员工去做老板交代的事情。这种方法立竿见影，在大多数情况下都很有效。但是这个系统会鼓励人们不将他们的专业知识应用到特定环境中，也不要考虑他们的行为可能给公司带来的后果。当美联航的机组人员看到道医生的事件严重升级时，他们本来可以这样想：如果让这个可怜的家伙坐在他的座位上对公司应该是最好的。但是由于他们的工作就是按要求去做，于是打消了所有疑虑，在一段臭名昭著的病毒视频中充当了一回主角。

在前一章中，我解释了领导者如何通过诉诸道德目标来重新调整个人对使命的兴趣。在本章中，我认为对于所有领导者来说，同样重要的工具是有效的文化。文化就像用一块磁铁对准铁屑一样，扮演着情感力场的角色，使组织成员保持一致。它不需要基于个人业绩指标这样的财务激励，因为同事比任何管理者都更能准确地观察彼此的环境条件、才能和努力。通过诸如难堪、排斥和孤立等社会制裁的威胁而实施的文化规范，要比通过经济激励使一个组织联合起来有效得多。

什么是文化

"文化能把战略当午餐吃掉。"伟大的管理大师彼得·德鲁克据说这么说过。[6] 然而，文化似乎是一个抽象的概念，对我们大多数人来说，它很难掌握，也不可能设计。但忽视文化是一个代价高昂的错误。当拉姆·查兰和杰弗里·科尔文分析首席执行官为什么会失败时，[7]他们发现这是因为首席执行官无法完全执行自己的战略。这些首席执行官不明白的是，文化是战略执行的关键。

我认为文化是以人为中心的操作系统，是一套指导组织成员行为的基本指令。与信息系统平台一样，文化提供了运行业务流程所需的基本功能，最重要的是战略执行。如果文化建设不充分，战略就不会被完全执行，就像微软 Windows 办公软件不能在苹果电脑上完美运行一样。如果战略没有执行，首席执行官和公司就会失败。

麻省理工学院的埃德加·沙因教授将组织文化定义为一种共享的愿景、信念和期望的模式，通过定义组织内的适当行为来指导其成员的解读和行动。[8]我更喜欢简单地将文化定义为人们关于"在这里我们看重什么以及我们如何做事"的一系列信念。这些价值观和规范为"一个人为了成为我们中的一员，必须想什么、说什么和做什么"设定了期望。另外，文化还包括一套信仰，即如果一个人想成为某个组织的一员，他就不能想、不能说或者不能做的事情，也就是禁忌。文化存在于生活在这种文化里的人的头脑中，不是任何人所说的，而是每个人所能理解的。它基本上是一幅潜意识的地图，告诉你如何按照组织的规范行事，并保持成员资格。

有效的文化解决了消极怠工、无组织、虚假信息和幻灭等这些困难的组织问题。它让员工围绕一个崇高的目标、道德价值观和有意义的目的工作。这激发了他们发自内心的承诺，并提供了一种个人和集体认同感。它还协调员工的期望和行为。最重要的是，有效的文化不依赖于正式的控制系统，也不减少在复杂、不明朗和不断变化的情况下实现卓越表现所需的自主性。

正式的"你应该"和"你不应该"规则永远不会产生非凡的效果。要求员工遵循正式的程序就像要求他们按数字填图一样，不会涉及太多的创意、能力或思考。正式的规则使业绩表现标准化，但它们仅在反复出现的可预测的情况下有用，如飞行前例行检查，以及在紧急响应、深海石油钻探或军事等领域涉及高度安全作业的组织中有用。因为在这些情况下，是否遵守规则可能意味着生与死的区别。

要真正享受我们的工作，我们需要多样化和富有挑战性的工作，这种工作不仅允许而且要求有自主权和判断力。事实上，最有效的组织的一个关键属性（正如杰弗里·普费弗在他的著作《人力资源方程式》中指出的[9]）是自我管理的团队和分散的决策制定。也就是说，员工有很大的自由裁量权和自主权。

领导对员工的指导越少，员工的自主权就越多，表现也就越好。例如，1983 年，丰田公司接管了加利福尼亚州一家濒临倒闭的通用汽车装配厂。丰田没有更换设备，也没有更换工人，唯一改变的是生产系统，从一个基于正式规则的生产系统变成一个给予工人更多自主权的生产系统。结果，生产率和质量有了显著提高，劳动力成本下降了近 50%。

与正式的规则不同，文化赋予员工独立思考和行动的能力，增强了他们的参与度和相互之间的联系。让同事失望远比违反规定更令人担忧。因此，组织成员不仅监督自己的行为，而且监督同事是否有违背组织战略目标的行为。这解放了管理者，让他们不必事无巨细地管理这些员工，相反可以专注于真正重要的领导工作——让员工参与到组织目标的追求中来。

美国西南航空公司的员工与客户之间的故事是一个传奇。举个 2011 年的例子，洛杉矶一名男子的孙子被他女儿的男朋友打昏了过去，那个不幸的孩子面临死亡危险。孩子的奶奶打电话给西南航空公司，给他预订了当天最后一个飞往丹佛的航班，这样他就来得及跟孩子道别。但到达洛杉矶机场是一场噩梦，通过安检更是噩梦中的噩梦，美国运输安全管理局的人根本不在乎他有多着急。最后，这名男子在飞机预计起飞 12 分钟后赶到登机口，但他震惊地发现，飞行员居然因为他没有按时起飞。这名男子再三感谢飞行员，飞行员说："没有我，他们哪儿也去不了。你没来，我哪儿也不去。现在放松，我们会把你送到那里。听说了你的事，我很难过。"[10] 将这种待遇与道医生在美联航的待遇进行比较，你就能理解为什么客户更愿意乘坐西南航空公司的航班了。

西南航空、诺德斯特龙、美捷步还有其他一些公司都以出色的服务著称[11]，这些公司都授权员工为客户做需要做的事情。这些公司从开始运营时起，它们的战略对每个人来说就是显而易见的。然而，没有人能够复制它们，因为它们的文化在一代一代的员工中年复一年发展壮大。这些公司证明，文化是竞争优势的最终来源，因为任何竞争对手想要复制它都需要花很多年的时间。这也说明为什么它是如此强大的竞争障碍。

有效文化的四大支柱

有效的文化建立在四个支柱之上，即高共识、高强度、高生产力和高适应性。

共识是成员在价值观和规范上达成一致的程度。强度是成员持有价值观和规范的力量。一种有效的文化既需要共识，也需要强度。如果强度很高，但共识很低，组织就会分裂成"交战派系"[12]，其中一个团体（比如销售部）与另一个团体（比如产品部）会进行战斗。如果共识高，但强度低，组织就会沉湎于平庸（在这样一种闲散的文化中，成员在什么是重要的问题上可以达成一致，但没有人会很在意付出最大努力去实现它）。

内容由行为规范所界定的具体态度和行为构成。支持反生产价值和行为的高共识／高强度文化将阻碍组织的发展。例如，假设有这样一家公司，在这家公司中，办公室政治是获得地位和权力的途径。在这样的地方，人们互相诋毁，一个人的地位比他说什么和做什么更重要。在这样一种文化中，目标就是证明一个人是对的，其他人是错的，而破坏性的批评是攀登企业阶梯最可靠的方式。这样的组织可能口头上支持文化和协作价值观，但这些价值观永远不会变成行动。这些组织吸引了以自我为中心、虚伪、自恋的领导者和追随者。

组织内容有两种类型——平台和战略。平台规范是组织成员及其外部利益相关者之间每一次交互的基础（在后文，我将描述我认为对任何组织都必不可少的三个平台规范——响应能力、协作和完整性）。战略规范是将员工的注意力集中在全面执行组织的战略所需的关键变量上的规范。为了共同目标，组织内容促使人们协商优先事项并做出决定。有效的文化必须支持战略执行，它的准则必须具有战略相关性。事实上，如果不将文化与组织的战略联系起来，就不可能评估文化的有效性。

考虑一下西南航空公司是如何通过平台规范来支持其战略的。这家航空公司的简单策略就是以低成本提供便捷的短途航行。为了做到这一点，它只飞一种飞机（波音737），不设头等舱座席。因为它的飞机可以点对点飞行，不需要强迫乘客进行中转，所以它的到达时间是经过仔细协调的（乘客也不必面临转机的麻烦）。它不要求乘客支付隐性费用，比如托运行李的费用。它信守对乘客的承诺，所以在服务方面享有很高的声誉。

西南航空公司的员工价值观是"勇士精神"（该公司将这种精神描述为无畏地为员工提供一切支持乘客所需的东西），"仆人的心"（尊重他人，遵循黄金法则），以及一种"有趣的恋爱态度"（体现在"恋爱"这个词上）。[13] 西南航空的员工知道，他们必须"尽一切努力让乘客高兴"，包括在公共广播系统上友好地、公开地开玩笑（比如，"嘿，我是阿曼达·史密斯机长。是的，我是一名女飞行员。作为一个福利，如果我们在途中迷路了，我是不会因害怕而停下来去问路的"）。[14] 为了实现品牌承诺，他们对于规矩有回旋余地。他们了解公司的目标和实现目标的策略。如果他们不坚持这种文化的价值观和规范，他们会在意同事对他们的看法。

西南航空公司有一种以团队为基础的文化，在这种文化中，人们相互支持，执行准时出发和到达的战略。《福布斯》的撰稿人卡迈·加洛是这样描述这一现象的："就像汽车比赛中负责抛光的维修站工作人员一样，团队中的每个成员都觉得自己要为同事的成功负责。"一位飞行员告诉加洛："我们真的很喜欢对方。当你们喜欢彼此的时候，你们就会彼此支持。我们的团队就是一个整体。"该公司创始人、前首席执行官赫伯·凯莱赫补充道："态度非常重要，必须与经验和技能相提并论。一个高智商的背后中伤者对你的组织来说就是一场灾难，一个外向、无私、工作愉快的人将是组织的一笔巨大财富。"[15]

当一种信任的文化以这种方式支持其战略时，企业就会成为行业的领导者。例如，服装零售商诺德斯特龙和美捷步都专注于一种"客户服务"战略，这种战略得到了那些被授权可以采取一切措施让客户满意的人的支持。苹果的创新战略得到了那些鼓励创新性思维的人的支持，还有很多这样的例子。在拥有这些有效文化的组织中，战略规范能够快速而有力地将人员与最重要的成功驱动因素联系起来。[16]

适应性是指在面对环境变化时，规范可以很容易地被更改，以保持组织生存能力的那种从容。正如麻省理工学院的埃德加·沙因教授所主张的，文化不仅必须解决内部整合的需要，还必须解决外部适应的需要。[17]有效的文化需要具有高度的适应性，以避免僵化的一致性带来的危险，并变得灵活、创新和有创造性。适应性是传统主义的一种解药，鼓励不同的行为，作为"成为我们中的一员意味着什么"的一部分。适应性对于那些带来变革的探索性、创造性和创新性活动给予了社会认可。研究人员发现，具有高共识、高强度和战略相关文化的组织，只要具有促进适应性的规范和价值，就能长时间胜过竞争对手。[18]

虽然高共识、高强度的文化可以在静态环境中提高业绩表现，但在动荡的环境中可能会恶化业绩表现。这种文化为员工提供了共识、纪律和追求组织目标的意愿。但是，强大的规范也会导致组织成员始终保持现状，并惩罚那些偏离现状的人。有凝聚力的群体对成员行为的变化容忍度较低，容易陷入群体思维。在动荡的环境中，这限制了组织应对新挑战的能力。例如，20 世纪 70

年代，当日本汽车制造商进入美国市场时，美国公司根本对它们不予理会。美国公司基于这样的假设，如"日本人根本不知道如何制造汽车""美国人不会购买那些低质量的日本车""美国人不会购买小型汽车""省油不是选择车辆的一个重要因素"等。美国公司一直秉承这些高度一致、高度集中的信念，以致等到想赶上那些日本公司时为时已晚。今天，本田、丰田和日产在美国生产的汽车比通用、福特和克莱斯勒都多。[19]

因此，有效的文化必须促进人们挑战假设、承担风险、学习和成长所必需的自由和支持。[20] 当人们感到安全时，他们更有可能提出想法，质疑现状，寻求反馈，进行试验，反思结果，并公开讨论错误或意外结果。如果你逐渐灌输这样一种观念，就像我们在领英所说的，即"明智地冒险"[21] 是"我们在这里做事的方式"，人们就会更愿意讨论问题，提出新想法，尝试新事物。

IBM 公司如何改变它的文化

2003 年，也就是彭明盛从郭士纳手中接过 IBM 首席执行官一职的第二年（郭士纳在 20 世纪 90 年代中期的一次大规模市场转型中拯救了这家标志性企业，使其免于破产[22]），该公司进行了一项名为"价值观堵塞"的 72 小时实验。IBM 的目标是让员工的"隐藏思维"帮助更新 IBM 百年来的企业价值观（最早是老托马斯·沃森总裁于 1914 年写成的基本信念：尊重个人、客户服务至上、追求卓越）。公司 75 万名员工中有 5 万人在公司内部论坛上来回答这个问题：IBM 代表什么？

彭明盛在接受《哈佛商业评论》采访时说："不幸的是，在过去的几十年里，沃森的基本信念被扭曲了，出现了一些新的情况。"[23] 他接着说："'尊重个人'变成了一种权利，不是所有人都能得到公平的工作，不是所有人都能畅所欲言，而是一份有保障的工作和由文化决定的升职。'追求卓越'变得傲慢自大，我们不再倾听市场、客户和彼此的意见。我们把成功保持了这么长时间，以致我们再也看不到另一种观点。当市场发生变化时，我们几乎破产了。"

彭明盛打印出"价值观堵塞论坛"网站上的 20 万条评论，周末带回家读了一遍。人们发泄了各种各样的怒气，还有言辞激烈的批评。彭明盛说："网上辩论是激烈的、有争议的、混乱的。"他自己也受到了很多批评，但他把自己的自尊放在一边（"对于一个首席执行官来说，做到这一点并不容易。"他说）。对他来说，"价值观堵塞论坛"让他对需要做什么有了非常宝贵的洞察："你可以说，'天哪，我释放了这种难以置信的负能量'。"他说，"或者你也可以说，'哦，天哪，我现在肩负着不可思议的使命，要推动公司做出更大的改变'。"接下来的周一，彭明盛建议他的管理团队阅读每一条评论。他对他们说："如果你们认为我们对这个地方的探究是正确的，那就再想想。"

在经历了漫长而混乱的过程后，公司就目前嵌入其战略的三个价值观达成了一致：（1）成就客户，即"参与让客户成功的游戏"；（2）创新为要，即发明和制造能够对世界产生积极影响的产品；（3）诚信负责（与员工、供应商、投资者、政府、社区一起努力）。

这些不仅仅是让人感觉良好的价值观，所有的战略决策都要与这些价值观一致。按照它的第一个价值观——成就客户，IBM

改变了它的管理薪酬方案。董事总经理的奖金和加薪都是根据客户的评估来定的。此外，更长远的眼光也会让管理者有额外的动力满足客户的长期需求。[24]"我认为价值观为公司文化和管理体系注入了平衡，如短期交易和长期关系之间的平衡，股东、员工和客户利益之间的平衡，"彭明盛说，"在任何情况下，你都要警醒。价值观帮助你做出这些决定，不是基于特别的基础，而是以一种与你的文化和品牌、与你作为一家公司的身份相一致的方式。"

举个例子，这些价值观决定了一种新的定价系统，它不仅解决了为客户服务的问题，而且解决了内部一致性问题。IBM不再让多个部门为硬件、软件、服务和融资提供单独而混乱的报价，而是为每个集成的产品提供单一的价格。"说实话，我们管理层就定价问题争论了很长时间，但我们并没有采取任何行动。"彭明盛特别指出，"价值观倡议迫使我们正视这个问题，它给了我们做出改变的动力。"

IBM的第二个价值观是创新为要，这对IBM所有聪明的员工都至关重要。IBM的研究一直在探索计算之外的领域，比如医疗保健领域。例如，该公司与辉瑞合作开发了一种治疗帕金森患者的系统，加快了临床试验的速度。现成的传感器和移动设备可以定义患者的数据特征，了解他们对药物的感觉和反应，并将他们的信息实时发送给研究人员和医生。然后，人工智能组件寻找联系和临床数据，如药物剂量。[25]

"毫无疑问，人们渴望这家公司成为一家伟大的公司，"彭明盛在谈到"价值观堵塞论坛"得出的结论时表示，"他们（员工）希望成为一家能够改变世界的进步公司的一部分，那种支持获得诺贝尔奖的研究，改变人们对商业本身的看法，愿意根据原则在尚未得到广泛认可的问题上采取坚定立场的公司。我们不能向他们承诺迅速获得财富，就像他们可能会从初创企业或一份终身工作中获得的那样，但我们可以为他们提供一些值得相信和努力的东西。"

IBM 做的另一件事是，每年向一线管理者分配至多 5000 美元的自由支配资金，用于开展业务，发展和加强客户关系，或者应对紧急情况。相信管理者能够明智地决定如何花这笔钱就体现了 IBM 所遵循的第三个价值观——诚信负责。

彭明盛说："不要用对失败的恐惧来激励人们，而是要通过希望和抱负来激励他们。你将有机会再次成为一家伟大的公司——世界上最伟大的公司，这也是 IBM 曾经的样子。你希望人们也能和你一样迫切地需要实现这个目标。我想今天的 IBM 人确实感知到了这种紧迫性。也许这次'价值观堵塞论坛'最大的贡献就是让这个事实清晰地呈现在所有人面前，人们公开、清楚地看到了这一点。"[26]

定义标准

建立文化规范有四个步骤，我称之为"4D"，即定义（define）、展示（demonstrate）、要求（demand）和委任（delegate）。定义的意思是明确阐明预期行为的标准（例如，何时以及如何将分歧上报给上级，如我在第七章中讨论的那样）。展示是指根据标准来表现自己（例如，共同将分歧上报）。要求意味着直面那些偏离标准的人（例如，向任何单方面加剧分歧的人提出质疑）。委任意味着要求团队中的每个人要对他们的下属定义、展示他们要遵守的标准（例如，与他们的团队就协作升级进行相同的对话）。然而，超越任何标准之上，有效文化的最终规范是组织中的每个人都以道德的方式追求实现组织的大目标。

在通过利益相关方共同参与明确了价值观和任务之后，就像IBM通过它的"价值观堵塞论坛"实验所做的那样，下一步该做的就是与你的团队进行对话。在对话中，每个人都同意执行组织战略、实现其任务和制定其价值观的方法。除此之外，对话还应该建立一种大家都希望为组织中其他人树立榜样的思维和行为方式。我发现，最好的标准设定对话遵循以下模式。

建议：解释为什么你认为一个给定的行为标准可以帮助团队更有效、更合乎道德地工作。例如，我在研讨会一开始就提出这样的建议："为了更好地合作，尊重人们要专注于材料的需要，我建议我们都把手机调成静音模式，不要在房间里使用手机。如果有人确实需要接电话或者查找信息，可以去外面。"

核查：确保每个人都同意该标准是可行的、合乎道德的，并且会真正提高效率。例如，在提出关于电话的建议后，我补充道："对大家来说，这是一个很好的共事方式吗？"如果大家都同意，我们就会继续下面的任务。这不是一个敷衍了事的步骤。很有可能有人对这个建议有意见，在这种情况下，就应该进行协商。

例如，不止一个参与者说："对不起，弗雷德。我在等一个重要的消息，需要紧急回复。我很愿意走出房间去查看并回复，但是每次手机一震动我就要站起来离开，这非常麻烦。我希望能够快速查看，看看是不是重要信息。如果是，我就出去。如果不是，我就等到课间休息时再读。你看这样行吗？"

承诺：在协商结束后，要求人们做出承诺。如果警告、基本规则或者协议不能转化为承诺，它们就毫无意义。约束人们以某种方式行事的是他们自己说的话，而不是别人说的话。要求承诺是我让人们保持诚信的关键步骤。这就是为什么标准不能仅仅是一个请求，或者更糟糕的话，是一个命令。标准需要一个集体的承诺（更多信息请参见第九章）。

在我的研讨会上，协商结束后，我会总结说："我们已经同意让手机保持静音状态了。我们可能会看一眼手机，看看是谁在打电话，或者收到了什么信息，但是任何需要几秒钟以上的事情都请到房间之外去做。你们都能做到吗？"然后我就不会继续说什么了，直到我从在场的每个人那里得到一个肯定的答复。

展示标准

正如孩子通过观察父母来学习家庭文化一样，新成员会通过观察领导者来学习组织文化。任何想要取得好地位的人都会模仿那些达到顶峰的人的行为。作为一名卓越的领导者，你必须按照自己设定的标准行事。毕竟，是你的行为，还有他们的行为造就了你们公司的品牌。

正如我在第四章中已经指出的，没有什么比一个说一套做一套的领导者更让组织中的人愤怒的了，尤其是当他要求人们按照他说的去做的时候。想象一下那种结果，如果在我的研讨会上，我和其他人刚定了一个行为标准，比如"我们不会在这个房间里使用手机"，结果5分钟后，我的手机响了，而且我接了电话。这种结果将是毁灭性的。我的这种行为会使大家认为我的话不可信。一位领导者任何前后矛盾的行为都会破坏别人对他的信任。没有信任，组织成员就不能有效协调行动，实现他们的集体承诺。

问题是，即使一位领导者认为他的行为似乎与自己所声明的并不矛盾，但其他人对这个标准在特定情况下起作用的方式也会有不同看法。你可能认为自己的行为符合这个标准，但其他人可能不这么认为。这就是为什么对不同意见的讨论以及要采取任何必要的行动来化解紧张局势至关重要。允许质疑任何似乎违反标准的人，尤其是领导者，本身就是一个至关重要的规范。

在我的研讨会上，我鼓励人们对我的行为提出任何质疑。我解释说，我的承诺是坚定的，但有时我可能会犯错误或无意识地做出什么举动，我欢迎人们挑战我。我总是愿意讨论我是否与我所做的承诺保持一致。任何领导者都能从错误中恢复过来，但是如果他拒绝讨论错误，那就不可能在不损害规范、身份认同感和组织使命的前提下恢复过来。

你不仅可以通过个人的、直接的行动来展示自己的价值观，还可以通过建立的正式系统和流程来表达自己的价值观。这些过程中，最重要的是招聘和选拔。正如畅销书作家吉姆·柯林斯所写："你必须让正确的人上车，甚至在你知道车要去哪里之前。"[27]

文化幼稚型的领导者在招聘时注重的是人与工作的契合度，而忽视了人与文化契合度的重要性。回避人与文化契合的后果就是，组织文化将像杂草一样随意生长，而不是像栽培的植物一样。它把"战略当午餐吃了"，使组织不可能再执行这些战略。

很明显，如果一个新员工成功了，他在成长过程中可能会去组织中的其他部门任职。这些工作可能需要不同的技能，但它们还是存在于相同的组织文化。因此，最好雇用那些符合公司文化的人，即使他们并不具备第一份工作所必需的所有技能，至少他们和公司的文化是相融的。比起将新的价值观和规范融入他们的人格结构，他们可以更容易地学习新技能。

美捷步经常被《财富》杂志评选为"最适合工作的公司之一"。[28]只有符合该公司以下核心价值观的人，才能被聘为员工：

- 通过服务给顾客带去喜悦；

- 接受并推动变革；

- 创造乐趣和些许古怪；

- 勇于冒险、有创意、心胸开阔；

- 追求成长和学习；

- 通过沟通建立开放诚实的关系；

- 建立积极的团队精神和家庭精神；

- 花小钱，办大事；

- 有激情、有决心；

- 谦卑。

该公司首席执行官谢家华也希望为公司工作的人都是无私的。谢家华对一名记者说："我们的很多面试者都来自外地，我们会用班车去机场接他们，带他们参观，然后用这一天剩下的时间进行面试。在这一天的面试结束后，面试官会回到那辆班车上询问驾驶员他今天是如何被对待的。对于面试者那天面试的结果如何并不重要，如果他没有很好地对待我们的班车驾驶员，那么我们就不会雇那个人。"[29]

所有新员工，不管他们的技能和经验如何，都要在客服中心工作一个月。这段经历会让他们融入公司文化。培训开始一周后，新员工可以获得 3000 美元的离职费，如果他们不适应公司的环境，美捷步宁愿让他们离开。如果他们拿了钱，就必须走人。近100%的新员工拒绝了这笔钱。[30]

文化还要融入对员工的认可和晋升。你奖励谁，你提拔谁，你为什么奖励他们，这些都向组织中的每个人传达了一个非常重要的信息，就是什么是正确的行为方式。你选择授权谁拥有正式的权力来管理组织中的人员是你最基本的领导力选择之一。这同样适用于那些你谴责、训斥、制裁、不选和解雇的人。如果美联航的首席执行官解雇了 UA3411 航班的乘务员和飞行员，而不是表扬他们，他就会传达出一个强有力的信息——"我们不会这样对待任何一位客户"。

在美捷步，新员工通过社会化（与各种各样的员工见面，在呼叫中心工作等）来认真地适应文化。社会化是个体逐步整合价值观、能力、预期行为和社会知识的过程，这是作为组织成员必须经历的。[31] 社会化的关键点是确保员工获得文化知识，以及彼此之间建立联系。

在领英，新员工有机会展示一些领英个人资料无法透露的信息，并在由首席执行官主持的两周一次的全体会议上展示自己独特的才能或者特殊技能。这些新员工被邀请向他们的同龄人展示自己更私人的一面。这有利于打破僵局。

对标准的要求

仅仅展示这些标准是不够的，作为一个领导者，你还必须面对那些似乎背离这些标准的人。如果一个参与者在我的研讨会上接了电话或者开始发短信，而我什么都没说，那就跟我接电话一样糟糕。这两种行为对我正努力在研讨会设定的文化具有同样的危害性。

在特定情况下，人们对特定承诺可能有什么样的要求有不同解释。团队中的一个成员可能认为他的行为符合标准，然而你可能认为情况并非如此。所以必须以合作的方式消除这种差异，这就是为什么我建议任何质疑都要从询问那些似乎违反标准的人的观点开始。

对标准提出要求并非没有风险。即使是最巧妙、最有技巧的努力，也可能在自尊和公众形象这样的问题上出错。当一个领导者想要提高团队做事要做到无可挑剔的程度的这种意识时，他必须采取多么温和的行动，这一点我怎么强调都不为过。我职业生涯中最悲伤的记忆之一，正是我未能有效地做到这一点。

在一个研讨会上，我提醒大家注意时间，每个人都准时回来了，除了团队的领导者麦克斯。我问房间里的人，麦克斯是否告诉过任何人他会迟到，尴尬的沉默意味着我在内心的秘密祈祷没有得到回应。

这个产品营销团队在客户中有一种不可靠和不值得信任的名声，这就是麦克斯请我和他们一起工作的原因。承诺是这个研讨会的议题。课间休息前，我们讨论了履行承诺的重要性。我们同意把这个研讨会作为一个建立信任文化的实验。"为了高效地开展工作，同时也体现出我们相互之间的尊重，我要求你们休息时间一结束就准时回来。"我曾说，"你们能保证做到吗？"他们都点了点头。

"如果因为任何原因，你在休息期间发现自己需要更多的时间，"我补充说，"请先告诉一个人，这样他就会告诉团队的其他人。让我们建立一个标准：如果你提前告诉我们迟到一会儿是可以的，但是如果你不告诉我们就迟到，那就有问题了。这一点你们能接受吗？"他们又点了点头。

"太好了，"我说，"我认为你们点头就表示都同意。我们已经确立了一种新的文化规范。我们先休息一下，回来时再继续。"

冒着显得有些强迫的风险，我特别强调只要承诺就得履行的无可挑剔性，尤其是那些设定群体规范的承诺。我想让房间里的人感到压力，因为他们必须在休息期间把握好时间，在最后一分钟之前去洗手间，为了能准时回来，可能会缩短一段有趣的谈话，或者不打最后一个电话。我做了最坏的打算，不想孤立任何一个犯了错误的人。我还给了他们一个机会："如果发生了什么重要的事情，"我解释说，"即使没有履行你的承诺，你还是可以让你的承诺非常体面。如果你遇到了麻烦，找不到人告诉我们你会迟到，请你在回来的时候表示歉意，告诉我们你需要处理一些事情，而且没有办法通知我们。"

我敢肯定，在这样强调之后（有些人的面部表情告诉我，他们认为这么强调有些过头了），他们会在约定的时间回来，或者会告诉别人他们会迟到一会儿，或者至少没告诉别人他们会迟到，但会走进房间表示歉意。我没想到会有人三振出局，尤其没想到这个人竟是麦克斯本人。所以，当我看到麦克斯没有按时回来，也没有告诉任何人他会迟到时，我感到很困惑。我不知道这将如何圆场，但是我转入了下一个话题——让人们为他们的承诺负责。

15 分钟后，麦克斯回来了，静静地在房间后面坐了下来。我意味深长地停顿了一下，意思是让麦克斯道歉。我保留的最后一点希望是希望他能说声"对不起",并解释说在休息期间发生了紧急情况,没有办法通知我们。承认出了问题,解释所发生的事情,重新建立他的承诺,做到这些本还可以让他的诺言很体面,还可以保持团队对他的信任。这也本可以让我的研讨会主持者的日子变得轻松一些。

没有这么幸运!麦克斯进来后一直保持沉默。我不相信他是在考验我,他似乎完全忘记了要为迟到表示歉意。更糟糕的是,似乎没有人觉得有什么不妥,也没有人注意到麦克斯的行为有什么问题。难怪这个团队的名声很差!

我深吸了一口气。我想成为一名睿智而富有同情心的老师,要向麦克斯和他的团队展示如何对文化规范进行要求,以此来巩固团队的使命和价值观。不过,我担心的是,如果让麦克斯在他的团队面前对他说过的话负责,我就会孤立他。那就是个隐患。困难的是,如果我不把这个问题提出来,那么我自己的信誉将受到损害。就算不是在他们眼中,至少在我自己看来是这样。既然麦克斯请我是为了提高他的团队对承诺的意识,如果我把这个问题隐藏起来不谈,那我就违背了自己的诺言。

"麦克斯,"我稍微犹豫了一下说道,"你迟到了。"

"哦,是的,抱歉。有事耽搁了。"他轻松地回答我。

"我理解,"我说道,"但是我认为我们已经同意,如果发生这样的事,你要先告诉别人一声。"

"哦,对,抱歉,"他承认道,"我刚才在办公室。"

我正在考虑是否要问他难道不能让他的助手联系我们,或者他为什么进屋时没有道歉,但其中一个参与者抢先一步,或者应该说,给了我重重一击。

"你想说什么呢？"这位参与者这么质疑我，"你为什么这么不尊重麦克斯？"

"是啊，你为什么找麦克斯的碴儿呢？"另外一个人也在说我，"他只是晚了几分钟而已。"

话题很快走偏了。

"我不是故意找麦克斯的麻烦，"我说，"我想强调的是，承诺和群体规范是本次研讨会的核心。"

我解释说，这次研讨会的前提之一就是，我们管理任何承诺的方式都可以很好地指示我们管理每个承诺的方式。我说："我被请到这里来，是因为你们想提高团队的可靠性和可信度。所以我们需要检查和改变客户投诉我们的那些行为。我认为，如果我们把这种故障当作一种学习经验，就能把它变成一种突破。"

盯着我的那些严厉的面孔马上变红了，但是我陷得太深了，无法回头，所以我再次强调说："我们都同意休息后会准时回来。我们还进一步同意，如果有什么不便，我们会先告诉别人。麦克斯没有这么做。而且，他走进房间坐了下来，也没有道歉。我问他时，他的回答似乎漫不经心，有点儿不屑一顾。现在你们都在生我的气，因为我指出了你们在承诺上的明显缺陷。如果我是一个外部观察者，我不会相信你们这个团队的承诺。你们会吗？"

"皆大欢喜"，这是莎士比亚写的，但是我的这次结局并不好。我们别别扭扭地完成了这次研讨会的其余部分，但那是我和麦克斯团队的最后一次互动。几个月后，我从公司的其他人那里得知麦克斯已经离职。我不知道他是辞职，还是被解雇了，但我知道这个团队需要一个新的领导者来帮助他们重获信任。

许多年以后，我遇到了那次灾难性的研讨会的参与者之一，

文化：定义、演示、要求和委任　第六章

他记得发生了什么。不幸的是，他从中得到的教训是，我对别人迟到表现得过于严厉，以致我和他以前那个组织的领导针锋相对。我深感失望，因为这绝对不是我希望人们得到的经验教训，这也不是我希望人们记住我的方式。我意识到，我没有获得必要的道德权威，以便在一个如诚信和信任这样棘手的领域对他们进行指导。作为一名研讨会的主持者，我做得太过火了，错过了帮助他们成长的机会。

对标准的双重要求

如果想领导一个健康、有效的文化，你必须把自己的标准变成社会规范。这意味着每个团队成员都需要把维护这些规范当作个人的责任，包括要求其他人也遵守。

例如，当我和一个领导团队一起工作时，我设定了一个标准，要求每个人都要恭敬地倾听其他团队成员发言，不要打断他们。当我们在一起的这段时间里，总会有一些团队成员打破标准。

我是这样处理这种情况的。我们假设罗伯在瑞秋说话时打断了她。我没有大声指出罗伯的错误，而是保持沉默。大部分情况下所有人几乎会和我一样。当罗伯结束他的陈述时，我问："有没有人注意到罗伯打断了瑞秋的话？"当然，每个人都注意到了，大多数人都不安地点点头。这就是我要问的关键问题："为什么当时没有人质疑罗伯的行为？"

然后我提醒他们，不打断别人是大家共同设定的标准。这既不是我强加给他们的规则，也不是每个人对我做出的承诺。不打断别人是我们对其他人的承诺。我澄清我不仅要求团队成员遵循标准，还要求他们彼此之间也互相要求。

我补充说："我不想成为监督每个人都遵守规则的坏警察。我希望每个人都能对彼此——包括我——恭敬地去倾听他人的这个承诺负责。你准备好和我分担这个责任了吗？"

加州大学伯克利分校的教授詹妮弗·查塔姆在为《加州管理评论》撰写的一篇文章中，以第三人称描述了她在诺德斯特龙买鞋的经历。一个叫兰斯的销售助理给她看了9双鞋子。没有一双是她想要的尺寸、颜色或者款式。"她离开的时候，"查塔姆写道，"另一名销售助理霍华德走过来，建议说他可以给诺德斯特龙的其他几家商店打电话，看能否找到一双能让她满意的鞋子。"10分钟后，霍华德兴奋地告诉她，虽然他没有在诺德斯特龙的另一家商店找到这双鞋，但他在附近的梅西百货（诺德斯特龙的主要竞争对手）找到了。

"霍华德没有让她到梅西百货去买鞋，而是安排好了把鞋子连夜寄到她家里。'当然，'霍华德对她说，'梅西百货会向您收取鞋子的费用，但诺德斯特龙会支付这笔运费'。霍华德明白客户服务的重要性，愿意超越职责范围，确保兰斯的客户也完全满意。此外，在离开诺德斯特龙时，查塔姆无意中听到了一段她显然不应该听到的对话。霍华德回到兰斯身边说，'我真不敢相信你没有更加努力地帮助她找到那双鞋，你真让我们失望'。霍华德不是兰斯的老板——他们是同事——然而，诺德斯特龙鼓励为客户服务的规范非常严格，以至于员工之间，不管对方的地位如何，都愿意因为没有遵守这些规范而互相提醒并善意指责。"[32]

对标准的授权

作为一个领导者，除了要求自己团队的每个成员都要展示这些标准，同时每个成员还要要求其他团队成员也要展示这些标准之外，你必须坚持让你的团队成员，反过来，也向他们自己的团队成员展示和要求这些标准，同时要求他们将同样的事情授权给下一个级别的人员。授权能让标准快速传播蔓延。如果不这样做，文化规范就永远无法确立。

我帮助过的许多领导团队在他们的工作场所之外制定出优秀的标准。他们中的大多数人在展示和让彼此为这些标准负责方面做得相当好。我经历过的最常见的失败就是这最后一步。领导者不能复制他们与团队的对话，也不能将标准直接传达到第一线员工那里。这会造成组织内部构造的一个中断，因为有一个"内部"团队秉承这些标准，还有一个"外部"团队不知道也不理解为什么在工作场所之外的地方，这些高层领导者有不同寻常的行为举止，包括过去都很正常的东西现在偶尔会惹他们发火。

当信息系统不能生成预期成果时，程序员首先查看他们执行的程序以便纠正错误。如果程序是可靠的，他们需要更进一步调试操作系统，推测它没有提供必要的流程功能。

作为一个领导者，当你的组织不能完全执行它的战略时，你需要做同样的事情。也许这种战略是有缺陷的，但通常这不是问题所在，系统的缺陷可能源自文化的不完善。

在下面的章节中，我将解释任何一种有效的文化都必须具备的三个基本流程功能。

第七章

反应—能力：寻根究源

普通人和勇士的最根本区别是，勇士把一切都当作一种挑战，而普通人只会把一切分成好事或坏事。

——唐·璜　墨西哥萨满

"对不起，我迟到了。我的另一个会议拖延了。"你用过多少次这个借口？

你在心照不宣地说："不要怪我。如果我上一个会议早点结束，我就准时了。"这样的理由也许是对的，但它让人泄气。为什么这么说呢？因为说迟到不是你的错，也就是说你没有能力准时到。虚假清白的代价就是无能为力。

另一个会议延期了，这是事实。那场会议没有让你迟到，是你让自己迟到了。你要么是故意的，要么是无意识地选择留下来，而不是离开。你不需要对会议超时负责，但你要对会议超时时你做出的选择负责。

"这不是我的错！"你可能会这样说，"我参加了上一场会议，因为它对公司来说比后面这场会议更重要。说上一场会议开得过长只是礼貌地表达第二场会议对我来说不像上一场会议那么重要。"

我不是说这是你的错，也不是说你做了一个糟糕的选择，或者你应该准时离开上一场会议。我能想到在很多情况下，我会理性地选择迟到。我想说的是，这是一个选择的问题，如果我想建立一种负责任的文化，我需要完全自主地做出选择。作为一个领导者，我需要成为我想看到的榜样的样子。

此外，我需要承担责任，尽量减少对那些期望我履行承诺的人的负面影响。在这种情况下，我迟到可能会有合理的理由。例如，我在和公司的首席执行官和领导团队开会。但是没有及时给那些在接下来的会议上等着我的人发个简短的信息，要给这件事找到一个合理的理由就难多了。正如我们将在第九章中看到的，有时你可能违背诺言，把事情搞得一团糟，但你总是可以让人们立即知道具体内容。你可以先道个歉，然后把事清理干净。

为了逃避责任和避免尴尬，人们很容易以"受害者"的形象出现，但借口的代价是巨大的。如果想成为一个卓越的领导者，你需要对自己在任何情况下，甚至在与你无关的情况下所做出的行为承担全部责任。这意味着有意识地选择你对事件的反应，而不是讲述一个自我辩护的故事。故事中的你，完全被事件左右，身不由己。如果你想让你的组织掌控自己的命运，必须从一线开始引导。与其将自己视为并且展现为那些无法被自己控制的力量的受害者，还不如将自己视为并且展现为应对挑战的参与者。只有这样，你才有道德权威去要求其他人也这样做。

有一次，我和莱斯利一起爬山。莱斯利是我的同事，也是一名户外训练教练。那天我们赶上了暴风雨，我诅咒着坏天气。莱斯利笑了，分享了她最喜欢的一句话——"没有坏天气，只有坏装备"。这句话让我想起了其他一些时候我对那些自己无法控制的事情的抱怨，那是多么徒劳无功的事啊。暴风雨可不在乎我是快乐还是悲伤，也不在乎我是生是死。暴风雨是大自然的一种力量。暴风雨就是暴风雨，完全是暴风雨的样子，暴风雨就是这个样子。这取决于我合适的穿着以及如何面对它。从和莱斯利爬山的那天起，我开始了一种新的习惯。当我面对一个"难对付的人"——一个向我发起挑战，而我不知道如何应对的人——时，我就会切换到"拓展训练"模式。我认为人是一种自然的力量。他就是他，完全是他的样子，他就是这个样子。与他打交道要靠我采取适当的行动。

我也意识到根本没有什么困难的事情，只有我无法解决的情况。如果我不能举起某个东西，不是因为它太重，而是因为我的肌肉还不够强壮，至少现在还不行。当然，肯定有些东西对任何人来说都太重，现在或永远都无法举起来，但这与我想说的并不矛盾。我的观点是，讲述参与者的故事总是更有力量：当我失败时，那是因为我还不知道如何有效地应对我所面临的挑战。同样的道理也适用于你，如果你愿意为了权力而放弃虚假的无辜，那么它也可能适用于你。

反应—能力（response-ability）是卓越领导的基础。你的组织中的员工会有两种解释延期的方法：（1）"这个项目太难了。本来就有很多困难，而且还没有人帮助我们。"（2）"这个项目很有挑战性，我们不知道如何有效地应对这些挑战。我们没有向他人寻求帮助，以激发人们的承诺。我们如此专注于按时完成工作，以致我们没有让人们知道我们延期了，也没有足够的时间让他们将我们造成的混乱程度降到最低。"

在本章中，我将展示我所说的绝对"反应—能力"和责任是一种有效的领导哲学、商业哲学和生活哲学。通过举例说明作为领导者的反应—能力，并让人们对自己的反应—能力负责，你可以把防御性的行为变成创造性的行为，把诸如辞职和怨恨这样的消极情感变成真正的热情与承诺。

颠簸的行程

2010 年 11 月一个阳光明媚的早晨，澳洲航空公司（以下简称澳航）32 号航班从新加坡起飞，飞往悉尼。就在即将升空至 8000 英尺的高度时，乘客们听到一声巨响，然后是撞击的声音。飞机的一个引擎着火了。随后的爆炸将飞机底部炸得粉碎。飞行员的控制面板上闪烁着红色警报。驾驶舱内警报长鸣。飞机开始摇晃。突然，一切都失灵了——油泵、电力系统和液压系统。这架飞机的 22 个主要系统中有 21 个受损或完全瘫痪。

飞行员理查德·德·克雷斯皮尼立即将飞机调头返回新加坡。在紧急降落时，电脑系统响起"失速，失速，失速"。克雷斯皮尼完全没有理会系统自动发出的声音，专心于自己的工作。

跑道的长度刚好够飞机降落，如果飞机越过柏油路，它就会撞上沙丘。飞机在离沙丘 100 米的地方缓缓停了下来。就在这时，克雷斯皮尼打开广播系统，对乘客们说："女士们，先生们，欢迎来到新加坡。现在的当地时间是 11 月 4 日，星期四，差 5 分钟12 点，我想你们会同意这是一段时间以来我们经历的最好的一次着陆。"

调查人员后来表示，澳航 32 号航班是曾安全着陆的受损最严重的空客 A380 客机。克雷斯皮尼被宣布授予英雄称号。[1]

在我的研讨会上，我让大家想象他们和我乘坐同一架飞机飞行，突然我们听到爆炸声，看到引擎的碎片正在脱落。一分钟后，我们看到飞行员从驾驶舱出来，在机舱里坐下。我们吓坏了，问他怎么回事。他回答说，其中一个引擎发生了无法控制的故障。"那你到底在这儿干什么？"我们问他，"你怎么不在驾驶舱里？"令我们震惊的是，他回答说："因为解决这个问题不是我的工作，这是维修人员的事。"

这时我问参与者："你会对他说什么？"经过一番讨论，小组一致得出结论：无论是谁或什么导致了这个问题，这一点并不重要；重要的是机长要对乘客和机组人员的安全负有绝对责任。机长值班期间发生的任何事情都是他的责任。

作为我那艘 50 英尺长的"心灵顿悟"号帆船的船长，我曾经不止一次地不得不运用这一艰难的教训。航行中发生的一切都是我的责任。如果暴风雨使我吃惊，就是我没有足够仔细地观察天气状况。如果有东西坏了，就是我没有仔细检查。如果我的一个船员做了不安全的事，就是我没有好好培训他。如果我的一位乘客伤到了自己，就是我没有向他做充分说明，也没有核实他是否理解并能够执行我的指令。我船上发生的一切都是我的责任。

如果你想成为你的企业和生活的领航者，你必须对发生在其中的一切承担全部责任，负全责。如果不想成为外部环境的受害者，你必须成为你行为的主人——一个能做出选择并凭借最终反应—能力有所成就的人。

在这个名为《你的事业、你的生活》的节目中，你在舞台上扮演主角。你不是一个旁观者，你是编剧、导演和演员。你为事件的发生做出贡献，你为事件的发展、为未来的塑造做出贡献，永远如此。作为一个参与者，你在游戏中会影响结果。而作为受害者，你会出局，处于那些你把战场拱手相让的人的怜悯之下。

你想成为什么样的领导者？更重要的是，你会选择成为什么样的领导者？

什么是反应—能力？

我把反应—能力定义为一个人对一种情况选择做出什么反应的能力。它所关注的是你能影响的现实的诸多方面，而不是被你不能影响的环境伤害。它是关于成为你自己生活的主角的。一个有反应—能力的人会问："当这种情况发生时，我能做什么？"而不是问："这事为什么会发生在我身上？"有反应—能力意味着你不会把任何事情个人化。下雨不会只落在你身上，那只是下雨而已。与其抱怨下雨，你还不如带把伞以防下雨。如果你淋湿了，你得明白那是因为你没有带伞，因为你没有做好准备。

这一点同样适用于你的团队和组织。你和你的同事有能力选择面对任何情况做出什么反应。你们可以把注意力集中在你们能做的事情上，而不是那些你们无法控制的事情上，你们可以这样问："尽管面临这个挑战，但是我们如何才能完成我们的使命呢？"

许多人混淆了选择反应的能力和选择结果的能力。反应—能力并不意味着成功能力，不能保证你和你的团队所采取的行动一定会产生你们想要的结果。唯一能保证的是，你们能够对环境做出反应，追求你们所追求的目标，并与你们的价值观保持一致。这是我们作为人类所能做的最好的事情，这不是一件小事。我们的反应—能力是我们的意识和自由意志的直接表达。要想成为一个有效的领导者，实际上要成为一个真正的人，你需要有充分的反应—能力。

　　例如，当你玩牌的时候，你无法控制发到你手中的牌。如果你把所有的时间都花在抱怨牌不好、为你的牌找借口上，你会觉得没有底气，很可能会输掉比赛。但如果你认为自己可以选择如何打自己手里的牌，你的感觉就会改变。你会感觉到某种可能性——即使你没有赢得某一手牌，也可以把手中的牌打到最好，公平竞争，提高你在整个游戏中获胜的概率。

　　责任不是承担罪责。你无须对你所处的境况负责。面对你所处的环境，你要有反应—能力。举个极端的例子，你不必为贫穷负责。它不是你创造出来的，这不是你的错，不能怪你，贫穷独立于你而存在。它在你出生之前就在那里，在你死后还会在那里。从合理的意义上说，贫穷不是你做什么事的问题。然而，你们能够对贫穷做出反应。如果你出生在贫困家庭，可以努力工作，寻找能让自己摆脱贫困的途径。如果你关心你在社会上看到的贫困，可以把它变成自己的问题。贫穷是一个残酷的事实，你可以了解它，可以学习如何改善它，可以为合适的事业和组织捐赠你的时间和金钱，可以建立自己的组织或者去和平部队做志愿者。如果你愿意，你可以把自己的一生奉献出来去帮助穷人。

　　我们不是机器人，相反，我们是"自主的"——自我主导的存在体。对我们来说，外部事实是信息，不是刺激。我们接电话不是因为电话铃响了，我们选择在电话铃响的时候接电话，是因为我们认为接电话总比不接好。外部环境和内部冲动会影响我们的行为，但它们并不能决定我们的行为。它们可能诱惑我们，但它们不会"强迫我们这么做"。我们是人，是有意识的，是自由的。

大多数人把自由定义为随心所欲的能力，他们想要"不受制约"。这种自由取决于他们无法控制的因素。自由并不意味着不受限制，不计后果想做什么就做什么。这种"自由"是不可能实现的幻想。真正的自由是你通过运用你的意识意志来应对一种情况的能力。这是你与生俱来的权利。真正的自由是人类生存的基本特征。你总是有能力对你选择的情况做出反应。你不能改变现实，也不能预知你的行动是否会成功，但是你可以选择做出最符合自己的目标和价值观的反应。

当你表现出有这种反应—能力的自由时，你会激发其他人的反应—能力。这些人可能是你组织以内的人，抑或你组织以外的人。一个卓越的领导者以一种授权整个组织去执行它的方式，示范了有意识选择的力量。

受害者[2]

在《清醒：如何用价值观创造价值》这本书中，我区分了"受害者"和"参与者"。在这本书出版后的 10 年里，成千上万的人告诉我，这种区别给他们的生活带来了清晰、力量和控制。高效、卓越的领导者是参与者。所以我想向你们介绍一下这本书的核心概念（如果你们之前读过，可以再复习一下）。尽管这种区别很容易理解，但应用起来却相当困难，尤其是当它最为重要的时候。

受害者只关注他无法影响的因素，认为自己在被动地承受外部环境的后果。受害者希望避免指责，并声称自己很无辜。他认为自己与这个问题没有关系，不承认自己是这个问题出现的原因之一，也不承认自己能为解决这个问题贡献力量。当出现问题时，受害者试图把责任推给任何人或者任何事，而唯独不会归咎于自己。因此，既然他不是问题的一部分，他就不能成为解决方案的一部分。

对受害者来说，生活是一场运动，而他则是一名观众。他最喜欢的位置就是场外，而不是场上。他喜欢批评那些参与比赛的人，但是他只表达观点而没有行动，这让他感到安全。他不会做什么来帮助团队，所以当团队输了，他不会受到责怪。而他可能会责怪球员、教练、裁判、对手、天气、坏运气，或其他一切因素。他的责怪可能是正确的，但却让人丧失信心。他觉得自己有权责备一切。

例如，在夏天的某一天，我正在写这一章节，突然感到口渴。当时妻子正在我旁边工作，她问我要不要喝点什么。"是的，"我告诉她，"来点苏打水，谢谢。"她说她一会儿给我倒："马上，等我发完这封邮件。"等待她给我倒水的这段时间，我感到比刚才更渴了，而且还有一丝挫败感。我意识到我把自己的口渴归咎于她了。我坐在椅子上，心里很难过。然后我想，如果我渴了，现在就想喝水，为什么不自己起来去拿水呢？于是我站起来自己去倒水喝了。我回来时，妻子问我："你为什么不等我发完邮件去给你倒水呢？"我向她解释了我的受害者心态，而且我需要让自己摆脱它。我还让她读了这段话，我们都笑了。

人类似乎倾向于受害，就像我们倾向于吃糖一样。它们都以长期的痛苦为代价给我们带来短期的快乐。在我的孩子们还小的时候，他们会抱怨"玩具坏了"。我从没听他们说过，"我把玩具弄坏了"。就像小孩子一样，当我们想要保护自己不受责备时，我们就会选择采取"这不是我的错"这种受害者立场。在组织中我们经常会听到"项目被延迟了"、"是客户无理取闹"或者"是他们先挑起来的"。我们希望自己看起来很好，给人一种成功的印象，或者至少避免失败带来的瑕疵。³受害者心态其实是试图掩盖我们的失败，让我们看起来比实际更有能力。不管我们是否愿意承认，我们中的许多人都依赖于他人的认可。因此，我们花费了大量的精力来建立一个"无可指责"的公众认知形象。

受害者的故事不仅让我们无法在现实面前采取适当的行动，还阻碍了我们的学习。一旦认为我们的问题不是我们的错，我们就倾向于等待别人改变或者解决它们。作为一个领导者和参与者，你需要问问自己，为了更好地应对这种情况，或者为了在未来更好地避免这种情况，你需要学习什么。

受害者心态就像一种毒品，让我们既放松又兴奋。它让我们放松是因为不管发生了什么事都不是我们的错。它让我们兴奋是因为我们觉得我们有权利去责备别人。无辜受害者的义愤填膺，就像海洛因一样会让人上瘾。它阻止我们看着镜子问自己："我需要做什么才能不让这种事情再次发生呢？"

要问问你自己能做些什么来解决这个问题或者防止它再次发生，而不是问："谁搞砸了？谁冤枉我？他们本来应该怎么做呢？谁应该付出代价？"责备模糊了谁和什么导致了这个问题。当人与人之间出现问题时，每个人都有份儿。但这不是我们大多数人评估事物的方式，俗话说："成功有很多父母，但失败是一个孤儿。"

事实上，我们每个人都会面临糟糕的局面。我们要有反应—能力去找到使事情变好的方法。如果所有相关人员都成为参与者并承认他们对这件事的发生所起的作用，那么解决问题就会容易得多，我称之为"百分之两百的责任"。

参与者

　　领导者是参与者。参与者关注自己能够控制的因素。他不否认有很多事情自己没有权力去处理，但是他选择不去关注这些事情，恰恰是因为他无法控制它们。他不会感到被外部环境压垮，而是把自己视为一个能够应对外部环境的人。他的自尊建立在他竭尽所能、表达自己的价值观和学习如何变得更有能力的基础上。如果发生了他无法控制的事情，他的解释会集中在自己对此事件的参与上，因为他意识到他是决定结果的决定性因素。"如果你想成为解决问题的一部分，"他解释道，"你必须把自己看作问题的一部分。"除非你意识到自己对出现的这种糟糕情况有份儿，否则你无法改变这种局面。他选择了让自己处于掌控地位的那种自我赋权的解释。

　　对于领导者和参与者来说，这个世界充满了挑战，他们需要像唐·璜所说的"勇士"那样应对这些挑战。参与者不会觉得自己无所不能，但他会直面现实挑战，平静地管理自己的情绪。参与者总是将自己描述为问题的重要组成部分。他愿意承担责任，因为这让他掌握了主动权。

　　因为参与者感到自己被赋予了力量，所以他们会以一种道德权威的方式去表达，这能激发出他人的信心。他们所做的选择即使结果并不完美，也会在未来以某种方式得到回报。通过以一种负责任的方式行事，他们为自己和追随者的生活带来了额外的美德。

　　站在参与者的立场并非没有代价。自由和责任是同一枚硬币的两面。但是，如果你掌控自己的行动，你就可以为自己的决定找到依据，并为这种行动的后果负责。权力的代价就是责任。

极限掌控力

　　海豹突击队指挥官约茨科·威尔林克在讲述他所学到的最重要的领导经验，以及他几乎要为此付出无法承受的代价时这样回忆道："我的脑子在飞快运转。这是我们在拉马迪的第一次重大行动，当时完全是一片混乱。"

　　在这座城市的不同地区，四支独立的海豹突击队正与美国陆军和伊拉克军队协作，一幢楼一幢楼地清除这一区域全副武装的反叛分子。总共有大约 300 名美军和伊拉克军人——友好部队——在该市争夺最激烈的同一地区作战。战争的迷雾"充斥着混乱、不准确的信息，通信杂乱且不时中断"。[4]

　　威尔林克的指挥部接到两个求助电话，一个来自驻扎在伊拉克军队的美国顾问，另一个来自海豹突击队的狙击小组。两者都在与全副武装的叛乱分子交火。威尔林克决定首先对伊拉克军队驻地做出反应。当他抵达时，一名枪炮军士正在协调一次空袭，以消灭附近一座建筑物内的一群武装分子。"我正在设法把炸弹投到他们那儿。"军士告诉他。

　　威尔林克对此有一种不好的感觉，这对他们不利。这群武装分子离刚才请求支援的海豹突击队狙击小组非常近。此外，伊拉克士兵已经在海豹突击队有机会"消除冲突"之前就进入了该地区，也就是说，已确定他们的确切位置，并将信息传达给行动中所有其他友好部队。威尔林克不确定这次交火是针对真正的敌人，还是海豹突击队的狙击手。

"等一等，甘尼。"威尔林克命令那位军士，"我要去看看那栋楼里是谁。"他走近院子的门，门是微微开着的。"我手里握着 M4 步枪，随时准备把它派上用场。我踢开门，结果发现我盯着的是我的一名海豹突击队排长。他正瞪大眼睛吃惊地看着我。"

威尔林克和大楼里的海豹突击队很快发现，他们正处于一种"蓝对蓝"，即友军交火的状态中。威尔克林惊呆了。"我觉得很不舒服。我的一个人受伤了。一名伊拉克士兵死亡，其他人也受伤了。"

据威尔林克说，蓝对蓝是最糟糕的情况。"在战斗中被敌人杀死或者打伤已经够糟糕的了，"他说，"但是因为有人弄错了，结果意外被友军误伤或者误杀，却是最可怕的命运。"[5]

当海豹突击队完成了当天的最后一次任务后，威尔林克去了营部战术行动中心，那里有他已经设置好的野战电脑，以便接收上级指挥部发来的电子邮件。"我很害怕提起，也害怕回答那些对于所发生的事情的不可避免的质问，"他回忆道，"我真希望自己死在战场上。我觉得这是我罪有应得。"[6]

在他开始为随后的正式调查收集资料时，威尔林克发现许多人在计划阶段和战场执行期间都犯了严重的错误："计划被修改了，但没有发出通知。通信计划含糊不清，无线电程序具体时间的混乱造成了重大故障。伊拉克军队调整了他们的计划，但没有告诉我们。时间表的推进没有说明，友军的地点也未汇报，类似这样的错误不胜枚举。"

并非所有的错误都来自伊拉克一方。威尔林克自己的海豹突击队也犯了类似的错误。他说："狙击小组的具体地点没有传达给其他部队。没有完全确定敌方战斗人员的明确身份，结果发现他是一名伊拉克士兵。最初的交战开始后，没有向我提交一份全面的情况报告。"[7]

威尔林克整理了一份报告，总结了他的诸多发现。所有的信息都列在上面，但他还觉得他缺了什么。他仍然没有找到导致这一事件的那个关键点。

"突然，我想到了。尽管个人、部队和领导者都失败了，尽管犯下了无数错误，但行动中出现的一切错误只能怪一个人——我。当狙击小组和伊拉克士兵交火时，我没有和他们在一起。我没有控制住进入营地的伊拉克友军，但这并不重要。"威尔林克得到的教训是，作为地面部队负责这项任务的高级领导人，他必须对发生的一切负责，必须对出现的一切问题负完全责任。"这就是一个领导者所应做的，即使这意味着被解雇。"[8]

按照惯例，威尔林克在全体士兵参加的正式检阅中向他的指挥官们陈述了他的结论。尽管这对他的名誉和自尊是一个巨大的打击，他还是对发生的情况承担了全部责任，并向受伤的海豹突击队队员道歉。这样做不仅维护了他的长官对他的信任，还赢得了他的军队对他的尊重，而且帮助他保住了自己的工作。它也让每个人都从中学到了宝贵的教训，避免重复这些错误。这些教训后来被纳入所有海豹突击队的训练演习。

"没有糟糕的部队，只有糟糕的长官，"威尔林克后来这样写道，"这对任何一位领导者来说都是一个难以接受和令人羞愧的概念，但这又是建立一个高效、成功的团队所必需的心态。"他的结论是，对于任何团队或者组织，成功和失败的最终责任全都在于它的领导者。他说："领导者必须对他的世界里的一切负责，不能责怪其他人。领导者必须承认错误，承认失败，对出现的一切状况承担全部责任，并制订一个计划来赢得胜利。最好的领导者不只是对自己的工作负责，而要对影响他们使命的一切东西负'极端的责任'。"[9]

我同意威尔林克结论中的精神。我想提出一个不同的观点。领导者除了要对任何影响组织表现的事情负全责外，每个成员在面对任何影响任务执行的情况时都需要有全面的反应—能力。每个人都要对他的行为方式负责，包括做准备的方式、做出反应的方式和从他必须面对的挑战中学习的方式。对那些取决于个人无法控制的因素的事件不应加以指责，但是必须对有效和公正地准备与处理这些事件负全部责任。

绝对反应—能力

"我们完蛋了，"斯图抱怨道，"我们宣布这款产品是有史以来最好的产品，但是在我们把它卖给最好的客户后，产品部和财务部的人意识到，它的利润不如之前的那款。于是他们把它从市场上撤了下来。现在，很多客户对此非常恼火，已经对我们失去了信任。"

斯图是我提供咨询的一家软件公司的销售主管。几个月前，该公司发布了备受期待的旗舰产品的新版本。该公司向他们最好的客户推销升级后的系统，同时准备发起一场销售活动，以获取新客户。销售人员一直在努力将新版本卖给现有客户，事实证明，这些客户也非常渴望使用新版本。

可该产品比人们预期的难用得多，对培训和技术支持的大量需求使它变得没什么利润可图。支撑成本降低了利润率，而上一个版本的利润率要高得多，所以公司决定收回它。这个决定是在没有销售部门参与的情况下做出的，甚至直到最后一刻也没有向销售部门提供这个最新的信息。对斯图来说，这是一个可怕的双重打击。对客户而言，销售人员是代表公司的，他们的表现不仅相当糟糕，还因为不了解正在发生的事情而显得相当愚蠢，而如果他们了解正在发生的事情，那他们就是恶意行事，因为直到最后一刻，他们才愿意与客户沟通问题。

这种事情连销售人员都深恶痛绝，更不用说客户了。这种不满表现为对品牌和代表品牌的人失去信任。特别是，销售人员可能会对产品开发人员非常愤怒，认为这是一种背叛。

当我为这家软件公司的销售主管举办一个关于"成为值得信赖的顾问"的研讨会时，参与者站在了受害者的立场上。他们觉得自己的感受是正当有道理的。他们气坏了，同时觉得很沮丧。"产品人员欺骗了我们，我们对此也无能为力！"他们抱怨。

当我打断他们的抱怨时，他们开始生我的气。"我不同意，"我向他们挑战，"总有一些事情是你们可以做的，甚至在此之前你们本可以做更多的事情。但是要想看到那些你们本可以做的事情，你们必须放弃你们的受害者故事，站在参与者的立场上。"

下面是我和斯图的对话，她是受害者中声音最响亮的。

斯图：产品人员欺骗了我们。客户怎么能再信任我们？

弗雷德：很明显，除非我们解决了这个问题，否则称呼销售人员为客户"值得信赖的顾问"是行不通的。你怎么看?

斯图:当然!如果公司正在考虑是否(让这款产品)退出市场,我们销售应该参与讨论。如果已经做出了决定,我们应该有一个策略,向客户宣布这一点,给他们足够的时间,让他们以最小的成本进行调整。

弗雷德:这个建议听起来不错。你能做到吗?

斯图:不。这不是我能决定的。这是产品部应该做的。目前,我们销售主管在这些事情上没有发言权。

弗雷德:你的想法似乎很有道理,但你不能付诸实践。那你接下来怎么办?

斯图:自己硬撑着呗。

弗雷德:这是你想要的吗?

斯图:当然不是。

弗雷德:那么为什么要坚持这么做呢?它只是给你一个理由,但它不能给你一个解决方案。

斯图:有什么其他选择呢?

弗雷德:把这种情况看作你面临的挑战,而不是别人针对你做的事情。你能描述一下这个挑战的本质吗?

斯图:面临的这个挑战是,我试图建立一种与客户的信任关系,让他们认为我会把他们的利益放在心上,我会照顾他们,而我的组织的其他部门正在破坏我建立的这种关系,因为它们停止销售我卖给客户的产品。

弗雷德:非常好。现在有一个很难回答的问题。你做了什么,或者没做什么,促成了这种局面?

斯图： 什么？你的意思是说这是我的错吗？

弗雷德： 不，斯图。我是说，你是这个系统的一部分，所以你一定参与了这个系统的共同创造。如果你想解决问题，必须把自己视为问题的一部分。这不是你的错，而是你影响事物的能力。

斯图： 好的。那我试一试，如果我要责怪自己……

弗雷德：（打断了她）：请不要责怪自己，斯图。我要求你给自己授权。

斯图：（讽刺地大笑起来）：如果我能授权给自己，我会说我把产品卖给了客户，并含蓄地承诺我们会继续做一段时间。我从未与他们公开讨论过这个问题，但这是我们所有人都做过的一个显而易见的假设。我没有和产品部门核实这个假设。事实上，如果我真的要对自己严格要求，我不得不承认像这样的事情已经不是第一次发生了。所以我担心这个产品不会成功。但是我没有对我的客户或者我公司产品部门的人员说任何话……这让我感觉很糟糕。

弗雷德： 我明白了，斯图。承认这个的确很难，但是你做得很好。这是权力的代价。你可以做一些事情来解决这个问题，也许可以重新赢得客户的信任。下一个问题是，你可以做些什么事来阻止这种情况发生？

斯图： 显然是可以的。我本可以和产品部门协商一些关于让产品再销售一段时间的条件。如果我做不到这一点，还可以告诉客户这个产品正处于测试阶段，我们不能保证会继续生产它。我本可以与客户协商一些条件，也许他们可以以折扣价对产品进行测试，或者如果我们停止生产该产品，他们可以得到赔偿，等等。我不知道老板是否会让我这么做，但我本可以提出这个建议。

弗雷德：你问了吗？

斯图：没有。我想我太急于推销新产品了。我害怕我会因为没有团队精神而受到惩罚。

· **弗雷德：**既然我们是在这里练习，那我们就假设一个极端的例子。假设产品部没有这笔预算，公司也不允许你和客户协商任何条件，你还能做些什么来保住客户对你们的信任呢？

斯图：我必须对你的问题做出肯定的回答。伙计，真不好意思，我以前没想过这个……如果情况变得更糟，我本可以告诉客户真相。我本可以讨论任何新产品都有可能没有商业上的可能性，并且有可能被立即停产。一旦一个产品上市一年左右，成为我们核心的一部分，我们就会非常小心地对待它的任何变化，但是在它能证明它的价值之前，它是有风险的。如果顾客不想冒这个险，我建议他们不要买，至少现在不要买。现在，那个免责声明，从字面上来说，就是没有人读的小字。

弗雷德：你觉得那么做怎么样？

斯图：好像我在背叛公司一样。

弗雷德：在我听起来你是很负责任的，而且做事有诚信。如果公司不愿意支持产品，甚至在合同中用小字说明，对你来说，对客户坦诚并不是背叛。你知道他们关于产品能持续的假设是错误的。告诉他们真相是一个值得信任的销售人员应该做的。我的下一个问题是，你现在能做什么？

斯图：我可以跟我的客户谈谈，承认我们对推销给他们的产品不像我们应该做的那样透明。

弗雷德：我们？

斯图：抱歉，是我不像我应该做的那样透明。但是在我这么做之前，我需要和我的经理谈谈，澄清一下。我也想请我的经理和我的队友加入我们的声音，和产品部门一起讨论一下这个问题。如果我们不能得到满意的结果，我们可以把这件事交给首席执行官。

弗雷德：你从这次经历和我们的对话中学到了什么？

斯图：在这种情况下成为一名受害者要容易得多，但解决这个问题的唯一方法就是成为一名参与者。

缺陷是财富

日本全面质量管理的支持者说："缺陷是一种财富。"就像发烧是在提醒你身体出了问题一样，缺陷就是在提醒你，你的生意出了问题，或者你生活中的某个方面出了问题。

缺陷通常不露在外面，要找到它，就必须避免仅仅解决问题，而不寻找问题根源的这种诱惑。如果你用药物来退烧，就会抑制症状，永远不会发现潜在的感染。治标而不治本会造成严重的后果，至少真正的病因会继续制造麻烦。要找到一种治疗方法，你必须诊断出发热的来源，然后有针对性地开方治疗。

一种高质量的建议是"问五次为什么"。在这种审视下，缺陷的根源就会暴露出来。如果你找到并解决了这个根本问题，你将从根本上改进系统。你不仅可以解决引起你注意的具体问题，还可以解决失控过程可能产生的其他潜在问题。例如，当领英的用户或者客户报告错误时，我们的工程师不会急于修复它，而会"掀开引擎盖"，调试系统以发现哪里出了问题。

缺陷，更通俗地说，是你渴望得到的和你得到的之间的差距，是你的愿景和现实之间的差距。这两极之间的张力就像电池两极之间的张力。正极和负极之间的电荷差产生能使电路通电的电能。行动源于不满，对现状的不满会驱使你努力塑造一个不同的未来。

在开处方之前，你需要先做诊断。在采取有效的行动之前，你需要找到问题的根源。当你得到一个你想要改变的结果时，首先问问自己为什么会这样。我们的第一冲动往往是把因果关系归因于我们无法控制的因素。正如我所说，这可能是事实的一部分，但这是受害者的事实。这种解释只能给电池放电，只能让我们无法对任何东西进行改进。

从受害者到参与者

从受害者到参与者的关键一步是改变你对事件的解释，不要说"会议让我迟到了"，而要说"我在上一个会议待的时间太长了"。参与者通常会说，"我没有备份文件"，"我错过了最后期限"，"我忘记了时间，待得太久了"，"我找不到实现利润目标的方法"，"我没有与客户建立融洽的关系"，"我无法说服高级管理人员支持这个项目"。

即使发生了意想不到的事情，也要使用参与者的语言。与其关注事件本身，不如承认你没有预料到这种可能性。例如，你可以说，"我没有想到交通堵塞会这么严重"，"我没有预见到天气会变得这么坏","我没有想到我们的供应商不会按时交货","我低估了这个项目的风险"。

具体的语言不如思想的框架重要。考虑下列成组的句子中第一句和第二句的区别。

受害者	参与者
这不可能。	我还没有找到办法。
本应该有人去做啊。	我没有核实它。
我不能做这件事。	我没有去做这件事。
你不应该那么做。	我希望你别那么做。
我被踢出了房间。	我需要给房间腾地方。

每一组句子中,受害者所表达的意思都是"我不用负责",而参与者想表达的意思是"这是我的选择"。

在我的研讨会中,我通过以下练习帮助人们理解从受害者到参与者的转变。

"想想你曾经或者现在正在经历的一次糟糕经历,比如一次效率低下的会议、一次严厉的谈话、一个业务问题或者个人问题。选择一个你认为是由你无法控制的人或者力量带来的情况。现在从受害者的角度回答以下问题。"引出受害者故事的问题是:

1. 你发生了什么事?

2. 谁应该对这件事负责?

3. 这个人本应该怎么做呢?

4. 这个人现在应该做什么?

5. 这个人应该受到什么样的惩罚？

我以小组为单位做这个练习。当一名组员抱怨时，我鼓励其他人"帮助"他，同情地对他说"我不敢相信他们对你做了那样的事"、"那太不公平了"、"他们不应该那样对待你"、"那些人太卑鄙了"或"你应该得到比这更好的"。

一旦每个人都回答了问题，我就请大家环顾一下房间。每个人都笑逐颜开，很热闹。就像我说的，受害者是一种毒品。然后我告诉研讨会上的人一个残酷的事实。"承认受害者的无助不是好事，"我说，"就像你不能通过给一个酒鬼再买一杯酒来支持他一样，你也不能通过告诉受害者他受到了不公平的对待来支持他。酒精和受害者的解释可能会安抚饮酒和受害的人，但它们最终是具有破坏性的。向你贩毒的人不是你的朋友，一个真正的朋友带给你的是长期的健康，而不是眼前的满足。他既同情地承认你的痛苦，又强烈地挑战你的自我否定信念。这个时候，人们就不会再笑，而是变得非常严肃。"

在研讨会上，我继续进行第二轮提问。在继续之前，我会先提出警告。在现实生活中，如果你想帮助别人成为参与者，你不能只问上面这些问题。你必须首先确认这种情况对你的对手的负面影响，同时不要相信他们的受害者故事（最好的方法是先同情地倾听和探究，我将在下一章对此进行描述）。成为一名参与者并不意味着成为超人或者神奇女侠。当问题是由他人的疏忽或者错误行为引起的时，我们的确会感到心烦意乱。成为一名参与者并不意味着你要否认生活中这些痛苦的事实，相反，这意味着你不会陷入其中。你的感觉是故事的开始，而不是结束。

当某人有机会表达和释放他们的悲伤或愤怒时，你可以邀请他从参与者的角度回答以下问题。很重要的一点是，你提到的情况是一样的。事实是一样的，改变的是故事本身。这项练习的目的是看参与者的观点如何阐明之前隐藏起来的行动机会和学习机会。参与者的故事并不比受害者的故事更真实，但它却更有效，因为它将参与者从乘客的位置转移到了驾驶员的位置。

引出参与者故事的问题包括：

1. 挑战是什么？

2. 你是如何（通过做了什么或者没做什么）促成这种局面形成的？

3. 真正对你重要的是什么？

4. 要完成这个，你现在需要做什么？

5. 从这次经历中你学到了什么？

这些问题在个人和职场都很有用。管理者可以用它们来帮助员工忘记受害者的故事，配偶可以用它们来帮助丈夫或者妻子，父母可以用它们来帮助孩子应对挑战。重要的是，请记住，当你把这些问题作为爱的挑战提出时，爱——以同情和理解他人痛苦的形式——是第一位的，而挑战——以尖锐的询问的形式促使他人拥有自我的权力和责任——是第二位的。

一个犯罪故事

安德烈斯是一名阿根廷人，参加过我的一个研讨会。有一天大约下午 6 点，他回到位于布宜诺斯艾利斯郊区的家。他把车停在街边。当他从车里出来时，两个持枪抢劫犯袭击了他。

劫匪用枪指着他，命令他打开房门。安德烈斯平静地告诉他们："听着，伙计们，我的妻子和女儿都在家里。如果你们和我一起进去，她们会吓得尖叫起来。如果那样的话，对大家都没什么好处。你们可以开走我的车，拿走我的钱包、我的手机，甚至我的生命，但是你们不能带走我的家人。我不会给你们开门的。"

劫匪拿走他所有值钱的物品后就跑了。

安德烈斯后来告诉我所发生的事情。在表达了我的悲伤和愤怒之后，我问他在那个关键时刻是怎么想的。他说："我不会给他们开门的。我向他们明确表示，如果他们想进入这座房子，就必须开枪打死我。我很高兴他们只是抢了我的东西。但是即使他们杀死了我，我还是觉得我做的是对的。"

"如果他们只是因为我没开门就在楼道打死我，"安德烈斯接着说，"天知道他们在我家里会对我的妻子和女儿做什么。如果他们开枪打死我，枪声会让邻居警觉起来，他们会报警。我可能会死，但是他们就会逃跑，所以我那样做会救了我的妻子和女儿。"他笑着说："不是很幸福的结局，但也不是最不幸福的结局。"

安德烈斯不仅仅是这个事件的参与者，他还是一个英雄。他显然被残忍的暴徒伤害了。他是无辜的，他没有做错任何事，也没有自找麻烦。他能泰然自若地面对可怕的威胁。他保持冷静，选择用勇气和爱做出反应，尽管枪口抵着他的头。他是我的榜样。每当你觉得没有选择的时候，我建议你像他那样做。记住安德烈斯的故事，并意识到即使你不喜欢你的选择或者它们的后果，你也会有一个选择。

第八章

合作：升级不是对抗

如果你想走得快，就一个人走。如果你想走得远，就和大家一起走。

——非洲谚语

在我到领英工作之前，我与别人合伙创立了一家咨询公司——Axialent，并担任领导者。我们的运营中心位于布宜诺斯艾利斯，在那里我们有行政、财务、营销、行政助理和物料准备等部门。这一安排使我们能够低成本、高效率地为全球客户服务。

在我们的一个一对一谈话中，总部位于悉尼的亚太分公司的经理斯基普抱怨说，他从布宜诺斯艾利斯得不到所需要的服务。由于 11 个小时的时差，协调工作总是敷衍了事，材料没有按时准备好，预约客户的时间排得太长，日常沟通通常都极其烦琐，而且被压缩到一小时以内，两边都很尴尬。"我想雇一名行政管理人员，但查理（运营中心的经理）不让我这么做。"他向我吐着苦水。我听着斯基普吐槽，告诉他说他的点子不错，所以我要和查理谈谈。后来，我因自己这么做而后悔了。

我打电话给查理，告诉他我和斯基普的谈话。他的第一个评论是一个无法翻译也无法复述的俚语，意为雌性长尾小鹦鹉的生殖器。这件事，以及他说斯基普是个爱背后捅刀子的浑蛋，让我猜他对斯基普跟我说的一点也不高兴。然后查理提醒我，在布宜诺斯艾利斯集中运营是公司的政策，这个政策（主要是由我决定的）有很多很好的理由：它更便宜，更有利于管理运营员工，它在员工之间创造了一种社区意识，它允许我们当需求达到某个高峰时让员工从一个地区转移到另一个地区，等等。我告诉他他的观点很好，所以我会再和斯基普谈谈（这一点我最后也后悔了）。

在与斯基普和查理谈了几次之后，我还是没有找到解决方案。这时，我发现我的管理流程是有缺陷的。我厌倦了在布宜诺斯艾利斯和悉尼之间的虚拟穿梭外交，厌倦了查理和斯基普之间不断升级的冲突，讨厌我不得不自己想解决办法。所以我坐下来制定了一个解决冲突的流程来阻止这一切。我称之为"不断升级的合作"。在我描述这个流程之前，让我先描述一下当人们在压力下一起工作时会发生什么。

"合作"对抗"帮助"

在一个干旱炎热的小镇，一条输油管道爆炸了。消防部门和救护车冲到这个噩梦般的现场：熊熊的火焰吞噬着干燥的灌木丛和树木，浓烟滚滚，房屋和谷仓都已着火，动物在尖叫，受伤者在地上扭动。急救人员用无线电通知了当地医院的急诊室。"我们这里至少有 18 名烧伤患者，你们医院能容纳多少？""我们没有足够的人手来处理这件事，"急诊室协调员回答说，"你们必须根据伤情把伤者分类。"

在急诊室、灾难现场和战场上，分诊是在医疗资源有限的情况下，根据受伤者对立即治疗的需求进行分类的过程。为了最大限度地增加幸存者的人数，急救人员和医务人员会将受伤者分为三类：（1）无论得到什么样的治疗，都有可能活下来的人；（2）不管得到什么样的治疗，都不太可能活下来的人；（3）及时治疗对他们来说生死攸关的人。只有最后一组人能立即得到医疗救助。

从表面上看，分诊似乎很残忍，因为有些人要忍受痛苦，有些人要死去，但这是对这种情况的唯一理性反应——使幸存者人数最大化。急救人员的失误可能会导致原本可避免的死亡。他们可能犯三种错误：（1）治疗那些即使不治疗也能活下来的人；（2）治疗那些即使治疗也会死去的人；（3）不去治疗那些本可以通过接受治疗活下来，但却因缺乏治疗而死亡的人。前两种错误被称为"误报"，因为急救人员接收了一个本应该被拒绝的病人，从而浪费了宝贵的资源。第三种错误被称为"漏报"，因为急救人员拒绝了本应接受治疗的患者。你可以想象，在紧急情况下做出生死攸关的快速决定会给急救人员带来巨大的压力。[1]

现在，想象一下，你和我是救治两名烧伤患者的急救人员。他们中的每一个都被认为是值得治疗的，这意味着每个人都可能因为接受治疗而活下来，但如果不接受治疗，很可能会死去。当我们一起工作的时候，你的病人心脏骤停。你当然可以借助我的帮助来救他。但当你准备向我求助时，你看了看我的病人，发现他的情况也很糟糕。你还想让我停下手头的工作来帮助你吗？如果我继续专注于救我的病人，你会指责我缺乏合作精神吗？

如果你致力于拯救人数最大化，两个问题的答案就都是否定的。在这种情况下，团队协作不是像朋友那样试图"横向"帮助彼此，而是为了追求共同的目标"三位一体"地一起工作。矛盾的是，最好的合作方式可能不是我们互相帮助，因为我们每个人所做的对目标来说都更有价值。所以我们可以肩并肩地工作，即便没有任何互动，也是在合作。

对于像《星际迷航》中的斯波克这样的人来说，这种观点的逻辑是无懈可击的，但是在正常的人类中，情感会阻碍理性。当别人拒绝我们需要帮助的请求时，我们把它看作是针对我们个人的，我们会认为他们不想合作。我曾经听到人们抱怨有人不合作，而他们真正的意思是"他拒绝做我需要他做的事情"。

接下来是我们熟悉的归因误差问题。套用《马太福音》第7章第5节的话说，我们都倾向于看到弟兄（别人）的小瑕疵，却忽略了自己的大问题。我们会根据不同情况，用一种完全不同的标准来定义非协作，当有人拒绝帮助我们时，我们会说"他只关心自己的需要"，而当我们对他做同样的事情时，我们会说"我将专注于组织最需要的东西"。当我指导的客户抱怨有人不与他们合作时，我就问他们："你认为你必须接受你周围人向你提出的所有帮助请求吗？"他们经常就卡壳了。

我在前文已经展示了消极怠工、无组织、虚假信息和幻灭是如何将公司分裂的。因为每个人都是为了实现自己的 KPI 而工作的，所以他们会不顾整体，只优化他们的子系统。他们认为那些为个人目标做出贡献的人是合作的，不为个人目标做出贡献的人就是不合作的。真正的协作消失了，因为没有人愿意考虑帮助团队获胜的最佳方式。不管这样做是否意味着追求他们自己的 KPI，还是推迟自己的任务，以帮助其他人实现更重要的目标。因此，组织步履蹒跚，行为低效，缺乏连贯性，而且带有自我毁灭的倾向。

回顾前文盲人摸象的比喻，我们每个人所掌握的自己所在组织的信息都是具体的局部信息，但是没有一个人，甚至包括那些能从远处看到大象整个轮廓的高管，能计算出最佳的行动方案。

即使是那些真正致力于完成组织使命的人，在战略选择上也可能存在分歧。他们可能在目标上一致，但是在实现目标的方式上却不一致。这就是为什么冲突是生活常态，即使在最好的组织中，也是如此。

斯基普和查理触摸到的是大象的不同部位。斯基普关心的是以一种高效的方式为他所在地区的客户服务，查理关心的则是效率、灵活性和成本控制。他们不同的关注点导致他们提出了不同的建议。他们都希望这个组织能够成功，但是在如何成功的问题上有着巨大的分歧。更糟的是，他们执着于自己的观点，以致把对方视为敌人，这导致了个人冲突、凝聚力的丧失和糟糕的决策。

如何不去解决冲突

当人们意见相左时，他们的讨论通常会变成拔河比赛，一方试图说服另一方己方是对的，而对方是错的。这个零和动态最终总是陷入僵局或者变成争论，每一方都试图证明己方观点的正确性，同时诋毁对方的观点，这导致了两方面的问题：第一，他们中的任何一方不可能学习新东西；第二，双方不可能一起工作，创造性地提出更好的解决方案。

当双方在一次性的互动中未能达成一致时，他们可以只是"同意无法达成一致"或者直接"放弃业务"。但当双方都是一个有着共同目标的团队的成员时，这就不可能了。他们必须找到一种共同努力追求团队目标的方式。因此，当双方在组织架构上无法达成一致时，每一方都会诉诸一种被我称为"单方面升级"的游说，就像兄弟姐妹跑去向爸爸妈妈"告状"一样。每一方都会去找管理者（通常是背着对方）为自己的立场辩护，反对对方的立场。他们的共同目标是争取管理者的帮助，最终以优势压倒对手。这将使冲突升级，并进一步恶化双方的关系。"失败者"会感到挫败和怨恨，这在长期的工作关系中尤其糟糕。

这种争论还会营造一种政治氛围，造成赢家和输家之间的分歧，并让管理者处于要选择自己喜欢的一方的立场上。这些争论非但不会强化对目标的承诺，反而会造成不是心甘情愿的遵从。失败的一方可能会试图证明自己是对的，他可能会表现得循规蹈矩，而实际上会做出破坏那项决定的行为，只是为了证明自己是对的。就像一位客户曾经告诉我："人生最大的满足感之一，就是能够对那些做出错误决定的人说，'我早就告诉过你'。"

当管理者需要与冲突各方进行多次对话，以找出大象的不同部位的时候，每个人的时间都被浪费了，没有共同解决问题，没有创造性的替代方案，生产力被抛到九霄云外。简而言之，这就是一场灾难。不幸的是，这种行为在大多数组织中都是标准实践。

如何解决冲突

协作升级使得人们能表达和理解彼此的需求，并提出新的解决方案。它通过智能决策来处理"它"维度的任务，通过相互尊重来处理"我们"维度的关系，并且通过考虑每个人的需求和价值来处理"我"维度的自我价值。所有这些都是在团队所追求的共同目标的大背景下完成的。

在不断升级的合作中，人们会专注于与对方合作，而不是与对方对抗。合作者明白，要想创造最大的价值，他们需要一种工作关系，而这种关系只能建立在尊重双方利益的基础上。这种方法能展现人们的偏好和局限，并让每个人都参与到构建远远超出原始替代方案的解决方案中。它通过合作使效率最大化。

在不断升级的合作中，持不同意见的各方共同努力，准备一种共享的说话技巧，在没有敌意的情况下整合他们的观点。如果他们在进行了一次整合性的谈判后不能达成共识，按照逐步扩大合作的规则，他们会邀请一位资深人士作为调解人或者仲裁人参与讨论。资深人士的作用就是将双方的信息置于大背景中，以一种更宽的系统视角，在必要时做出判断。

不断升级的合作并不能保证做出正确的决定，但它会让过程变得明智，加强各方关系，帮助每个人都感觉自己是有价值的贡献者。我们的目标是利用所有可用的信息和每个人的创造力来做出一个更好的决定，一个每个人都愿意接受并承诺实施的决定。每个人都参与了这个决定的决策过程。不断升级的协作让每个人都参与到追求组织使命当中，而不会出现明显的赢家和输家之间的酸楚情绪。

加强合作的七个步骤

加强合作需要运用我在《清醒：如何用价值观创造价值》一书中介绍的态度和技巧。[2] 我不会在这里重复这些内容，相反，我将简要总结此过程的具体说明。我鼓励你们将此过程作为你们组织的文化规范之一，并且从员工进入组织的第一天起，就使用它来定义解决所有员工之间任何冲突的方法。

当持有不同观点的两个人进行讨论时，目标不是让他们中的任何一个人赢或者证明其中之一是正确的，而是为团队找出最佳决策。规则如下所示。

1. 那些处于冲突中的人要以合作的方式把问题提出来。组织成员之间的每一次冲突都是关于实现共同目标的最佳策略的分歧。对于要做什么而产生的不同意见应该出现在一个更大的协作环境中，目的是实现大家都承诺完成的任务。

2. 在与他人对话时，以及在管理者缺席的情况下，每个人都要陈述自己的观点，另一个人则要欣赏性地倾听（如我下面所述）。为了明确自己的观点，每位发言者要回答对方提出的 5 个问题：

（1）你想要什么？

（2）你打算用它实现什么？

（3）它将如何推动组织的使命？

（4）什么让你这样想的？（事实和逻辑）

（5）你打算让我们做什么？

3. 每个人都不仅试图理解彼此的观点，试图理解双方的推理，还试图理解让某个观点有意义的大背景。他们尊重对方的事实和逻辑，澄清假设、信念和推论。

4. 双方通过创造性地解决问题和一体化协商（见"如何被理解"一节）来化解冲突。也就是说，他们努力找到一种方法，在尊重资源有限的情况下，双方都能得到他们需要的东西。如果他们找到了这种方法，就不会出现更多的冲突，每个人都承诺去执行这个决定。

5. 如果双方都不能找到每个人皆能得到他们需要的东西的方法，就会寻求双方都能接受的妥协。如果他们找到折中的办法，就不会出现更多的冲突，每个人都会承诺执行这个决定（如果他们不能妥协，很重要的一点就是，任何一方都不能为了"不惹是生非""继续这个项目"，或者讽刺的是，为了"成为一个有团队精神的人"而妥协。双方必须坚守自己的立场，这样组织才能通过步骤 6 和步骤 7 找到新的最佳平衡点）。

6. 如果双方都能接受各不妥协自己的立场，因为妥协似乎会危及一方或者另一方所承诺的实现组织目标的能力，那么参与者就会探索如何放宽一些条件，以化解冲突，或者帮助他们达成妥协。

7. 然后双方共同将冲突升级到下一个管理级别。他们一起与管理者见面，请求他帮助，要么创造性地解决问题，要么放宽限制条件，或者通过其主观判断优先考虑其他选择。

加强合作意味着冲突的所有相关方都要让他们的管理者参与进来，而不是将管理者排除在外。在没有对方在场的情况下，要求管理者介入或者解决问题是不允许的。任何管理者都不能单方面介入与冲突双方的对话，也不能与另一位管理者讨论这个问题。

欣赏式倾听

不得不承认的是，有些时候有些人可能真的完全错了。但这种情况比你认为的要少得多，即使这样，最好还是先通过试图理解对方的观点来引出导致错误结论的推理，然后你就可以更有效地解释为什么你认为那个人错了。

假设你和一位同事正在触摸大象的不同部位，就像斯基普和查理做的那样。为了避免引发冲突，要考虑你和对方各自持有的观点，因为你们有不同的观点、不同的经验、不同的信念、不同的假设、不同的需求和不同的战术目标。与你所拥有的直觉相反，你必须找出对方（那个不同意你的人），是如何"正确"的——考虑到他的信息、信仰、假设、目标和价值观，这意味着他的立场是有意义的。此外，你必须让他知道你真的"明白他是怎么想的"。这就是你在欣赏式倾听中要做的。

"在你寻求被理解之前，先去理解他人"是一个很好的建议，但是大多数人不知道怎么做。在我多年教授人们如何沟通的记忆中，我没有发现一个客户，在没有经过强化训练的情况下，能够在即使最轻微的情绪压力下，始终如一地做到我下面描述的这五件事。

1. 安静地倾听，不打断别人说话，也不接话茬。

2. 让对方知道你在听，把你所有的注意力都集中在他身上（而不是你的手机上），保持眼神交流，时不时地点头，说："嗯，嗯。"偶尔用一些简短的话鼓励对方，如"请继续说"、"再告诉我一些"或者"你觉得那怎么样"。一个特别有效的技巧是用好奇的语气重复对方陈述的最后几句话。

3. 当别人表述完一个想法时，总结它的核心内容，询问一下你是否正确地理解了他的意思。让对方修正或者完善你的理解，直到他确信你真的明白了他想说的。

4. 通过提问来理解对方观点的推论。尽量使用开放性的问题，避免对抗性的问题（你可以在以后的对话中挑战对方的想法）。在回答这些问题时，继续应用第一至三点。

5. 确认对方的观点言之有理或者有一定的道理（基于他的信

念）。如果你不同意别人说的话，不要争论。相反，先接受他的观点，等轮到你解释自己的观点时，再提出异议。³[3]

一个有趣的故事说明了这些简单的指令可以多么不同凡响。我当时在上海，为一家金融服务公司的高管举行一个研讨会。像往常一样，我在教给他们"寻求理解"的过程后给他们布置了一项任务："回家后，不要提关于研讨会的事，问问你的家人（或朋友），'这些天你在想什么？'（或者简单地问一句'你今天过得怎么样？'）。然后至少10分钟不要说话，而是试着理解刚才家人或者朋友所说的话。"

第二天我还没来得及和工作坊的人说"早上好"，一位参与者就说他想分享一些东西。他那么急切，我就给了他发言的机会。他拿出手机告诉我们，他给他妻子（他们住在北京）打了电话，并录下了谈话的内容。他接着把手机放在话筒旁，按下了播放键。我听不懂这段录音，因为他们的对话是中文的，但大约30秒后，整个房间都爆发出笑声。人们一边哈哈大笑，一边声情并茂地说着什么，我感到很好奇。等我认为的这个笑话讲完后，手机的主人帮我翻译了一下，他和他妻子的谈话内容大致是这样的：

丈夫：你在想什么？

妻子：你为什么问这个？

丈夫：我有兴趣听你说说。

妻子：你怎么了？

丈夫：我没怎么啊。就是想知道你在想什么。

妻子：肯定有什么事！你从来都不听我说啊！

丈夫：今天我就想听。你难道不喜欢吗？

妻子：不！我还是觉得哪儿不对。

从那以后，我改变了指导方针，让参加研讨会的人不会突然表现得行为怪异，以免他们在工作和个人生活中吓到别人。"大多数人习惯了你不去理解他们，"我告诉参与者，"所以如果你突然开始按照我的建议行事，你可能会引起他们的怀疑。我建议你向他们解释你学到了什么，并达成一个协议，把它作为一种练习来尝试。"

人们可能会欺骗性地使用欣赏式问询，就像他们可以对任何感觉或者意图撒谎一样。但欣赏式问询不是一种操纵工具，而是一个相互学习的道德工具，遵循"以你希望被理解的方式去理解他人"的原则。

如何被理解

如果你想让同事或者员工更容易理解你，你需要从个人角度来表达你的观点，而不是从"唯一的真相"这个角度。不要说"你是错的，我是对的"，你的态度应该是"你有充分的理由坚持你的观点，我也一样"。下面是我的建议。

1. 向对方解释你不想争辩你是对的。相反，你想向他展示你认为值得考虑的观点。你希望他能理解你的观点，并能与他提出的观点进行比较，如果你的观点看起来是错的就纠正它，如果它看起来有用就整合它。

2. 以第一人称表达你的观点。使用"我的观点是"、"我认为"或者"我相信"。避免使用第二人称说话，因为这会引火烧身。"你错了"、"你应该"、"你不知道"以及其他类似的表达方式几乎肯定会让谈话偏离轨道。同时要避免使用第三人称。"事情就是这样"或者"事实就是这样"几乎和"你错了"一样糟糕。避免使用第一人称复数。"我们需要"、"我们应该"或者"我们应该做的是"这些话在对方听起来就像"你应该"一样，会引起反感。没有涉及"我"，就没有"我们"。真的，唯一安全的说话方式就是用第一人称（不骗你。你不能说"我认为你错了"。"我认为你是个白痴"不比"你是个白痴"好多少）。

3. 解释你为什么会这样想，把你得出结论的证据和推理分享给他人。用例子和具体故事来说明你的论点，告诉对方或者团队成员，你认为你的推理行为的含义是什么，你希望看到发生什么，包括你对下一步的建议。

4. 提出可以为对方澄清任何他们希望更好理解的事情。邀请他就你的观点提出任何问题。

5. 邀请对方陈述任何关于你的证据和推理的准确性或者完整性的问题。

6. 询问对方对你观点的看法。这是你开启下一阶段对话的方式，那时候你就可以努力把所有论点整合成单一的陈述了。

谈判力

如果你和某人意见不同，激发建设性解决方案的方法就是合作地构建问题框架，构建一个为对话找到互利结果的叙事方式。当人们属于同一个组织时，情况显然是这样的，但是即使在明显相反的情况下，也总是有可能协作地构建问题框架。

例如，不是买方说"我的目标是以最低的价格购买这件产品"，卖方说"我的目标是以最高的价格销售这件产品"，而是双方都可以说"我们的目标是达成一个互惠的交易"。然后，你们必须承认彼此的兴趣、关切点和需求，并讨论把双方的这些因素都考虑进去的最佳方式。

在一本关于谈判的经典著作《谈判力》中，罗杰·费希尔和威廉·尤里展示了意见相左的人如何实现双赢的结局，他们把这个过程称为"整合谈判"。整合谈判的关键是基于利益而不是立场进行谈判。例如，当我妻子建议我们出去吃晚饭时，我可能会对她说："我今晚不想出去。"当我以这种方式表明自己的立场时，双方就陷入了僵局，因为我的妻子肯定会说："可是我想出去吃。"如果我的目标是解决这个问题，我可能会问："为什么非要今晚出去吃饭呢？"假设她回答说："我累了，我不想做饭或者我不想刷碗（我们的约定是一个人做饭，另一个人刷碗）。"那我有几个选择。我可以说："我想看今晚的比赛。你介意我们在家吃晚饭吗？等比赛结束后我来做饭和刷碗，好吗？"或者说："你介意我们叫外卖吗？"甚至说："你介意我们去商场里的那家运动酒吧吗？"我们可以探索其他几种选择，既可以让我看比赛，也不用让她做饭或者刷碗。通过确定能激发你们双方的兴趣点，你可以想出创造性的解决方案，整合每个人的需求。

什么时候不要倾听员工的声音

黄金法则是任何公平程序的首要要求。当斯基普和查理单方面将他们的矛盾升级到我这个管理者这里的时候，我本应该问他们："如果你的同事单独来找我，要求我做出对他有利的决定，你会有什么感觉？那样的话，你让我怎么办？"

最明显的回答应该是类似查理的那句脏话。他们都想让我听听他们的看法，能做到这一点的唯一途径就是三方对话（例外的情况是，员工担心会受到惩罚，比如涉及揭发或者骚扰的情况。在这种情况下，员工应该私下与管理者进行谈话）。我认识到，如果我只同冲突的一方讨论这个问题，实际上是在鼓励他们单方面升级，并会助长他们在今后仍然沿用这种做法。而我得到的只是偏颇的、不完整的信息，我把自己置身于两者之间，他们永远不会学会一起解决分歧。

为了将这种动态扼杀在萌芽状态，卓越的领导者必须得到组织中的每个人的承诺，他们会遵守逐步扩大合作的原则。每个人都必须明白，这是解决所有冲突的方式，任何偏离这个原则的行为都会遭到反对。当然，这并不妨碍某人与其他人分享信息，或者向其管理者寻求指导，只有单边升级是不被鼓励的。有时这是一个模糊的界限，但大多数情况下，管理者能够分辨这种请求帮助、需要沟通或者请求指导是不是真实的，他们也应该能判断是否这是一种微妙的方式，以支持某一方可以通过违反既定的加强合作的过程去行事。

如果你的一名员工试图单方面将问题升级到你这个层次，你必须明确这个标准，并让他对自己的行为负责。当有人第一次试图触碰这个标准时，我倾向于比较温和地处理，告诉他这个过程的规则。在那之后如果再发生这种事，我就会变得强硬起来，告诫他，他已经违背了只准合作升级、不准单方升级的承诺。

知道了我现在所知道的，当初查理来找我游说反对斯基普时，我就应当这样回答他。

1. 我会问查理："你和斯基普讨论过这件事吗？"如果他说没有，我会提醒他不允许单方面升级的承诺，并问他为什么没有先与对方讨论就把这件事告诉我。我会解释说，如果他和斯基普找不到解决方案，我愿意帮助他们，但我只会参加一个经过适当准备的三方对话。

2. 如果查理的回答是他们已经讨论过了，我会问他："你邀请斯基普和你一起来我这里了吗？"如果他说没有，我会提醒他不要单方面升级，并问他为什么不邀请对方一起来我这里就把这件事告诉我。我会解释说，如果他和斯基普找不到解决方案，我愿意帮助他们，但我只会参加三方对话。

3. 如果查理的回答是："是的，但他说不值得这么兴师动众。"我就会问他："你告诉了斯基普你会一个人来找我吗？"如果他说没有，我会让他回去告诉斯基普，因为如果他不这么做，斯基普很可能会相信查理是背着他来找我的。

如果查理的回答是他已经告诉斯基普他会单独来找我，我会感谢他让我注意到这件事，并解释说我希望在双方都在场的情况下讨论这件事。然后我会打电话给斯基普，问他为什么不愿共同把事情升级到我这里。我会向他解释说，他在这个问题上没有选择，因为协议是，当人们不能达成一致时，他们必须合作升级这个问题。

在领英，我们建立了一个基本规则，称为"5天对齐"。它规定，如果两个人不能在5天内就一项决定达成一致，那么他们会自动联合升级到他们的管理者那里。建立这一规定是在有一些推迟了数周或数月的决定最终升级到领导小组之后，领导小组能够在不到一小时的时间内解决这一问题。整个组织都明白，如果两个人在 5 天之后未能达成一致且拒绝共同升级，就违反了我们的文化规范。

管理者的作用

不断升级的合作模仿了法院系统：高层管理人员类似于上诉法官，高级领导团队就像最高法院。双方进行了最初的谈判，但是没有达成双方都满意的解决方案，这种情况下双方带着共同的叙述和目标到管理者面前。任何人都不能因为他的建议会影响他个人或者他的团队的表现而为他的建议辩护。这种论点将被斥为不合法。目标不是为他的小团队赢得一分，而是作为组织的一部分赢得整个比赛。

管理者拥有决策权，因为他们代表组织所有者的"财产权"。他们之所以能够做出决定，并不是因为他们是对的，而是因为资产所有者授权他们代表自己这么做。反过来，管理者得到授权，可以代表所有者行事。如果他们犯了错误，代价将由所有者承担，而所有者可能会失去对管理层的信任。所以管理权威伴随着责任和义务。管理者之所以做出决定，是因为他们对组织有更广阔的视角，可以将成本和收益内化，而这些成本和收益对冲突各方则是外在的。另外，还因为如果他们有什么纰漏，那么他们的位置也就不保了。他们把所有者的钱放在自己的嘴边，如果结果不是所有者所期望的，他们必须自己做出解释。

重要的是，每个人都要明白，在这个过程中没有赢家，也没有输家。管理者不是做出"正确的决定"。他们做出的决定对他们来说似乎是最好的,但他们可能是错的。当管理者以某种方式进行管理时,他们必须向冲突中的所有各方解释他们为什么这样做,这与组织的使命和价值观是一致的。管理者还应该表扬那些合作升级对话的人,因为他们让管理者了解了情况的必要细节,从而做出了明智决定。重要的是,管理者永远不要惩罚那些合作升级到他们这个层次的人。

一旦问题得到解决,这个"案例"仍然是一个先例,它会告知组织成员,在类似情况下,法院(高级管理人员)可能如何进行裁决(决定)。如果一位管理者认为问题正在不恰当地升级,他可以拒绝听取这个问题,并将其发回"下级法院重审"。

不断升级的合作让管理者能够保持文化的完整性,因为这不需要管理者在出现问题的两方之间左右逢源,也不需要管理者因为问题棘手而不敢直面,选择规避它。除了通过迫使团队成员在向他们的主管陈述证据和观点之前进行真诚的交流,并详细描述他们的关注点和兴趣所在,管理层还强调了强大的人际关系和个人参与对整个组织的健康至关重要。

在我的咨询公司 Axialent,我花了很长一段时间认真考虑了如何升级合作后,决定必须把它作为一种文化规范。我向所有员工解释了为什么这个过程是解决冲突的好方法,并和他们讨论了他们的想法。除了我的定义之外,他们还会推荐什么来补充这个流程呢?当谈话结束时,我们都同意了基本原则,包括斯基普和查理。

由于斯基普和查理无法达成协议,我们三个人决定通过视频会议来谈谈。

"弗雷德，"查理开始说，"我们需要你的帮助，因为我们不能决定对公司最好的做法是什么。"

在让他们更详细地解释利弊之后，我问他们探寻了哪些创造性的想法，即使他们没有在这些想法上达成一致。

斯基普自告奋勇："我们说过要在布宜诺斯艾利斯招人，但他们的工作时间可以与别人不同。他们可以在下午 5 点来办公室，这是布宜诺斯艾利斯时间，就是悉尼时间早上 6 点。他们可以花一个小时和其他运营人员一起协调工作，然后一直待到凌晨 1 点，也就是悉尼时间下午 2 点。这将给他们充足的时间与亚太地区的员工和客户进行联系。"

"问题是我们不能让办公室一直开到凌晨 1 点，让一个新员工看着。"查理补充道，"对他们来说，在这么大的空间里独处是令人沮丧的。此外，我们办公室所在的城区晚上也不是最安全的。我可不想让我们的员工下班后一个人在街上走。"

我还没来得及说话，斯基普就把我的话替我说出来了，他说："等等，我真的不需要这个人一定要到办公室。他们可以在家轻松工作。如果我们雇用的人需要从办公室拿一些东西，我们可以把它们送到他们家，或者他们可以下午去取。"

"查理，不管我们雇谁，他还是会直接向你汇报工作的，"我补充说，"间接可以向斯基普报告，他们可以在家工作，主要关注亚太地区的需求。你觉得这样行吗？"

"这个应该可以，"查理试探性地说，"不过要再雇一个人，我没有这笔预算。现在，都是我的正式员工在办公时间处理亚太地区的请求。我没有合适的人选，调换他的工作时间让他全心投入这份工作。我也不想让我的任何一个员工放弃自己手头的工作，因为他们把美国和欧洲的业务做得很好。"

我转身问斯基普，他是否愿意从他的预算中为这位员工提供资金："用阿根廷比索雇用员工要比用澳元便宜得多。"

"我愿意，"斯基普回答说，"但我希望他直接向我报告，间接向查理报告。如果是我出资招聘的人，我希望能够按照我的优先顺序给他分配工作。"

我还没来得及问，查理就说："这点我同意。"

最后，我们雇了一名澳大利亚女性，她在爱上一名阿根廷人后搬到了布宜诺斯艾利斯。她的工作做得很好，我们在欧洲办事处也实施了类似的制度。斯基普和查理友好地结束了谈话，他们觉得自己的需求已经通过一个公平的过程得到了满足，而这个过程主要是由他们自己主导的（事实上，如果没有我的参与，他们几乎可以就所有问题达成共识，除了最后一点，关于预算的那点，因为我在预算方面拥有最终决定权）。

就像分诊规则都是关于在危急情况下挽救生命和做出明智决定一样，不断升级的合作为领导者提供了一种用于建立一种团结、尊重和高成就文化的关键性工具。它迫使人们远离他们愤怒、自以为是，想要成为"正确的"，而证明别人是"错误的"的那种欲望。它用"组织的使命"回答了"真正的目标是什么"。它为组织目标的利益确定了合作的文化规范。它为管理者提供了一种利用冲突的力量推动组织前进的方法，就像电池中的电压可以为电路充电一样。如果，作为一个领导者，你能够做到这一点，你的组织将获得巨大的竞争优势。

第九章

诚信：你的话就是你的保证

说的话和事实之间存在巨大的差异。

——西班牙谚语

圆木上有5只青蛙，4只决定跳下去，问还剩下几只青蛙。答：5只。为什么呢？因为在决定做和真正去做之间存在巨大的差距。

决定如果不变成承诺就毫无价值，而承诺如果不是诚信地被做出、被遵守和被尊重的，它就毫无价值。诚信是有效工作的必要条件。当人们不能相互依赖来实现他们的承诺时，就不可能很好地执行计划和实现目标。除了物质上的损失，缺乏诚信还会给人际关系和个人压力造成巨大的损失。在一个没有诚信的团队中工作，是非常令人沮丧的。

诚信所产生的影响（或者缺乏诚信产生的影响）与诚实产生的影响相似。想象一下，在一个员工们都不诚实的组织里工作，在一个你永远不知道别人是在说真话还是在撒谎的地方工作，会是多么不稳定的一件事。这种情况下人们不可能完成任何事情。更糟糕的是，除了装模作样之外，你不可能与他人建立某种程度上的关系。想象一下，你很快就会变得多么消极和沮丧。

解释"说谎"很简单，它是说真话的反面。但"诚信"更难定义，当我们违背它的时候，我们并不总是能清楚地理解到这点。

虽然我们在理论上的确理解缺乏诚信是不好的，但我们认为违背诚信只是一个小问题。其实，无论是在经商中，还是在生活里，诚信与诚实对于建立有效的人际关系同样重要。我们需要一个实际的定义，让我们看到什么时候我们违反了它们。而且我们还需要明白，无论我们所想象的缺乏诚信能给我们带来什么样的短期利益，与"它""我们""我"这三个维度的非同寻常的长期成本相比，它们都是微不足道的。

我把诚信定义为遵守你说过的话。一个有诚信的人只要有可能就会信守诺言，如果他做不到，也会尊重自己所说过的话。你做出一个脚踏实地的承诺，只承诺你相信你能做到的事情。你通过履行诺言而信守承诺。当你不能信守诺言时，你仍然可以通过让你承诺的人知道你的情况、对产生的后果负责任等方式来信守诺言。

有些承诺是明确的。例如，你承诺在 4 月 9 日前交付产品，或者承诺在 10 月 10 日前支付抵押贷款。还有一些承诺是不言而喻的：每个人都希望你遵守社会的着装规则、言谈规则、行为规则等。另外还有一些承诺处于中间地带：当你与他人产生雇佣关系时，你承诺遵守公司的政策，并承担受托人的责任，为所有者的最大利益行事。

在世界冠军赛前的一次采访中，一名记者问迈克·泰森的对手比赛计划是什么。这位拳击手详细地描述了他将如何与泰森搏斗。然后记者转向泰森问道："迈克，你怎么看？"泰森的回答非常精辟，以至于上了头条："每个人都有自己的计划，等到他的嘴挨了一拳，他就知道那没用。"[1]

现实总是很打脸。由于无数不受我们控制的因素，事情总是不按计划进行。有时大自然会以风暴的形式阻挡我们。但大多数时候，破坏性因素事关人性。问题不在于事情超出了我们的控制。在不可避免的意外面前，破坏组织执行力的是人们行为的不诚信。更糟糕的是，大多数人甚至不知道诚信是什么意思。

在本章中，我将向大家展示如何构建和操作基于诚信的执行系统。我们的目标是三重的：提供结果（"它"维度），增强信任（"我们"维度），以诚信的方式行事（"我"维度）。你将学习如何以一种增强信任和提高效率的方式做出承诺。更重要的是，当事情发生变化，你或者其他人无法履行承诺时，你将学会如何保持诚信、信任和效率。

一个代价高昂的错误

贾里德是超级坚果公司（这不是一家真正的公司，而是我的一个从事另一行业的真实客户的替身）的首席执行官，因为他的运营经理维克多的失误，让他失去了公司历史上最大的外包合同，他勃然大怒。而且，维克多的错误是他违反了自己非常熟悉的公司政策。贾里德想责骂维克多，但他担心维克多会沮丧甚至辞职。尽管贾里德很生气，但他还是想留住维克多，因为维克多是他最年长、最受尊敬的员工之一。

当贾里德找到我寻求帮助的时候，我问的第一问题就是："发生了什么事？"

"维克多这次真的把事情搞砸了，"贾里德说，"我们与有机食品商店签订了一个巨大的外包协议，生产它需要的杏仁酱。合同规定，为避免花生味道的污染，生产杏仁酱的工厂不能生产任何花生产品。我不假思索就签了合同，因为我们公司也有同样的政策。

"上周，我们进行安排的时候，有机食品商店出人意料地向生产杏仁酱的工厂派出了一个审察小组。他们分析了空容器，发现了花生的痕迹。[2] 他们问工人工厂里是否也在加工花生，确认了工厂的另一个部门有一条生产花生酱的生产线。

"当审计师报告公司他们的发现时，有机食品商店的外包经理勃然大怒。他把这件事交给律师，让律师通知我们，由于我们不遵守合同，他们要解除合同。好像这还不够有趣似的，他们还通知我们，他们正在考虑对我们进行起诉。简直是一团糟！"

贾里德告诉我，他发现几个月前，维克多试图通过在同一家工厂用不同的生产线生产杏仁酱和花生酱来提高效率与利用率。他和厂长为容器设计了一套防止污染的清洗程序。维克多要求工厂经理进行详尽的试验，以检查程序是否安全。结果他们发现程序很安全，于是维克多下令在杏仁酱厂推出花生酱生产线。净化过程非常有效，几个月来没有出现任何问题。这就是为什么厂外没有人知道公司的政策被规避了。

贾里德说："事实上，有机食品商店的审核员没有发现任何污染物，只在一些容器中发现了微量的可疑物质。如果没有他们使用的超灵敏设备，就不会发现它，因为所有的产品测试都证明那种成分的含量极微，远远低于检测限制。但他们发现了，于是一切都乱套了。"

"这不仅给我们带来了经济上的损失，"贾里德继续说道，"这也是一场公关噩梦。有机食品商店向行业媒体讲了解除合同的原因。我们的行业规模很小，所以每个人都知道我们确实把一个大买家给搞砸了。我们的声誉和信誉受到了严重打击，更不用说我个人感到的难堪了。"

贾里德想和维克多进行一次有建设性的谈话，但他太生气了，觉得自己会搞砸。所以我建议贾里德和我做一次"胡迪尼"（这是一个特殊的角色扮演练习，以伟大的逃生艺术家哈利·胡迪尼命名）。我扮演"胡迪尼"（贾里德），把自己放进一个"对话桶"。然后，就像胡迪尼一样，我尽最大的努力在冲入想象中的尼亚加拉大瀑布之前逃出这个桶。胡迪尼的角色扮演让我能够为我的客户（贾里德）塑造建设性的行为模式，并让他与对方（维克多）产生共鸣。它还能让贾里德体验到与掌握熟练会话方法的人进行交互是多么容易的一件事。在这种情况下，我所说的每句话都必须与我共事的人的信念、情感和价值观保持一致。我必须让我扮演的客户比他们自己更真实、更合作、更有诚信。这种角色扮演对双方来说都是一种真正的刺激，而且非常有效。[3]

在我和贾里德的"胡迪尼对话"中，我告诉他我会和他比赛。他会扮演维克多。在我们开始对话之前，我问贾里德，他想通过对话达到什么目的。我询问了他的任务目标、与维克多的关系以及他自己的情况。

下面是我们之间的对话。

贾里德： 我想知道发生了什么事，为什么维克多会决定违反公司的政策，把花生酱的生产线带进工厂，尤其是在没有告诉我的情况下。我想让他明白这是一个巨大的错误，并确保这种情况不会再发生。我希望维克多和其他人都遵守规则。

223

诚信：你的话就是你的保证

第九章

弗雷德：还有呢？

贾里德：我想修复你提到的"它""我们""我"这三个维度。关于这个任务，我想让维克多帮助我，他要承认他的错误，向有机食品商店道歉，让他们重新考虑解除合同的决定。他做了这个决定之后，我希望当我和有机食品商店的主管谈话时，他也能在场。我想重建信任。我感到被背叛了，我对维克多的信心动摇了。多年来，他一直是一个可靠的功臣，所以我不希望因为这次违规而失去他。就我个人的感受和价值观而言，我想恢复一种诚信的感觉。我希望维克多道歉并原谅他。我不想一直心怀怨恨，也不想让他对我怀恨在心。

弗雷德：在我看来，问题不只是出在维克多身上。工厂里有很多人应该知道公司的花生产品隔离政策。让我担心的是，当维克多下令开始生产花生酱时，没有人发出警告。没有人说任何话的这个事实告诉我，这个问题比一个人做出错误的决定要复杂得多。

贾里德：没错。这不仅仅是和维克多的对话，还是一个文化问题，一个我和维克多需要和他的员工一起解决的问题。

弗雷德：那我们也需要请维克多帮忙来提高公司的标准。

贾里德：听起来不错。

弗雷德：让我们开始角色扮演吧。我扮演你，你扮演维克多。我会说一些可能让你吃惊的话，所以你得即兴发挥。让你的直觉来引导你，不要担心你是否能准确地扮演维克多。不要让他变得比真正的他更好，但也不要让他变得比真正的他更坏。就站在他的立场，想说什么就说什么。让我们在我

（贾里德）的办公室里开始吧。我打电话给你（维克多）是想和你讨论有机食品商店的问题。

（现在角色扮演开始了。我用星号标记了下面的角色扮演，以区别于上面的对话。）

维克多 * **（贾里德扮演）**：抱歉，贾里德。这次意外的检测真把我们搞砸了。我们有一个非常可靠的去污洗涤程序，但这些人就是来找污物的。他们发现的花生酱的痕迹原本绝不会造成任何问题。

贾里德 * **（弗雷德扮演）**：维克多，我知道这次出乎意料的检测在容器中发现了非常微量的花生酱残留物。

维克多 *：是的，几乎察觉不到。

贾里德 *：维克多，我想和你好好谈谈所发生的事情。我首先想了解是什么让你决定在杏仁酱工厂启动花生酱生产线，以及为什么你没有事先和我商量就这么做了。我还想知道是否有办法能让现在的事情变得不那么糟糕，不仅仅是涉及有机食品商店的问题，还有我们自己公司的问题。这是一种对信任的破坏，我们需要修复它，这样我们才能作为一个团队一起工作。你认为这样行吗？

维克多 *：好的。发生的事情让我感到十分糟糕。

贾里德 *：维克多，到底发生了什么？

维克多 *：我们这家工厂产能过剩，但是另一家生产花生酱的工厂却无法满足需求。所以我想，如果我们能确保这两种物质永远不会混合在一起，那就可以利用我们在杏仁酱工厂的过剩产能来弥补花生酱工厂的生产缺口。否则，我们将不得不把生产外包，同时我们的一些设备会闲置起来。那费用可就高了。我们对净化程序的所有测试都令人满意，所以几个月前，我们就开始生产花生酱了。我们从来没有遇到过问题，直到上周。

贾里德*：我意识到净化是相当有效的。我不能怪你试图通过有效利用生产线来为公司省钱。事实上，我认为第二条生产线是一个好主意，前提是我们可以避免污染。

维克多*：我很高兴你能这么看这个问题。我还以为你会对我很生气呢。

贾里德*：我是很生气，但不是因为你想改善我们的流程。我感谢你致力于为我们公司做正确的事情。维克多，这么多年来你为公司做出了巨大的贡献。这就是为什么我选择让你加入我的领导团队。

维克多*：那么，你为什么还生我的气呢？

贾里德*：我之所以对你很生气，是因为我们两个已经达成协议，不在同一家工厂里同时生产杏仁酱和花生酱，而你违反了协议。你单方面改变了你的承诺，没有让我知道，也没有和我商量。

维克多*：协议？承诺？你在说什么呢？

贾里德*：公司有政策规定杏仁酱和花生酱不能在同一家工厂生产。你们承诺会实施这项政策。这是你向我做的承诺。

维克多*：我从来没有把政策想成是一种承诺啊。

贾里德*：那你认为它是什么呢？

维克多*：我不知道。反正我从来没有那么想过。我认为这是你为了避免污染而让我遵守的一条安全规则。但是自从我找到了可以避免污染的方法，我认为即使我没有遵守它的字面意思，我还是尊重了这项政策的精神。

贾里德 *：我明白了。可能是我没有向你解释清楚，当你同意遵守这一政策时，我将其视为你对我的个人承诺。我指望你遵守它。这就是为什么我和有机食品商店签订了合同，合同里有规定说我们不会在任何为它生产杏仁酱的工厂里生产任何花生产品。既然你从来没有告诉我你打算不这么做，我就认为你是在遵循我们的政策。

维克多 *：所以你认为把我们过剩的产能重新利用是错误的？

贾里德 *：不见得。我不知道它是对的还是错。但一个确定的错误是你没有首先和我讨论它。维克多，这就是让我恼火的地方。你和我有一种共识，即你会遵守政策。你改变主意了，但是你没有和我商量。你没告诉我，没有问我，没有向我解释，也没有给我参与决定的机会。所以我和有机食品商店签了这份合同，合同上的墨水还没干呢，我们就违约了。我丧失了诚信，因为我最终要对我们公司所做的一切负责。

维克多 *：你这么说，我觉得我让你失望了。我本应该告诉你的，但是，你知道，我认为（事后）请求道歉比（事前）进行请示要好。

贾里德 *：维克多，这是一个大错误。这是一个"免死金牌"，你可以用它来打破任何承诺。我真不敢相信，当别人违背对你的承诺时，你还想让他们这样辩解。这就是信任的死亡。如果人们可以不承认自己的承诺，宁愿事后道歉也不愿事先请示，那么别人的话还有什么价值呢？

维克多 *：贾里德，我没有事先和你商量这件事，真的是把这件事给搞砸了。我很抱歉。

贾里德 *：我接受你的道歉。我想这种事情以后绝对不会再发生了。

维克多 *：贾里德，我这次得到了一个深刻的教训。从现在开始，我一定虔诚地执行政策。

贾里德 *：这是错误的教训，维克多。政策不是教条。我不希望你虔诚地跟随它们。我希望你能够跳出思维定式，想办法改进我们的运作，即使这些办法可能会挑战我们的某项政策。但是我想让你做的是把这件事告诉我，这样我们就可以重新谈判我们的协议了。顺便说一下，如果我同意你的观点，想要改变我和董事会已经制定好的政策，我也需要这么做。这次的教训是，绝对没有合法的方式单方面违背承诺。事先请示总比事后道歉好。

维克多 *：这完全说得通，但这不是很多人的工作方式。我们公司内部和外部的许多人都没有按时履行诺言。

贾里德 *：要是那样的话，维克多，就是我们在执行方面遇到了商业问题，在诚信方面也遇到了文化问题。我相信这是同一事物的两个方面。我要对此负责，我也希望得到你的帮助去解决它。但是在我们这么做之前，我想和你一起去一趟有机食品商店，为我们的失误道歉。我想让你向他们解释一下所发生的事情。如果我们能重新赢得他们的信任，也许他们会重新考虑外包交易的决定。

维克多 *：我们的律师给了我明确的指示，要我避免接触有机食品商店。

贾里德 *：我会和律师谈，这是一个诚信问题。我们做错了，必须承认这一点。有机食品商店在谈判中是非常占理的。我相信，如果我们向他们坦白，他们就不会利用这一点来对付我们，甚至可能像我原谅你一样原谅我们。另外，如果我们的道歉最终伤害了我们，我们将以此为我们的违约付出代价。如果我们的首席法律顾问不同意，我愿意将此事上报董事会。

维克多 *：这个有些尴尬。我不想在我们的伤口上撒盐。

贾里德 *：肯定会刺痛的，但是我们还有什么选择呢？隐藏和假装什么都没发生吗？那样的话，我们将向自己的员工发出什么样的信号呢？维克多，我希望这是一个确立公司文化的活动。我的第一个目标是让员工明白政策不是强加在他们身上的。它们被提出来，人们同意遵守它们，这是一项对他们的个人诚信和信誉利害攸关的承诺。我希望每个人都清楚，事先请示不仅仅是处理重新谈判协议所需要的最佳方式，也是唯一的办法。

真正的贾里德走出了他的角色，说道："你让这个过程看起来如此自然！你说的和我在之前的角色扮演中所说的完全一样。为什么我做不到呢？"

"别对自己太苛刻，贾里德，"我回答，"这就像挥动高尔夫球杆一样'自然'。它需要练习。让我们开始练习吧。让我们重新演一遍这段对话，但是这次你就是你（贾里德），我是维克多。我先来演一个简单的维克多。一旦你能建设性地让我参与进来，我将逐步提高挑战难度，看你如何应对。"

我们照做了，重复了几次之后，贾里德准备好了和维克多进行真正的对话。他太激动了，马上把维克多叫进了他的办公室，充分利用了我在场的机会。维克多看上去既沮丧又不安，这是毫无疑问的，因为他知道他已经把事情搞得一团糟，就等着被砍头了。但是他表现得很好。他承认了自己的错误，请求贾里德原谅他。贾里德干得非常出色，完成了他所有的目标。这是我做过的最简单的引导。在他们见面谈话的整个过程中，我根本不用开口。

如何做出承诺

通往诚信的最理想的路就是信守诺言，也就是说，做你承诺要做的事情。4 月 9 日之前你要送货，10 月 10 日之前要支付抵押贷款。当你做出承诺的时候，你就欠债了。你送完货后，你就还债了。因此你所许下的诺言一定是你打算信守的诺言，你借的钱一定是你打算还的钱。

下面是你在做出承诺时保持诚信的条件。

1. 只承诺你相信你能做到的。如果你认为自己无法信守承诺，或者对自己的承诺有很大的怀疑，那么在明确之前不要做出承诺。因为承诺是关于未来的，所以总是有你无法兑现的风险。但是这不应该阻止你做出承诺。你以诚信做出的承诺，结果却超出了能力范围，就像你用诚实做出的声明，结果却证明是错误的一样。一个错误可以是合理的，但一个谎言不是，一个基于对能力的错误评估而做出的承诺是诚信的，而一个基于无能做出的承诺则是不诚信的。

2. 制订计划。要评估你的交付能力，你需要基于你已经获得或者能够保证获得的技能和资源，制订一个可靠的计划。计划必须包括可预见的意外事件和处理这些事件的策略。如果你知道有可能破坏计划的意外事件，则必须在做出承诺的时候让债权人知道——现在的承诺是以意外事件为条件的。人们常常在不知道如何兑现承诺的情况下做出承诺，这是出现没完没了的各种状况和破坏诚信行为的根源。

3. 制定跟踪机制。你必须随时评估这个计划是否在正确的轨道上。如果你发现一个重大的偏差，则需要考虑自己的承诺处于无法兑现的危险当中，要立即让你的债权人知道此事。

4. 制定沟通机制。这样，你就可以及时将任何问题通知债权人。例如，不管我预约了什么人，我的助理都要记录下这个人的电话号码和电子邮件地址，这样我就可以在出现问题的时候联系他。我的助理还会把我的电话号码和电子邮件地址告诉我的预约对象，以便他们联系我。

5. 只承诺你真正想要交付的东西。小心那些想要体现"友善"和取悦他人的诱惑，尤其是那些有权威的人。在你做出承诺之前，检查一下自己，考虑一下你是否真的打算去做你将要承诺的事情。我经常倾向于做出一些我知道日后会让我后悔的承诺。但是，在经历了很多次"事后反悔"的压力和因为承诺去做知道自己不应该做的承诺而对自己失望之后，我意识到最好避免晚上答应早晨又反悔这种承诺，即使这会让对方很沮丧。

如何要求承诺

命令和所要求的承诺之间有着天壤之别。命令依赖于下命令者的权威，而承诺依赖于接受请求的人的诚信。命令是老板的典型做法，它的全部意义在于促使员工服从。请求是领导者的典型做法，它是关于激发承诺的。强迫和威胁最多只能让人们顺从，但是绝不能让人们自发努力。当某人没有执行命令时，老板的抱怨通常是"你没有按照我的命令去做"。当某人没有兑现承诺时，领导者的反应通常是"你没有履行你的承诺"。哪一个更能左右你？

对于承诺的正确履行，承诺人会感到自己的诚信受到威胁这一点是很重要的。承诺毕竟是一种契约，所以承诺人必须理解这种请求并自愿地接受它（可以将此视为"知情同意"）。如果你想要得到某人的承诺而不是他们的服从，他们必须感到自己是自愿签约的，因为他们相信你的请求是富有成效的、合理的和公平的。

我数不清有多少次听到员工声称他们不敢对老板的要求说不。指标、目标、预算和计划常常强加在员工身上，而没有要求他们做出承诺。在员工的心目中，这意味着他们的诚信没有受到威胁，因为他们并没有真正说过他们可以做他们被要求做的事情。如果你想成为一个卓越的领导者，你的权威必须是道德的而不是形式的。你必须让你的下属对你的要求做出不同于顺从的"是，先生"或者"是，女士"的回应，因为一个不会说"不"的人也不会真正说"是"。

这并不意味着你的下属可以不经过进一步讨论就说不。基本的雇佣合同规定他们会在他们的技能、资源和价值观的范围内尽力满足你的要求。作为一个领导者，你必须向你的下属解释，你和他们一起做的每一件事都是为了帮助团队赢得胜利，并且要遵守游戏规则（也就是说，要配合本组织的使命和价值观）。所以如果他们拒绝了一个请求，他们有必要以一种允许合作谈判的方式向你解释原因。

例如，我的员工经常拒绝我的请求，因为他们的工作安排已经满了。然后他们会向我解释他们在做什么，以及他们现有的承诺（主要是对我的承诺）何时兑现。我几乎总是能够按照他们的时间表重新安排他们的任务优先级，这与我的迫切需要是一致的。

承诺是提出请求的人（请求者）和接收请求的人（接收者）之间交互的结果。我使用以下准则来构建明确的要求。

1. 解释。对正在发生的事情和你想要达到的目标之间的差距进行描述。提出请求是为了在接收者的帮助下弥补这一差距。

2. 要求。明确你的要求。使用动词的直接形式（"我需要你去……""我请求你去……""我恳求你去……""我要求你去……"等）。具体定义满足某一请求的条件，包括截止日期。

3. 问询。给接收者一个回应的机会。他们准备好做出承诺了吗？他们是想拒绝你的请求，还是在他们回应之前需要你做更多的事情？

将这三个步骤结合起来形成的公式就是"为了从 A 达到 B，我要求你用 D 去完成 C。你能保证吗？"或者"我需要你的帮助来完成 B。我的要求是用 D 去做到 C。你能做到吗？"（其中 A 是当前状态，B 是期望状态，C 是你提出的要求，D 是你要求的时间节点）。

如何获得承诺

在提出明确的要求后，不要接受不完全的承诺，这一点很重要。人们经常试图回避，所以他们不会直接说"不"，而是给你一种含糊不清的虚假承诺，比如"让我看看我能做什么"、"别担心"、"有人会处理的"、"我们会尽力的"或者"我会试试看"。用尤达大师的名言来说："做，或者不做。没有试着做。"做出承诺唯一的答案是"是的，我保证"，或者"是的，我承诺"，不是"试试"，不是"看看"，不是"某人"，不是"我们"——除了"我承诺"之外，什么都是不能接受的。

挑战"含糊其辞"的答案（甚至是对那些看起来清晰的答案进行双重检查）的最好方法，是将它们重新表述为一种完善的承诺，比如"我理解你承诺要通过 D 去完成 C。我的理解对吗？"我敢打赌，大多数时候你从别人那里得到的会是一些犹豫，这意味着他并没有真正做出承诺。通常你会得到一个明确的"不"，这意味着对方不愿意拒绝，但也不愿意承诺。

在我这么多年的教学材料中，对于请求我只找到了三个可以接受的答案（最后一个有四个子答案）。这些答案清楚地定义了谁承诺（或者不承诺）在什么时候交付什么。

1."是的，我保证"或者"是的，我承诺"。

2."不，我拒绝"。知道对方不能或者不愿意做出承诺比相信他们正承诺去做他们真心不愿承诺实现的事情要好得多。

3."我还没有准备好做出承诺，因为……"接收者也许不理解你的请求如何能帮助你得到你所需要的，或者你的请求如何能满足组织的目标要求。也许在你的请求和接收者先前已经做过的承诺、组织的一些政策和其他东西之间存在冲突。

当你对他人拥有正式权威的时候，你必须非常清楚地表明，他们总是有权说"我还没有准备好做出承诺"。你不是在给人们拒绝你的要求的权利，而是给他们权利解释为什么接受这些要求会有问题。他们这样做是完全合理的，原因有以下五点：（1）他们不明白你让他们做什么，或者什么时候做；（2）他们不相信自己有能力或者有资源来实现你的要求；（3）他们的执行能力取决于一些他们无法控制的因素，而这些因素可能破坏这项计划；（4）他们认为你要求他们做的事情不利于帮助团队获胜，或者违背公司的价值观、标准和政策；（5）满足你的要求会与他们之前对你或对他人做出的承诺冲突。

如果接收者说"我需要明确"，意思是他需要更好地理解你的要求或者满足你的要求的条件（顺便说一句，当你收到一个表述不当的要求时，这是一个非常实用的答案）。如果接收者完全理解你的要求，他们可能会说："如果你能通过 Y 给我 X（或者如果 X 发生在 Y 之前），我可以承诺通过 D 完成 C。"这是一种有条件的承诺，它取决于你或者现实是否具备某些条件。

或者，他们可能会说："我不能保证通过 D 去完成 C，但是我可以通过 Y 完成 X。这对你有用吗？"这是一个反要约，如果你接受了，它就变成了一种承诺。

当接收者在做出一个明确的（或者有条件的）承诺（或者拒绝，或者反要约）之前需要检查自己的资源，那么"我承诺通过 D 来回复你"就是一个合适的回答。请注意，这个承诺是要在特定日期前给你一个答案。

当领导者允许下属可以不接受请求时，就是在允许下属为团队做正确的事情。我记得我在一年级时听到过一个关于何塞·德·圣马丁将军的故事，在阿根廷，他的地位等同于乔治·华盛顿在美国。

在某场战斗之前，圣马丁前往军火库检查补给。当他正要进去时，一个士兵挡住了他的去路（在阿根廷军队中，一个普通士兵与一位令人敬畏的将军交谈是不可想象的，更不用说挡他的路了）。当士兵挡在他面前时，圣马丁命令他让自己过去。士兵恭敬地说："将军，请允许我说一下，是您命令我们严禁穿靴刺的人进入军火库的。"一个下级指挥官会因为士兵不服从命令而训斥他，而圣马丁却称赞了士兵，并把他立为诚信的榜样。这个士兵曾经发誓要执行圣马丁的命令，而且他做到了，即使是对圣马丁本人。

如何重新商谈承诺

无论你的计划多么稳健，也不可能总是信守诺言。不过，这是一个可控的问题，因为你仍然可以尊重你说过的话。为了保持诚信，你必须在知道可能无法履行承诺时，尽快通知相关各方。你需要处理因为你不能信守承诺给他们带来的负面影响。

即使你在做出承诺的时候信誓旦旦，有时候你还是无法在截止日期前完成承诺。你想出货，但是工厂没有完成生产。你想还债，但有人没把欠你的钱还给你。生活是不可预测的，有时候你可能会发现自己无法实现承诺，或者履行承诺是如此烦琐，以至于没有意义去做它。在这种情况下，更重要的是保持有效性、信任和诚信。

当你不能、不会，或者认为你不应该履行诺言时，通向诚信的第二条路就是"尊重"它。这意味着你要尽最大的努力去考虑你的债权人（你的承诺的接收者和持有者），以保持对这种关系的信任，同时加强一种诚信文化。

这条路包括以下几个步骤。

发布。一旦你认为该风险是重大的，请立刻让你的债权人知道你的交付有风险。不要等到最后一刻（或者更糟的是，过了最后期限），才告诉债权人你无法履行承诺。通常情况下，人们会竭力避免那种尴尬的时刻，提前告知债权人可能出现的障碍，从而错失将其危害程度降到最低的机会。他们会尽量工作到最后一刻，然后没办法只能违约了，这让毫无准备的债权人大吃一惊（当债权人为此很不高兴时，他们就会心生怨恨）。如果你的债权人问你："你为什么不早点告诉我？"唯一可敬的回答是："因为我不知道会这样。"

只要发布的警告是对重大风险的真正警告，就越早越好。我的经验法则是，设身处地为债权人着想，问问自己是否想知道有问题存在。

道歉。告诉你的债权人，你知道自己的承诺，你想重新商议，以尽量减少负面影响，同时还能保持你们之间的信任，并尊重你自己说过的话。

解释。让你的债权人知道是什么不可预见的情况阻碍了你履行承诺，不要以此作为理由或者借口。明确表示你对自己的承诺负有完全的责任和有解释义务，并告诉债权人发生了什么，这样他就会明白，出现障碍不是因你的疏忽造成的（如果是，那就承认自己的错误）。这就是为什么在问题变得很严重的时候就把问题发布出去这一点非常重要。

询问。问问你的债权人，你无力履约可能会导致什么后果。关注你的债权人和其他人因你未履行承诺而必须承担的实际成本。然后问问他希望你做些什么来尽量减少这些损失，并通过一些补偿来弥补。你不能解决的，你可以补偿。这样做的目的是考虑你的债权人和其他因此会承受损失的人。

谈判。看看你能否提供比债权人要求的更好的东西。考虑到你的债权人的担忧和成本，以及你的资源，试着想出一个弥补计划，并在限制条件下尽可能地考虑各种情况。如果你不能满足债权人的要求，解释原因并进行合作谈判（也就是把你在前一章所学到的东西付诸实践）。

重新承诺。做出新的承诺，以兑现你和债权人达成的协议。确保你明确承诺了要交付的内容和交付时间。

核实并吸取教训。问问你的债权人，他对这个过程是否满意，或者还有什么其他需要确定的。确保信任得到了重建，诚信得到了维护。另外，注意这次出现故障的原因并记住它，这是你在下次做出类似承诺时的一个风险提示。

在我的研讨会上，我问参与者在做出承诺的时候，是否希望别人能满足这些条件，我总是听到一致的回答——"是的"。然后我问他们："上一次有人按照这些原则与你们重新商议承诺是什么时候？"一片沉默。当我问及他们上一次以这种方式重新谈判承诺是什么时候时，一片死寂。

矛盾的是，当你不能信守诺言的时候，如果你还尊重自己说过的话，就有可能会增加别人对你的信任。人们知道，你无法控制的情况迟早会阻止你实现你的某个承诺。但是除非你做了，否则当你无法兑现诺言时，他们就不知道你会怎么做，也不知道他们是否能信任你。如果你无法履约时，只要你表现出诚信，考虑他们的处境，他们就会加倍信任你。

我的道歉

我女儿苏菲的生日是 8 月 26 日。她 14 岁生日前的一周，我在英国为一个客户安排一次非常重要的执行会议。会议原定于星期五晚上结束，我打算第二天飞回美国，像我答应的那样参加星期天苏菲的生日聚会。

有人曾经对我说："如果你想让上帝发笑，就告诉他你的计划。"上帝这次一定笑了，因为团队在星期五没有做出决议，决定在星期一结束会议。团队的领导希望我留下来在接下来的那个星期帮助他们。我想这么做，但是如果我留下来，就违背了对女儿的承诺。我告诉团队领导，我将在晚上 9 点前给他回信。

我回到宾馆，给苏菲打电话，向她解释了我的情况。"苏菲，"我说，"如果你想让我像承诺的那样回去参加你的生日聚会，我可以做到。明天早上的飞机票还在我手里。但是在你说你想这样之前，我先问你一个问题：如果下个周末我和你一起庆祝你的生日，你能想到有什么比让我这个星期天参加你的生日聚会更好的事情吗？"

苏菲毫不犹豫地回答："跳伞！哦，爸爸，我一直想跳伞！这比你来参加我的生日派对更好。"我告诉她，我先研究一下，一小时后再联系她。

我在谷歌上搜索了一下我们城市的"跳伞"，发现有一家飞行俱乐部提供双人跳伞，但发现苏菲至少要 18 岁才能进行这种跳伞活动。于是我打电话给苏菲，解释说她还没到可以跳伞的年龄，但飞行俱乐部提供了"非常令人兴奋的滑翔机飞行"。经过短暂的协商，我们达成了一项分两部分的协议。我可以留在伦敦，作为交换，我要在下周日带她乘坐滑翔机飞行，在她满 18 岁时进行双人跳伞。

事情就这样定了。我留了下来，帮助团队成功地完成了他们的讨论，然后飞回苏菲身边，在接下来的周日带她乘坐滑翔机……这让苏菲很高兴，而对于我，这种体验比陪她坐她最喜欢的过山车更受罪。

在我职业生涯的早期，我为两家公司做过咨询顾问（姑且称之为"A"和"B"）。A 公司聘请我在一个特定的日期做一个为期三天的研讨会，并同意支付我 X 美元。

在研讨会开始前的一个月，B 公司问我是否愿意做它的"500 强领导"全天会议的一位主旨发言者和协助人。这次会议恰好是在我承诺为 A 公司做的为期三天的研讨会的中间一天，因为这个主旨发言和协助，我将获得 2 X 美元的酬劳。

我当然想这两个项目都做（赚 3 X 美元）。但是如果我做不到，我宁愿做 B 公司的主旨发言，因为它只需要 1/3 的时间却能赚双倍的钱。但是我已经向 A 公司做出承诺，所以我担心我将不得不拒绝 B 公司的邀请。

于是我给 A 公司的学习与发展部经理打了个电话："玛丽，我被邀请做一个主旨演讲，但是那天正好和我们即将举行的研讨会冲突，我知道你已经邀请了一些管理者，并且有几位已经确定会来。我知道这个时候改变日期对你来说代价太大了。我现在有个建议，如果你们想让我如期举行研讨会，那么我会按时做。如果你们愿意重新安排时间，我愿意以后找个时间免费给你们举办。我不收费，你们只需要支付我的差旅就可以。你认为怎么样？"

玛丽当然不需要多想。她马上就说："成交！我们的预算其实比较紧张，能把这笔钱省下来让我们大大地松了一口气，关于日期的变更我来处理。如果有人抱怨，我会向他们解释为什么我们要这么做。"

最后，我们把研讨会的时间重新安排了一下，延期到了下一周。这样两份工作我就都能做了，也因此拿到了2X美元的报酬，对我来说这笔交易很不错。另外，作为一位有帮助、灵活的、值得信任的咨询顾问，我的信誉度得到了大幅提升。我和这两家公司又继续合作了很多年。

如何追究他人的责任

假如说，像我们前面讲的杏仁酱厂的贾里德遇到的事，你感到很失望。有人向你承诺，但是又没有履行承诺，这让你很生气，你想要一个满意的结果。执行受挫，信任受损，诚信遭到质疑，你感觉很糟糕，你想让那位把这一切搞糟的同事也同样感觉糟糕。我的建议是，不要这样。如果你一时冲动，会把一切搞得更糟。

怨恨会招致报复，这种处理问题的方式是很糟糕的。就像甜苏打水，味道很好，但是不能真正解渴，而且对身体健康无益。自以为是的愤慨不能真正解决问题，还会让你们的关系四分五裂。

另外，如果你想执行有效，保持信任，维持诚信，在出现障碍的时候，你就不能保持沉默。沉默就是赞成，所以，如果你什么都不说，就是认同这种行为。这时，你需要做出有成效的追究。

在你进行有成效的追究的时候，就是在寻求恢复效力、信任和诚信。你仅需要面对一次，然后就能坚持到底。最好的结果是你得到一个能解决这个问题的新协议。最坏的结果是你意识到你的这位同事不值得信任，因此你可以负责任地决定这件事你想要怎么办。

做出有成效的追究包括以下 7 个步骤。

第一，明确你的意图。考虑你追究的目的，确保它是有成效的。你想进行一次双方共同学习的谈话，以修缮出现的裂痕，并为以后的交往打下一个更好的基础。

第二，建立合作目标。邀请和你对应的人来共享你的意图。要想让对话成功，双方都应该想改善工作关系，不要相互指责对方而保护自己。你们共同的目标应该是解决那个影响你们工作、你们关系和你们幸福的问题。还有，你们需要反复强调的口号应该是"修复并准备着"。

第三，核实承诺。许多问题源于在承诺时的错误理解。你认为你要求的是 X，但是对方认为他许诺的是 Y。如果是这种情况，那么就针对承诺问题重新谈判，然后讨论一下将来如何避免再次出现这样的误解。

第四，核实问题。核实一下对方认可他是否履行了承诺。对方有可能解释理由，这时，不要参与关于理由的讨论。此时，你只需要努力证实事实。

第五，询问发生了什么事情。询问除了可以帮助你理解对方的立场和观点外，还能显示出尊重。它可以帮助你判断致使对方没有履行承诺的原因是否发生在做出承诺之后，是否这些原因是不可预见的。它还能帮助你区分实际问题和事关信任和诚信的问题。实际问题与守信有关，信任和诚信问题是关于对自己所说的话的尊重。

比如，如果我的一个同事没有事先告知我他不能参加会议就缺席会议，我就会问他发生了什么事。如果他告诉我因为首席执行官要求召开一个紧急会议，我会说："我当然可以理解首席执行官的需要是优先于我的需要的。如果你告诉我，我也会取消与你的会议。我不明白的是为什么当你知道不能参加我的会议时不能马上告诉我。你只需要花大约 30 秒给我打个电话或者发个短信表示歉意，并解释一下原因就可以。"

第六，协商再次承诺。要解决问题，你可能需要对方对最初的承诺做出新的承诺，或者你可能需要增加一些条件。关键是为了解决这个问题，为了重建信任，让双方心安，必须明确地提出你所需要的。如果你确实感到满意，这个问题就可以放下了，原谅对方然后忘了这件事。不要把这件事留下来当作"怨恨的王牌"，在以后和对方的谈话中把它打出来。

第七，核实并借鉴。问对方他是否对这个过程满意。确定信任已经被重新建立，而且诚信也得以维护。而且，要注意引发这次问题的原因，让双方在下次做出类似协议的时候都能有所预见。

243

诚信、繁荣和进化

人类的进化更多地是基于劳动分工，而不是轮子的发明。许多文明，比如早期的埃及文明，没有轮子也很兴旺，但是没有一个社会在没有专业分工的情况下会兴旺发达。然而，随着专业分工的加强，社会需要发展整合的方法。否则，部分就会分裂，而这个原始的整体就会解散。当差异化导致分裂和独立而不是相关和相互依赖时，系统就会崩溃。如果这个发生在经济领域，那么繁荣、幸福和发展就会倒退。

市场经济是人类最好的整合机制，它以最大的自由和最小的冲突促进社会合作，是经历几千年的社会试验而进化来的。商品和服务的买卖双方，在财产权和法律条文的制度框架内，本着相互自愿的原则进行交易，促成了世界历史上最大的人口爆炸，最大限度地提高了人们的生活水平和人类寿命最大一次的延长。市场或者组织中的每一笔交易都是由事先达成的协议和相信承诺将得到履行的信任促成的。

无论我们是作为买方或卖方来协调行为，还是作为组织成员一起工作，我们促成结果的能力取决于在交换请求和承诺时的诚信。诚信是让我们重新整合支撑现代社会的专业化的黏合剂。诚信和信任是生产的基本要素。正如政治经济学家、作家弗朗西斯·福山所指出的："经济生活取决于……信任。这是同胞之间不言而喻的、不成文的纽带，它促进交易，赋予个人创造力，并能证明集体行动的合理性……以信任为代表的社会资本与物质资本同等重要。"[4]

其实，不仅经济福祉取决于我们的诚信，信任的社会纽带也随之加强或者减弱。当你轻浮地许诺或者粗心地违约时，你就会伤害自己的人际关系。这就是为什么，如果你想成为一个卓越的领导者，需要让自己的承诺做到无可挑剔。你的话一定是你的保证，你必须要求其他人也都以同样的诚信行事。

第三部分

自我超越

第十章

不要自以为是：要想领导所有人，就做一个隐身人

太上，不知有之；其次，亲而誉之……功成事遂，百姓皆谓："我自然。"

——老子

杰夫·韦纳成为领英的首席执行官之前，我曾在他担任雅虎高管期间指导过他。一天晚上，在享用了一顿美餐和几品脱比利时啤酒后，杰夫与我分享了他的个人使命："拓展世界的集体智慧。"

"这让我想起了佛教教义，"我说，"'没有慈悲的智慧是无情的，没有智慧的慈悲是愚蠢的'。"

"嗯，"杰夫说，"也许我应该修改一下我的使命。'拓展世界的集体智慧和慈悲'怎么样？"

"好啊！如果那是你的追求，就把我当作你的盟友吧。"我们碰了碰杯，算是定下了这个协议。

几年后，杰夫成为领英的首席执行官，他邀请我做顾问，并希望我作为副总裁加入公司。我受宠若惊，但有所保留。自从1996年离开麻省理工学院创办咨询公司以来，我一直自己当老板。我花了将近20年的时间与许多客户合作。一想到要把自己交付给他们中的一个，我就退缩了。我感觉自己像一只丛林动物被引诱进了一个非常漂亮的动物园。我的所有需求都会得到满足，但是我再也不能自由自在地漫游了。我如何才能在不感到被剥夺权力的情况下，从一名企业家转变为别人公司的一个雇员呢？早上醒来我还会尊重自己吗？

我告诉杰夫他的提议很有吸引力，但是仍有一些事使我犹豫不决。"你担心什么？"他问道。

我承认，我担心自己会失去一些自主权和自由。"我加入你的公司，为你工作，"我解释道，"这是我的准则。问题是，作为一名员工，我不确定自己能否全心全意为你工作。"

"不要为我工作，弗雷德，为我们的使命工作。"杰夫这样回复我，"如果你当初说要拓展世界的集体智慧和慈悲是认真的，那么让我们一起在领英干吧！"

"这是什么意思？"

"帮助我们成为富有同情心和明智管理的典范，然后让我们用自己所学帮助世界各地的专业人士和组织机构。我们在公司如何招聘和发展人才，以及人们如何找到工作方面发挥着关键作用。你还能在其他什么地方产生这种影响呢？"

"嗯，"我回答道，"我认为我应该修改一下我的准则，把它变为'我加入这家公司，致力于它的使命'。"

"欢迎来到领英！"杰夫笑着说。

在比赛中，赛跑者似乎正在跟随领先者，但那是一种错觉。事实上，他们每个人都在朝着目标奔跑。领导者就是最接近目标的人。真正的领导者是离目标最近的人，是目标的第一个追随者。似乎其他人都在追随他，但实际上他们都在追求那个目标。

一位禅修老师曾经告诉我："如果想教书，你必须爱真理胜过爱自己。"把这句话转化成领导力的术语来说就是"如果想成为领导者，你必须爱这个使命胜过爱自己"。成为一个以使命为导向的领导者需要重新定义自己。与其不断地试图证明你值得钦佩、赞美、服从和敬畏，你还不如放下自尊。要解决消极怠工、无组织、虚假信息和幻灭等问题，你必须激励人们去追求那个有意义的使命，而不是追随你。

自我的陷阱

有一次我听到一个故事，讲的是一位俄罗斯女性梦想成为一名芭蕾舞演员。她刻苦练习，参加了很多名师的研修班。在一次这样的研修班上，她问一位俄罗斯老师对自己如何评价。那位老师坦率地告诉她，她不具备成为明星的条件。

这个消息使她伤心欲绝。她放弃了梦想，转而成为一名舞蹈编导。许多年以后，她遇到了那位俄罗斯老师，告诉他，因为他曾经对她说的话，她已经不再跳舞了。"哦，"他冷冷地说，"我对每个人都这么说，那些有本事的舞者根本不会在意我说什么。"

就像芭蕾舞演员一样，你的自我也会阻碍你成为卓越的领导者。这种脆弱的、自我怀疑的、随时准备放弃的这一部分的你无法承受任何不完美的东西。与其为伟大而奋斗，不如为平庸而伟大。

肖恩·休斯［领导力发展类公司——领导力学习（Learning as Leadership）的首席执行官］和布兰登·布莱克（安可资本前首席执行官）合著了一本书，名为《自我解放的领导力：终结操纵你事业的无意识习惯》。书中他们把自我定义为心灵的一部分，它会不断地专注于自我价值和地位（我发现用"自我"打个比方更能帮助我们理解它——它就是一个人，拥有强大的支配型人格，喜欢对你颐指气使）。

如果你的一生是一部剧，把自我想象成剧中的一个角色。当自我的价值受到质疑时，它会采取防御或者攻击行为。自我不停地问自己："我看起来能干、聪明、有吸引力、有力量、正直、善良、有控制力吗？我是否受人尊敬、钦佩、喜爱、欣赏、羡慕、崇敬？"当答案是肯定的时候，它会感到骄傲和平静。如果答案是否定的，它就会感到羞愧和焦虑。[1]

自我想要得到无尽的承认、认可和成功。在它的魔力下，我们每个人都渴望成为最优秀的人，成为聪明的人，成为英雄。我们希望别人需要我们，尊敬我们，追随我们。当我们知道答案或者完成了不可能的任务时，我们会觉得自己有价值、有力量，高人一等，自豪得容光焕发。多巴胺充斥着我们的快乐中枢，就像毒品一样令大脑兴奋不已。问题是，自我对得到认可的贪得无厌有时会让我们击倒别人。太多的领导者渴望得到凌驾于个人和团体之上的权力，因为自我告诉他们，只有当他们处于顶端时，他们才有价值。

自我关注我们个人的成功，把它作为价值的衡量标准。对成功的渴望和对失败的恐惧驱使着它。它会产生持续的表现焦虑，因为成功的感觉是短暂的，失败的可能性是永远存在的。即使最轻微的表现不佳，也会激发它对不够优秀的恐惧。再多的赞扬也不能满足自我对安慰的无尽渴望。

自我具有竞争性。它总是把我们和周围的人做比较，试图通过高估自己、低估别人来提高我们的地位。它认为同事是潜在的威胁——如果他们看起来更好，担心自己相比之下会显得更糟。

因此，它优先考虑的不是团队的目标，而是个人的成功，特别是当以个人绩效指标来衡量的时候。

如果作为领导者，你以自我为中心，你就永远无法让你的员工、同事或者客户参与进来。自我是如此关注自己，以至于它不会给任何事或者任何人留空间。如果你只顾自己，就不可能真正理解和支持你的员工和客户。不幸的是，除非你做的工作事关你个人的发展，否则自我将继续保持支配地位。

从我们生命开始之初，我们就建立了自动防御机制来处理我们对自我价值的焦虑。作为孩子，这些防御机制保护我们免受伤害、恐惧、尴尬和内疚的痛苦感觉。如果我们摸了一下热炉子，我们的烫伤之痛很快教会我们以后不要再这样做。情感上的痛苦也是如此，当我们经历它的时候，会总结出是什么导致了这种痛苦，以及如何在未来避免这种痛苦。

我们不断重复这些防御机制，因为它们为我们提供了心理学家所说的"次要收获"。尽管这些防御机制会伤害我们内心深处的渴望，切断我们与他人的真实联系，但它们能抚慰我们的自尊心。例如，如果避免与表现不佳的员工进行艰难的谈话，我们就不可能找到问题的根源；也会因此积累了对他的怨恨，并最终爆发出来。但是，因为我们害怕被人讨厌，害怕被人认为是一个刻薄的老板，所以我们把我们的自我从面对他的焦虑中拯救出来。

问题是我们对自我痛苦的体验总是模棱两可的，它的教训从来都不明确。在《伊索寓言》中，我最喜欢的一篇是一头驴子的故事。它驮着沉重的盐袋走在路上，后来掉进了河里。盐在水里溶解了，驴子上岸后感到浑身轻如羽毛。下一次驴子沿着小路走的时候，主动跳进河里，想减轻身上的负担。但是这次袋子里装满了海绵，结果驴子被淹死了。就像驴子一样，我们的自尊心在生命早期就接受了错误的教训，并得出了自我限制的结论。

例如，我学会了把认可和爱与学习成绩联系起来，所以我花了一生的时间试图证明我是值得爱的——一路走到麻省理工学院的教授职位，然后和它离婚。（当我在麻省理工学院教书时，我读了《波士顿环球报》刊登的一封给编辑的信，这封信让我觉得我是他的知音。这封信来自诺贝尔生理学或医学奖得主乔治·沃尔德。"事实是，一个人真正需要的不是诺贝尔奖，而是爱，"他这样写道，"你认为一个人怎样才能获得诺贝尔奖？想得到爱，就是这样。如此强烈地想要爱，一个人就会一直工作，最终成为诺贝尔奖得主。这是安慰奖。真正重要的是爱。"[2]）

如果在任何时候，你知道自己应该做什么，但是又不想强迫自己去做，这就是一个信号，表明你的自我正在努力保护自己。如果你感觉自己是不受自己控制的环境或者他人的受害者，那就是你的自我在掌控一切。我相信，在意识层面，你知道追求雄心勃勃的目标和发展或者创造真实的关系，比不失败、看起来不错或者避免被拒绝更重要，但在你的骨子里却很难感觉到这一点。这就是为什么，尽管我们有最好的判断和意图，除非我们让它发挥作用，否则我们会不断重复自我驱动的反应模式，允许它们错误地保护和限制我们。

破坏模式

因为自我防卫机制是作为潜意识储存在大脑中最早形成的部分，所以试图用成年人的意志力去改变它们，就像试图说服自己去碰热炉子一样。无论你如何告诫自己，应该与表现不佳的员工进行对话，或者应该安静地倾听与你意见相左的人说话，你都会觉得这样做很危险。

休斯和布莱克认为，虽然你不可能完全不以自我为中心，但是你可以变得更加自觉，意识到你可以选择屈从于你的自我冲动，也可以选择摆脱它们。[3] 选择的时刻是当你感觉到他们所说的"情感上的压力"——你的身体通过收紧肌肉、皱眉、加速呼吸等方式对感知到的威胁做出反应，自我意识开始参与你以前的防御机制。

当受到压力时，我们变得无能为力，甚至具有破坏性。我们的自我可能会驱使我们变得倾向完美，倾向对立，倾向批判他人（例如，当处于压力之下时，我就会变得极度理性、冷酷无情、刀刃般锋利、过分挑剔。我的自我会发现并且放大别人的缺点，努力证明我是对的，而他们是错的）。这会让你变得有竞争力，有控制力，难以满足。它会让你变得尖酸刻薄、轻蔑不屑或者居高临下。你可能会故意拖延或者变得逃避、退缩和孤僻。我们每个人都有自己最喜欢的反应行为，以此来减轻自我对不够优秀的焦虑。

消除这种反应的关键是深入观察是什么潜意识的或幼小时的原因驱动着你对潜在的失败、判断、尴尬或者拒绝感到恐惧。例如，当我在寻找我表演焦虑的根源时，我想起了 5 岁时的一件事，那是我上一年级的前一天晚上，我在床上精神崩溃了。我的父母听到我在哭，就过来看我怎么了。他们问我为什么哭的时候，我告诉他们，我害怕如果我在学校表现不好，他们会生我的气。"别担心，"他们说，"你会做得很好。"不用说，我真正希望听到的话是"无论你在学校表现如何，我们都会永远爱你"。就像《伊索寓言》里的驴子一样，我当时的那种孩子心态吸取的是错误的教训：如果我成功了，他们就会爱我。

深入探究自我触发的根本原因从来都不是一件容易的事，但是随着不断地练习，它的确会变得更加容易。休斯和布莱克指出："我们的目标不是避免这些压力，而是把它们作为学习和成长的机会来关注它们、欢迎它们。"[4] 他们建议，消除你的自我带来的虚幻危险的方法是从被动防御－攻击模式转向创造性的建设性方向。下面这 5 个步骤可以让你从这里走到那里。

1. 注意你生活中经历压力的时刻，这种压力可能源于一个事件或者某人说的话、做的事。

2. 与其对外界的压力做出反应，不如去寻找触发你的原因。如果有人按了你的按钮，不要去关注他，而是要关注你的按钮。你试图麻痹自己或责备他人的内心不适是什么？你是如何感觉到你的自我价值受到了威胁的？

3. 当你注意到其他人躲在虚张声势、侵略或者冷漠的防御伪装后面时，考虑一下用他们的脆弱点激发，并对他们更深层次的恐惧产生共鸣。

4. 专注于你的最高目标和价值观。你真正想要的是什么？你想向对方传达什么信息？你最关心什么？你想通过自己的行为和领导力树立什么样的榜样？要把激发你打破防御模式的深层原因联系起来。

5. 与他人交谈时，可以冒险分享一下自己脆弱的感觉。分享你对感知到的威胁的感受，而不是分享你内心杂乱的想法。这会为相互吐露心声和建立联系树立一个安全的情境模型。[5]

例如，我注意到，当我的一位同事提出一个绝妙的想法时，我会感到一丝嫉妒，并渴望在他的想法中找到缺陷。我没有屈服，也没有抵触自己的感受，反而对它们感到好奇。当我深入探究内心时，我发现我对自己不是这个房间里最聪明的人感到难受。我为了让自己的聪明才智受人钦佩投入了太多的自尊，以至于每当有人看起来像我一样聪明或者比我聪明时，我就会感受到威胁。我的第一反应就是努力用一些更有才华的批评来击倒对方，这非常讽刺。

当我看到自己有这种倾向时，我会立即停止。这不是我想和别人相处的方式。我更关心的不是人们因为我的智力超群对我的敬仰，而是如何支持身边的人，让他们能够尽可能成功。我会为他们的辉煌和成功感到高兴。我允许自己放松下来欣赏他们的光芒。如果有机会帮助这个人进一步完善他的想法，我会恭敬地提出自己的建议，把它作为一个辅助的基石，而不是一枚进攻的导弹。我努力成为一个能超越自我的领导者。

为了超越情感上的压力，我通过下面这些自我探究式的问题，把自己和一个更高的目标以及我所信奉并支撑我的价值观联系起来：

- 如何让它转变为对我、对其他人的一个发展机会？
- 什么能最大限度地帮助我们利用这个机会？
- 我想和这个人发展什么样的关系？
- 我对他的意图是什么？
- 对我来说，什么比自己的成功更重要？
- 对我来说，什么比被人喜欢更重要？
- 在这种情况下，我要怎样表现？

•我想展示什么样的价值观和行为？

我发现，带着理解和同情心接受自己的感受，然后重新把我对公司、对团队和对下属的最深层目标和最佳意图联系起来，会让我的心智更有创造力、更有效。

如果你想成为一名卓越的领导者，在你的组织中创造一种健康的文化，这种自我反省不仅仅是你个人成长的一部分，它还是一个绝对条件。[6] 如果你的人格是防御型、有主权意识、竞争型、侵略型或逃避型等，你会导致你的追随者表现出类似的不正常行为。正如我所说过的，卓越的领导者不仅需要定义组织的标准，而且最重要的是，亲自示范这些标准，尤其在压力之下。

自我对抗灵魂

要领导他人就要激励他人为完成使命付出最大的努力。这种"最大的努力"来自米哈里·契克森米哈赖在他的《心流》一书中所说的"灵魂"。"我们把灵魂归功于那些实体，"米哈里写道，"他们不仅把自己的部分能量用于自己，还把部分能量用于和其他存在体保持接触，以及体现对他们的关心上。"[7] 从自我关注和自我吸收中释放出来的能量可以用来与他人联系。[8]

自我会问："我是最好的吗？是最让人羡慕的吗？是最有价值的吗？"这时，灵魂会问："我是否对其他人有所贡献？我帮助其他人成长和发展了吗？我是否与他们有真正的联系呢？我是否在践行我的价值观和目标时而改变世界呢？"当答案是肯定的时候，我们就会感到快乐，自信满满，因为我们正走在一条有意义的道路上。这些问题不存在表现焦虑，因为外部因素只能影响成功或者失败，不能影响诚信或者内心的平静。

当灵魂处于掌控地位的时候，我相信我们会体验到一种无条件的力量，知道我们有能力追求我们的崇高目标，并在与我们有共同目标的人的陪伴下展示我们的道德价值观。我们可能赢不了这场比赛，但是我们总能做到最好，体面地比赛。

没有人只想谋生，我们都想创造自己的生活，为他人和世界贡献一些重要的东西。如果你想领导一个有灵魂的组织，你必须对着镜子问自己："我们正在做的事有什么意义？它为什么有意义？我和我领导的人在这里真正努力要实现的是什么？我们对这个世界独一无二的价值是什么？我们的产品或者服务正在如何提高我们客户的生活质量？为什么最优秀的人想把他们一生的能量投到这里去实现我们的目标？"

只有当你的客户和员工认为你的产品或者服务是真正能改善生活，并且你进行生产的条件值得钦佩和效仿时，他们才能使你的组织充满活力。这需要他们的灵魂参与到一个有意义、有道德、卓越的项目中。这些灵魂是至高无上的，不会屈服于别人的权威。没有人能控制别人的灵魂。灵魂不是你能通过任何外在的手段来提取的东西。因为对方有这种内在动机，你只可以把它当作礼物来接受。

为了让员工参与你的组织，或者为了让客户购买你的产品，你必须认真考虑其他人生活的目的。你必须让他们认为更值得把他们的时间、注意力和资源花在你这里，而不是其他地方。否则，他们会拒绝你提供的一切，或者只会勉强接受。价值只存在于有价值的人眼中，一个有价值的机会必须能推动你的员工或者客户的生活目标。一旦你忽视了这一点，你的文化和企业就会遭殃。这不仅仅是道德问题，还是经济学入门课程中的问题。

这就是为什么你需要反思你提供的服务如何让你的客户去解决他们自己关心的问题，以及你提供的工作如何让你的员工去解决他们自己关心的问题。当你解决了这些问题的时候，客户就会成为你品牌的拥护者，员工就会成为有使命感的人。

为了培养一种积极向上的文化，你必须打破自我防御，转向灵魂。当人们感到被支持和被尊重时，他们更容易降低自我防卫，也更容易建设性地面对挑战。另外，如果人们因为恐惧或者威胁而感到不安全，他们会首先采取行动保护自己，其次才是做他们的工作（那些需要对他们进行评估的工作），最后才是为组织的使命做出贡献。

这种涉及灵魂的工作是很困难并且要求很高的，但除此之外别无他法。

我快 40 岁的时候，雇了一个体能教练来帮助我保持更好的身材。我告诉他："我想跑马拉松。"

"问题不是你想不想跑马拉松，"他这样回答，"而是你是否愿意为它而接受训练。"

当你执着于一个结果而不去关注过程时，你就失败了。要真正致力于一个目标，你必须愿意为实现它而付出一切。教练的话帮助我度过了每次数小时的训练。结果证明，比赛是比较容易的部分，最难是为比赛所做的准备。在长时间的训练中，我一直在重复从一本关于美国特种部队的书中学到的一句话——"平时刻苦训练，战时就很容易"。

卓越的领导者就像一面旗帜。人们不是为这面旗帜而战斗，而是为这面旗帜所代表的意义而战斗。伟大的领导者明白这个道理，他们不是在经营人力资源，而是把价值和意义赋予人们。

卓越的领导者没有追随者，他必须低调，让人们直接与使命和价值观联系起来。领导者的工作就是"让路"。

做投资者，不做追随者

我们每一个人都拥有珍贵的资本，那就是我们的灵魂能量。因此，我们必须明智地把它投入一个追求崇高目标的组织，让它充满活力。这个组织一定是一个我们为之自豪的组织，一个由与我们的价值观相同的人组成的群体。这是个人幸福、激情投入和组织成功的秘诀之一。

在我思考是否要加入领英期间，有一天，我和领英的创始人，也是当时的董事长里德·霍夫曼共进晚餐。吃过一些上好的寿司之后，我问里德为什么他会聘用杰夫做公司的首席执行官，他说："因为我相信杰夫能够以一种比我自己更能实现我的愿景的方式来管理领英。"事实上，里德并没有把杰夫当作一名雇员，而是当成一位后期的联合创始人。

对此我深有同感。我是自己公司的创始人和董事长。领英聘用我的时候，我同时"聘用"杰夫担任我的首席执行官和后期联合创始人。我聘用他是因为我相信他对我们共同使命的承诺，以及他能管理我实现这一使命的能力，我相信他的这一能力超过了我自己的能力。我确实为杰夫工作，因为是我给了他权力，让他根据自己最好的判断力来分配我在服务领英的使命中要付出的努力。同时，杰夫也在为我工作，就像他为里德工作一样，管理我最重要的资产（我自己）来实现我的人生使命，那就是帮助人们重新与他们的本性联系起来。正如杰夫为了帮助完成公司的使命而选择让我到领英工作一样，我也选择了杰夫，让他管理我的精力和承诺，为商界带来智慧和同情心。因此，正如我作为副总裁为领英工作一样，领英作为一个平台也同时为我工作，使我能够更好地实现自己的目标。

在我加入领英的一年后发生了这样一件事，为了领英员工的发展，当时我把《清醒：如何用价值观创造价值》一书制作成了一个包括 15 个模块、70 段视频的节目进行试验。当我打算把它发布到领英的开放平台以便让整个世界都能分享它的时候，我遇到了一些阻力。这些视频节目的制作时间紧、费用高而且很费心。为什么我们要把这独一无二的资源拱手让给别人看呢？最好把它只留给领英的员工，给他们这个独一无二的职业发展机会。我的一些同事认为，这个机会应该是领英对它内部人员的一个特殊福利。我之所以建议公开这些材料，是希望领英能够吸引更多的有识之士。我和我的同事遵循了我在第八章中描述的所有合作原则，但是在这件事上我们仍然无法达成共识。

于是我们把这个问题联合升级到了杰夫那里。他听了我们各自的观点，在理解并且认可我们所有人之后，他说："你们双方的观点都是合理的，所以我想根据我们的使命对此做出决定。你们认为我们如何更有可能将世界各地的专业人士联系起来，让他们更有生产力、更成功？"

我回忆起加入领英时与杰夫最初的对话，我说："如果我们真的想扩大世界的集体智慧和慈悲，我们就应该免费分享这些知识。"杰夫看了看，问道："除了我们已经讨论过的，还有人反对吗？"没有人再提出异议，所以我们就决定把这个视频节目发布到我们免费的网页上，网址是 www.consciousness.linkedin.com。

通过决定在网上发布视频节目这件事，我们信守了对员工的承诺，杰夫信守了他对我们共同使命的承诺。这是我在领英投入我的生命能量得到的回报。

你可以将追随者视为投资者。领导者是企业家，第一批追随者是天使投资和 A 轮投资者，接下来的是 B 轮和 C 轮，如果有必要，可以一直到公司上市。一批接一批，人们"雇用"公司的领导来管理他们的个人资本和生命能量，并将其投入服务组织的使命。

2010 年，一位名叫德里克·西弗斯的企业家在他的 TED 演讲——《如何发起一场运动》的开头，播放了一个夏季户外摇滚音乐会的短视频。一个年轻人站起来，开始跟着节拍跳舞，在空中挥舞手臂，翻筋斗，整个人看起来就像一只逃跑的猴子。他看上去很搞笑。之后另一个人站了起来，和第一个人一起跳了起来。这两个人旗鼓相当。当他们跳舞的时候，第一个跟随者叫他的朋友们也一起来跳。然后又有人一个又一个地加入进来。"如果你能让其他舞者产生兴趣，如果你能让他们很容易跟上你，"旁白这样说，"你就可以发起一场运动。"[9]西弗斯表达的意思是，如果没有第一个追随者、第二个追随者和第三个追随者，就不会有任何集体努力。"做第一个追随者是一种没有得到正确评价的领导力形式。"

麦克·加姆森是领英的第一批追随者之一，他是销售部的高级副总。当我问他为什么"聘用"杰夫作为他的领导时，他说："我之所以跟随杰夫，是因为他值得我这样做，他所追求的使命值得我这样做。这个使命需要像我这样有才干的领导者在下属岗位上工作才能完成。杰夫需要像我这样的领导者来跟随他才能完成我们的使命。"[10] 没有自我，只有使命驱动的领导者会吸引没有自我，只有使命驱动的追随者。

不久前，我在沙特阿拉伯的首都利雅得为一群政府官员、企业管理人员和国际顾问就这一主题发表演讲。提问时间到了，一位留着浓密胡须、穿着传统沙特服装的胖绅士举起了手。"你为什么不以先知（穆罕默德）为领导的榜样？"他说话的声音在我听来是很刺耳的。

我深吸了一口气说："因为我对穆斯林信仰的了解远远低于在座的各位。我是这里的客人，所以我想恭敬地问您能否先告诉我先知的一些领导榜样。"

"在阿拉伯语中，描述先知追随者的词是'saheb'，"他马上就回答了我，"但这个词不是'追随者'的意思，它的意思是'朋友'。先知没有追随者，他有的是追随真主安拉的精神朋友。"

当我感谢那位先生（后来证明他是一位大学教授）时，我感到组织这次会议的领英同事集体都松了一口气。最后，那个男人上台给了我一个我在演讲后得到的最温暖的拥抱。因为这个男人的拥抱，我对自己缺乏文化理解的担忧消失了，这让我既尴尬又振奋。

一个热情洋溢的追随者

几年前，我收到一份来自领英的大礼：一个在迪拜工作的机会。迪拜是一个令人眼花缭乱的国际化港口大都市，也是阿拉伯联合酋长国之一。多年来，我一直钦佩迪拜的经济发展和法治建设，但我很难相信，仅仅在50年前，这个地方还是一个尘土飞扬的贝都因边远村落。

迪拜坐落在美丽的海岸线上，到处都是建筑风格大胆的巨大建筑。迪拜是全世界专业人士生活和工作的梦想之地。事实上，迪拜90%的员工都是外国人，他们选择每天在那里投入自己的生命能量。迪拜将自己定位为生活质量最高、能够吸引全球人才的城市。在过去的几年里，它已经成为中东专业人士在全球的首选城市。虽然外国人在其他地方工作可以省下两倍的钱，但在那里工作的外国人更愿意留在迪拜，因为它的生活方式、清洁、安全、良好的医疗、教育和文化。

2015年，我有机会直接体验迪拜人民在沙漠中培育的经济和社会奇迹。当我问人们"你把迪拜的成功归功于什么"时，答案总是"领导力"，指的就是迪拜酋长谢赫·穆罕默德·本·拉希德·阿勒马克图姆。

内阁部长穆罕默德·阿尔·格尔加维告诉我："领导力是释放激情的终极资源。有些人钻探石油，我们钻领导力。"下面是他告诉我的一个故事，说明了迪拜的领导力是如何向下渗透的。[11]

格尔加维曾是迪拜商业注册部门的主管，是名中层官员，但他可不是一个典型的官僚，也从不认为自己是老板。对他来说，所有的人都很重要。当其他人帮助客户时，格尔加维并不是在后端工作，而是把他的办公桌放在了等候区。他想看看顾客是如何被对待的，他努力找到帮助他们的方法。

一天，一个当地的老人进来，他看起来很困惑。格尔加维主动提出帮助他。当老人等着叫号时，他给老人端来咖啡，陪他坐着一起等。当轮到老人的时候，他就陪他到服务台，以确保一切顺利。老人办完业务，对他说了声"谢谢"就走了，格尔加维就没再想过帮助老人这件事。

几年后，格尔加维收到一家私营公司雇用他的招聘书，工资是以前的三倍，于是他辞职了。然后谢赫·穆罕默德亲自给格尔加维写了一封信，要他担任要职。这是非常不寻常的，因为当时格尔加维的地位相当低，而这是一个让他无法拒绝的提议。

格尔加维左右为难，他必须向谢赫表示感谢，但面对国家统治者又很紧张。他告诉我："我们文化的一部分就是当面说'谢谢'，但我不愿意与谢赫·穆罕默德交谈，因为他是一位如此了不起的人。可是我母亲一直催我这么做，所以两个月后我去了谢赫·穆罕默德的议会。"（在议会期间，普通民众可以坐在酋长旁边的空座位上，与他进行一对一的交谈。）"有那么一刻，椅子是空的，于是我鼓足勇气坐了过去，向他表示感谢，"格尔加维回忆说，"我告诉他我是谁，说了声'谢谢您'，然后准备起身离开。但是他把手放在我的手上，把我按住。他说，'我认识你，一直在关注着你'。我僵在了座位上。"

在阿联酋政府，人们被降职或者晋升的方式之一是有一个"神秘顾客"——某个在不同政府部门匿名了解事情进展的人——对调查对象的表现向上汇报。事实证明，去格尔加维部门办业务的那位老人正是这位神秘的顾客。之后，他把他的经历向酋长讲述了一遍，称赞了格尔加维对他的友善。在格尔加维不知情的情况下，谢赫把他列入了一个高潜力人员的名单，并在此后一直关注他的进步。

着了，宝贝，着了

在墨西哥沙漠举办的一个仪式上，我和一个萨满坐在一起看火。萨满递给我一根木头，让我冥想我准备放弃我的自我的哪一部分。然后他让我想象我把能量转移到了木头上，然后他指导着我把木头放在火上，全神贯注地看着它燃烧。

看着木头在燃烧，我突然对自己的生活有了一种顿悟，我内心的声音用语言表达出来就是这样：我也是一根已经在燃烧的木头。我身体里的每个细胞都在用氧气产生能量，就像我面前的这团火。当我的燃料耗尽时，我就会死去，就像这火灭掉一样。我正被神圣的生命之火吞噬。

除了燃烧，我别无选择，但是我可以选择把自己安放在哪个祭坛上。我能为自己奉献什么？我过去放置自己的那个祭坛尽是些无关紧要、以自我为中心的东西。现在是时候做出一个深思熟虑的选择了，开始在意义、爱和自由的祭坛上燃烧。

那就是我开始写这本书的时刻。我致力于自己的个人使命——"帮助人们记住自己真实的本性，并在商业和其他领域清醒地表达出来"。

你也在燃烧！你把自己放到了哪个祭坛之上？

第十一章
死亡前的死亡：
找到你真正的本性

只要你没有经历过，

为了死亡，也为了成长，

你只是一个忧虑的过客，

在这个黑暗的地球上。

——歌德

2005 年，在给斯坦福大学的毕业班做的一次著名演讲中，史蒂夫·乔布斯说："我每天早晨起床后都会对着镜子问自己，'如果今天是你生命中的最后一天，你会不会去做已经计划好了今天要做的事情？'当答案连续很多天都是'不'的时候，我知道我需要改变一些事情了。"因为乔布斯一年前被诊断出患有胰腺癌，所以他传递的这个消息尤其令人心酸。

　　然而，他对死亡的思考并不是他生病的结果。乔布斯分享了他一生中对死亡的认知是如何帮助他成为一名有价值的生活导师的。他回忆说，在他 17 岁的时候，他读过的一句话提醒他，要把每一天都当作生命中的最后一天来过，"因为总有一天你肯定就说中了"。乔布斯说，明白了他可能很快会死去这一点是"我所遇到的帮助我做出人生重大选择的最重要的工具，因为几乎所有的一切——所有来自外部的期望，所有的骄傲，所有对尴尬或者失败的恐惧——这些东西在死亡面前都会消失，留下的只有真正重要的东西"。他指出，"死亡很可能是生命最好的发明，是仅有的一个。它是生命改变的媒介。它清除旧的，为新的让路"[1]。

乔布斯是禅宗"死在你死之前，这样你才能真正地活着"的典范。第一个"死亡"的意思是"面对死亡这个事实"；第二个"死亡"则是真正的死亡。死亡前的死亡意味着接受你有限的存在的本质，以便充分理解生命的丰富性和可能性。如果你把对死亡的思考留到临终之前，你就会错过死亡的明智忠告。矛盾的是，死亡前的死亡是对犹太人祈祷的回答，"不要在我还活着的时候让我死去"。

任何人，即使是卓越的领导者，都很容易长时间让自己的生活处于自动驾驶的状态，经常被日常的忙碌分心。我们可以在生活中梦游，把注意力集中在那些不重要和琐碎的事物上。我们沉溺于太多让我们空虚和没有成就感的活动。但是，为了填补这种空虚，我们不是去严格追求有意义的生活，而是用更多对空虚的忙碌和琐碎的追求来安抚我们已然焦虑的神经细胞。

想象一下你只能再活三分钟，你想最后再打一个电话。你会打给谁呢？你会跟这个人说什么呢？你在等待什么呢？当你还只能再活三分钟的时候，你可能甚至都打不了那个电话了。当我问参加研讨会的人这些问题的时候，我看到他们在休息时都去给所爱的人打电话了。

一旦我们理解了时钟在嘀嘀嗒嗒地走着，没有时间去浪费的时候，我们就会开阔视野，追求有价值的东西，让每一天都过得有价值。死亡的宿命会引导我们关注真正重要的东西：真理、幸福、意义、爱、友谊、感恩、敬畏、同情、和平、充实和自由。如果你渴望成为一名卓越的领导者，帮助他人实现他们在组织和个人生活中最有意义的目标，这种责任就变得更加真实。

与死亡擦肩而过

2008 年，管理咨询公司均富国际对 250 家公司的收入在 5000 万美元以上的首席执行官进行了调查。22% 的人说他们有过相信自己很快就会死去的经历，其中 61% 的人说这种经历改变了他们对生活或职业的长期看法，41% 的人说这让他们成为更富有同情心的领导者。[2]

兰德·利布－杜·托伊特是一位与死亡有过亲密接触的高级经理。2014 年 2 月，当时托伊特在全球领先的信息技术研究和咨询公司高德纳担任研究总监。他热爱自己的工作，因为他是一家智囊团的领导者之一，为《财富》世界 500 强企业和高增长企业提供咨询。尽管工作压力很大，但他还是把自己照顾得不错，健康饮食，常常冥想，喜欢跑步、冲浪和站立式滑水。他喜欢水上运动，喜欢真正地推动自己。

那是一个周日的早晨，天还漆黑一片，他去悉尼郊区的家附近的纳拉宾湖参加一场立式单人划桨练习。在水上待了一个小时后，他觉得有些不对劲。他回忆说："我觉得比平时更累，但是我又没吃早餐，所以觉得可能只是低血糖。"之后他在办公室工作了一整天，那天晚上，他感觉更糟糕了。他想去洗手间，结果找不到方向了。

"然后，我瘫倒在地，'死了'。"

当救护车来的时候，医护人员发现他的心率是每分钟 200 次，他当时正经历心脏骤停，因为心脏传导系统出现问题，而不是心脏循环或者心脏泵功能的问题。这种情况通常需要通过复苏治疗，但只有 5% 的人能够存活下来。他当时处于一种室性心动过速（心律失常）加剧的状态，但他是有意识的（这在以前几乎从未发生过）。

托伊特非常感激自己是能在这样的经历中幸存下来的百分之几的人。"这种感激之情让我觉得自己有责任让世界变得更不一样，"他说，"我被赋予了极其罕见的第二次生命，然而，我要用它做什么呢？"

对于托伊特来说，心脏骤停是他发生转变的触发因素。"这种经历彻底改变了我对时间的看法，"他在一篇文章中写道，[3] "我不再有那种让自己忙碌起来，按照线性的、渐进的时间表来规划自己的紧迫感了。相反，过去和未来都被压缩了，我只看到自己活在当下。"

遭遇死亡教会他不那么过分关注那些能满足他自我的东西——赚钱，专注于自己的事业，创业等——而更多的是倾听自己内心的声音、灵魂，以及与自己共鸣最深的东西。冲破社会和个人的束缚帮助他真正地活了过来，并找到了快乐。他辞掉了工作，创办了一家咨询公司，指导领导者变得更注重联系、更有同情心、更卓越。"更多地与他人感同身受，不仅能建立更深层次的联系，创造更强大的领导者，它还推动解决我们世界上的许多重大问题，如饥饿、贫困、苦难和战争等。"

托伊特因为曾经和死亡擦肩而过，所以对目标有了更深层的理解。他做事会从大处着眼。他的榜样作用，就像其他人的榜样作用一样，正在渗透进更广泛的企业意识，就像一场人们期盼已久的及时雨降落在一片干裂的土地上。

对于托伊特来说，这珍贵的第二次生命的机会使得他问自己："我要如何度过这次生命？"你的生命没有我的珍贵吗？为什么不现在就怀着同样的感激之情问自己："我将如何度过这珍贵的余生？"

核心蠕虫

根据哲学家和心理学家威廉·詹姆斯的说法，人类状态的"核心蠕虫"是对自己即将死亡的痛苦感知，这种感知通常是潜意识存在的。死亡就处于知识之树（伊甸园里的那棵）的有象征意义的果实的核心部分。正是因为吃了这棵树上的苹果，亚当和夏娃被迫从天堂无知的幸福中进入了面对死亡的严酷现实里："因为你们是尘土，你们必归于尘土。"

人类学家厄内斯特·贝克尔在《死亡否认》一书中指出，人类行为的核心驱动力是我们努力否认和超越自己死亡的事实。[4] 大多数人类个体活动和文化活动是作为对死亡的反应而产生的，这一观点听起来可能有些牵强附会，但是贝克尔提出了一个令人信服（并获得普利策奖）的论点，即所有文明都源于死亡意识。他认为，我们所有的宗教制度、社会制度、军事制度、政治制度和经济制度，以及支持社会秩序的传统、仪式和禁忌，从根本上都是防止我们死亡的防御机制。

"像所有的生命形式一样，人类有一种为了繁衍后代而自我保护的生物倾向，"贝克尔这样解释说，"我们具有独特的符号思维能力。这让我们能够反思过去，可以想象未来，意识到死亡是不可避免的，意识到死亡可以发生在任何时候。然后，我们需要通过构建关于现实的共同信念来管理这种可怕的意识，这种共同的信念就是通过赋予意义和价值，让对死亡的恐惧最小化。所有的文化都通过某种方式让人们觉得生命是有意义的，包括对宇宙起源的解释，对正确行为的界定，以及对那些按照文化要求行事的人的永生的肯定。"[5]

当意识到我们注定会死亡时，我们会变得焦虑。为了控制这种焦虑，我们努力创造或者成为某种我们相信会超越肉体死亡的东西的一部分，于是就有了艺术、音乐、文学、宗教、政治运动、制度、国家和帝国。这是许多人类努力背后的终极动力。更具体地说，它是每一个组织背后的驱动力。

那些创建组织、领导组织和任职于组织的人，希望别人能记住他们所做的一切。他们想要获得那种在死后也不会消逝的名声。正是这种心理驱动让我们在树皮上刻下自己的姓名，或者在芬威公园的砖块上留下自己的名字，或者命名某所医院的病房大楼或者大学的教学楼，前提是我们有足够的钱。如果我们觉得自己做了一些有价值且持久的事情，对死亡的恐惧就会减少。如果我们受尊敬、被尊重，甚至仅仅是被记住，我们的焦虑就会减轻。

我们努力通过两种心理策略来保护自己免受死亡焦虑的影响。首先，我们努力通过成就来支撑我们的"我"自己——我们的自尊。我们努力"看起来很好"，我们打扮自己，装饰我们的家，收集各种各样的玩具。我们也通过创新、有影响力、拥有令人难忘的成就来建立我们的身份。贝克尔写道："不像狒狒只需要靠食物填饱肚子就好，我们人类主要靠自尊来滋养自己。"

其次，我们通过与和我们的世界观相同的群体——宗教、语言、国家、政治家、最喜欢的运动队等——结盟来支撑我们的"我们"自己。我们通过文化保护自己不受死亡焦虑影响——贝克尔指的文化就是我们所有的宗教机构、社会机构和组织，以及支持社会秩序的传统、仪式和禁忌。我们对死亡的焦虑越接近，我们与我们认同的群体的联系就越紧密。

以我为基础的自尊和以我们为基础的文化归属感的驱动力是一把双刃剑。如果我们足够幸运并拥有积极向上的自尊，我们就会通过做一些对世界有益的工作来增强它——为治愈癌症而工作，为我们的社区做出贡献，成为受人尊敬的领导者，等等——而且我们对持有不同世界观的人会更宽容。如果我们没有什么自尊，我们就会通过自我吹嘘、贬低他人和做出危险的行为来增强它，就越有可能贬低或者攻击那些不认同我们世界观的人（有意思的是，你对死亡的恐惧越大，你的自尊就越低，反之亦然）。

贝克尔认为人类有两个自己，一个是"肉体的"自己，一个是"象征性的"自己。"肉体的"自己关注我们的日常问题，"象征性的"自己渴望成为比我们自身更伟大的事物的一部分。我们能够通过一些大大小小的英勇事迹来超越我们的肉体死亡这个问题，这就使得那个象征性的自己能够超越肉体的自己而继续存在。我们所做的一切都涉及社群——无论是去教堂、寺庙还是清真寺；在施粥所服务；为社区或者政府层面的积极变革而努力；当我们有了参与感，我们就去上班——这是对"永生计划"的触碰，是一种信仰体系，它让象征性的自己超越了物质现实。通过这样的项目，我们感到我们是比我们的短暂存在更大、更永恒事物的一部分。反过来，这也赋予了我们生命的意义，让我们感觉到自己的生命在那些事物的宏伟蓝图中是有意义的。

从把艺术作品留在石壁上的穴居人，到把艺术作品留在二进制数据上的程序员，人类总是努力在历史上留下自己的指纹（或者"灵魂印记"）。我们都想说："我活过，这很重要；看见我，认识我，记得我。"正如贝克尔所说，我们都希望自己一直是"在一个有意义的世界中有价值的人"。

威廉·詹姆斯曾说过："生命最伟大的用处就是把它花在比生命更长久的事情上。"[6] 其中很大一部分正在被人们记住。每个人都想创造或者成为超越自己肉体存在的某种东西的一部分。我们中很少有人仅仅靠自己就能满足这种超越自我的渴望。我们中的一些人通过家庭和孩子满足了对人生意义的追求。但是大多数人需要更多的东西，某个不朽工程或者使命，通过它对同一个社群的人和世界上的其他人产生影响。[7]

不幸的是，那些不朽的工程可以是好的，也可以是坏的。它们可能是意义的驱动力，也可能是战争、种族灭绝、偏执和种族主义的驱动力。当一个不朽工程，比如一种宗教或者一个国家与另一种宗教或者另一个国家发生碰撞时，为了证明谁的生活方式是正确的、谁的是错误的，冲突就会产生。这种部落主义会引发攻击性和防御性的行为，因为双方都想通过消除对方来证明自己的信仰体系更优越。太多的人类冲突源于对不朽工程的不相容，而不朽工程通常具有灭他性和不道德性——灭他性是因为这样的工程寻求消灭竞争对手，而不道德性是因为它要通过侵略和暴力来达到目的。

工作中的死亡意识

沃顿商学院教授、畅销书作家亚当·格兰特长期以来一直被这条核心蠕虫啮噬。小时候，他活跃的想象力变成了一种诅咒，曾让他很受罪（比如，他过去常常担心太阳会烧尽），后来他的想象力变成了频繁的存在主义沉思。

2009年，格兰特和一名合著者发表了一篇论文，阐述了死亡提醒如何影响人们的工作行为。他们发现，当人们对死亡提醒的反应是"热"反应时（也就是焦虑和恐惧），他们往往会退缩到自己的信仰中，变得更加傲慢、武断和偏执。但是，当死亡提醒产生"冷"反应时（也就是反射性的反应，就像那些从事医疗和消防等帮助他人的职业的人一样），人们更有可能思考生活的意义，并思考他们可能做出的贡献。[8]

格兰特和他的同事还发现，如果人们感觉工作有意义，当他们平静地思考死亡时，他们更具"生产力"（也就是更投入、更高效、更乐于助人）。但是如果他们感觉工作毫无意义，他们很可能会辞职，并努力找到一份能让他们更有生产力的工作。而且，在工作中"受到感召"的人更有动力留下有意义的贡献，更有动力精心设计自己的工作，以使其更有意义（例如，主动采取像提供辅导咨询这样的帮助行为）。相比之下，那些觉得自己只是以工作为导向的人（工作就是为了挣钱）就没有那么大的动力这么做了。

格兰特的研究揭示，当我们觉得自己在这个充满意义的世界中工作没有感受到自己的价值时，我们会遭受多大的痛苦。我们变得焦虑不安，与外界隔绝，消极怠工。而且，这些情绪具有高度的传染性，会像疾病一样迅速在团队中蔓延，毁掉它的凝聚力和效率。进一步来讲，组织就像人类一样，也会死于消极怠工这种疾病。在这样的组织中，没有人会在意意义，每个人在那里的理由无非是用最小的努力换取工资而已。

如果你是这样的组织里的一个普通工人，就会受到双重诅咒——你无可避免的个人死亡，以及所在工作单位的死亡一样的工作氛围。这种双重攻击破坏了你克服焦虑的策略的个人和文化支柱。

相比之下，卓越的领导者给员工提供参与一项不朽工程的机会。这些卓越的领导者理解所有人都为他们自己的渺小而感到困扰。为了帮助他们克服这种恐惧，这些领导者为追随者提供了机会，以换取他们对使命的热情承诺，让他们有机会通过做有意义的工作和成为一个高尚、有道德、成功的社群的一员来管理自己的焦虑。正如米哈里所写的："当一个领导者展示出他的目标是崇高的，他的工作将使人们与更大的东西——比他们的肉体存在更持久的东西——联系在一起时，人们就将把最好的自己奉献给企业。"[9]

一位管理者会这样问："你怎么才能……？"（做这件事，修好这件东西，等等），但是一位卓越的领导者会问："你是谁？"（作为一个有意识的存在）。后一个问题不能客观公平地摆在人们面前。领导者需要先"点燃"自己，以"点燃"并激励追随者。这就是为什么有必要向死亡寻求建议。一个卓越的领导者明白，一个高尚的目标会让人们摆脱肉体生命的限制，让追求它的人们投入一种标志性的不朽。通过给人们提供这种令人敬畏的可能性，卓越的领导者就会成为一个可以引导他的追随者通过最可怕的障碍的人。

一位卓越的领导者提出一个使命，个人可以通过它实现意义不朽。这可以帮助他们减少对死亡的焦虑，代之以意义感、自尊感和存在于一个有意义的组织的归属感。卓越的领导者能激发出人们对集体的崇高目标的激情承诺，这是管理消极怠工、无组织、虚假信息和幻灭的唯一途径。当这种情况发生时，人们真的会在意并且全力以赴。他们的眼光超越了自己的藩篱和微小的决策问题。他们以任何财务激励或其他管理制度都无法做到的方式，将自己的最大努力结合起来。那些通过道德工程为员工提供象征意义上的不朽，与同事团结一致，提供自主学习和成长机会的组织，在竞争中会胜过那些没有这样做的组织，在成为主导的模因时获得巨大的经济回报。

想一想划船和冲浪的区别。靠人类肌肉移动的船无法与靠自然力前进的船相比。由波浪推动的木板因为与这些自然力的和谐而向前行驶。一个由管理当局推动的组织就像逆水行舟，一个由卓越的领导者推动的组织就像一块在巨浪上前进的冲浪板。

以死亡为师

死亡前的死亡意味着冷静面对死亡，冷静地把对它的认识融入领导方式。通过你想真正地活一回，真正地做一回领导者，那么死亡前的死亡就是你能做的最难也是最重要的工作。它不需要你在真正的意义上面对死亡，但是它确实意味着你必须深刻地审视自己的生活及生活不可避免的结局，并且意识到你周围的每个人都在同一条救生艇上。一旦你与死亡达成默契，你就可以开始激发和激励那些你所领导的人的内在承诺。你可以通过集体使命来满足他们对意义的渴望，因为你更了解，也更善解人意。死亡前的死亡会让你成为人们想要追随的那种鼓舞人心的领导者。

作为一名领导力指导者，我的工作是让领导者认识到他们身上最重要的东西（矛盾的是，这些东西是普遍的，远远超出了"他们"的范畴），这样他们才能真正在最深的层次上让别人参与进来。我发现，最强有力的领导力培养过程是对死亡的冷静思考。

没有人喜欢想关于死亡的事，更不要说谈论它了。也许当年的婴儿潮一代，现在已经五六十岁甚至70多岁的人，在他们的疼痛袭来的时候，私下里会想知道自己还能活多久。但除了一些婴儿潮一代的高管，我帮助的许多领导者都相当年轻，年龄在30岁至45岁。他们大多数身体健康，几乎没有几个人对于死亡有过些许考虑。当然，这个科目绝不会出现在他们上过的商学院的课程表上。

带着这种存在主义的观点，我邀请我的研讨会参与者以一种反思的方式，或者用格兰特的话说，以一种"酷"的方式，"死在他们死之前"。我首先提出一种基于产生替代濒死体验的概念的练习。它是这样的："想象一下，你们正处在漫长而富足的生命的尽头。你们已经得到了自己想要的一切，受人尊重和爱戴，与家人、朋友和同事建立了有意义的联系。你们为自己留下了伟大的遗产而自豪，为领导了一个为世界带来巨大价值的组织而自豪。在这里，你们已经完成了你们需要做的所有工作，你们觉得可以走了。所以当你们知道自己的时日不多了，就会坦然接受这个消息。很多敬佩和欣赏你们的人都想向你们表达敬意，所以他们会组织一个'生前告别会'（一种庆祝活动，一个身患绝症的人聆听家人、朋友、邻居和同事对他做的悼词、赞美和告别）。在仪式上，一位爱你的朋友会站在其他人面前读悼词。下面请大家写下你希望你的朋友给你写的悼词。"

在这个练习中，我要求参与者不要谦虚，把自己写得越宏伟越好。这样，他们为自己设定了最高的标准。"这样的悼词可以成为你人生中一颗真正的北极星，"我告诉他们，"它可以帮助你发现自己想成为什么样的人，想如何行动以达到目标，以便留下想留下的遗产，并且为自己感到骄傲。"

当我让所有人在小组内部相互读他们写的悼词时，每个人都被他们听到的美丽愿望感动了。

紧接着，我请他们做一个"差距分析"。在这个分析中，他们要考虑现在的生活和将来必须做的事情之间的差异，以证明这样一个美丽的悼词是合理的。他们必须做出哪些改变？然后我问他们："你们准备好做出这些改变了吗？"（有关的承诺不是对结果的承诺，而是对过程的承诺。类似地，问题不是你是否想减肥，而是你是否愿意坚持那种让你达到目标的饮食。）

在完成这些练习之后，我邀请他们进入一个"更加黑暗"的练习。我让他们想象自己刚刚死去，没有时间去改变生活中的任何事情。我请他们以第三人称回答下列问题，仿佛他们是自己的"魔鬼代言人"，用自己的名字代替其中的"X"：

- X 没有追求什么梦想？
- X 没有克服什么恐惧？
- X 没有表达什么爱？
- X 没有解决什么怨恨？
- X 没有做出什么道歉？
- X 没有给出什么礼物？

当他们结束这些问题的回答，我让他们在小组内部分享他们的答案，下面是一些典型的回答：

> 他没有自己创业。
>
> 她从来没有自愿参加非营利活动。
>
> 他没有出去旅行就死了。
>
> 她没有学会弹钢琴。
>
> 他总是担心拥有的还不够多。
>
> 她没能克服对公开讲话的恐惧。
>
> 他没能告诉他的妻子他是多么爱她。
>
> 她没有告诉她的员工他们对她是多么重要。
>
> 他没能和儿子和解。
>
> 她没有原谅自己。
>
> 他希望向他的合伙人道歉。
>
> 他本应该花更多的时间去玩，花更少的时间去担心。
>
> 她伟大的思想和她一起死了。

　　许多研讨会参与者带着一份存在主义遗愿清单回家了。他们更坚定地追求自己的梦想，克服自己的恐惧，原谅伤害他们的人，向他们伤害过的人道歉，把自己的天赋献给这个世界。几个月后，他们给我发信息和照片，是他们删掉的遗愿清单上的项目，展现了他们真实的自我。

　　试一试这个实验，拿我上面列出的问题问问自己，看看有什么结果。即使是这样的与死亡擦肩而过也会增加你的生活韧性。面对自己死亡的现实是非常可怕的一件事，所以需要极大的勇气。但它也会以一种其他任何东西都无法做到的方式打动你，点燃你的生活目标，让你能够激励他人。正如史蒂夫·乔布斯对斯坦福大学的学生所说："记住你将死去，是我所知道的、避免陷入'你会失去什么'这种思维陷阱的最好方法。你已经赤身裸体了，没有理由再不跟随你的心。"

死能带走它吗

"你能忍受它吗？"这是一个人们常用来评估一个选项的典型问题。作为补充，我想说的是："你死时能带走它吗？"当你在考虑一个重要的决定时，你会想象你将要做的很可能是你生命中的最后一个动作。然后问问自己，你是否对自己的行为感到平静。如果是这样，你会怎么做。

死亡意识就像一种腐蚀性的酸，溶解了表面的东西，只留下了本质，这就是为什么它是一个优秀的领导力顾问。例如，想象一下你在参会。角落里有个座位，戴着黑头巾、骷髅脸的死神正坐在那里看着你们每个人，而每个人也都敏锐地意识到它的存在。你可以问问自己，如果你知道你再也不会和房间里的人一起开会，你会怎么做。这次会议是你在行动中表达真实价值观的最后一次也是唯一一次机会。每一句话、每一次交流、每一项决定都将是"死证"，意味着你会"带着它死去"。

实际上，在我开始一场指导谈话，做一次研讨会，或者进行一次重要的对话之前，我确实会花上几分钟（或者至少做一次深呼吸）来思考一下这个想法。我就这样准备着，时刻准备着送给自己最好的离别礼物，敞开心扉，毫不退缩，因为在我生命的尽头，没有什么可以保护的。

裸盖菇素①教会了我什么

在 2015 年的一项关于使用致幻剂来减少死亡恐惧的研究中，研究人员发现，仅服用一剂裸盖菇素的癌症患者，焦虑和抑郁的症状立即显著减轻，而且这些效果在 6 个月后仍然存在。[10]他们觉得与裸盖菇素的接触是他们生命中最有意义的经历之一。他们描述了统一、神圣、不可言传、和平和快乐的感觉，"以及超越时空的感觉，这种体验还揭示了一些关于现实的客观真理的'意识'"。对他们来说，这些感觉和其他任何经历一样真实。

受试者通过间接体验死亡来克服对死亡的恐惧。约翰·霍普金斯大学的心理学家凯瑟琳·麦克林说："大剂量的迷幻体验就是一种死亡体验。你正在失去一切你所知道的真实，放任你的自我和你的身体。这个过程就像死亡。"[11]

对我来说真的就是这种感觉。

自从我读了卡洛斯·卡斯塔涅达关于唐璜的故事后，萨满之旅就深深吸引了我。[12]卡斯塔涅达在不同寻常的意识状态下的经历给我年轻的心灵留下了不可磨灭的印象。多年来，我一直梦想着去墨西哥找一个萨满，让他引导我进入不寻常的现实世界。[13]

1998 年，一个朋友告诉我一个萨满要在沙漠里用神圣的植物举行一次仪式。我立刻表示要参加。最终，我和一个萨满法师以及一群通灵者一起消失在幻想的沙漠中。我坐在圆圈的中央，拿着萨满盛满白色粉末的烟斗。因为我不抽烟，我主要担心的是，我咳嗽和呼出的烟会让自己难堪，而我应该尽可能长时间地把烟

---

① 裸盖菇素是一种具有神经致幻作用的神经毒素。——编者注

憋在肺里。我闭上眼睛，清了清头脑，做了三次深呼吸。我把烟斗拿到嘴边，在萨满点燃烟斗时吸了一口气。我立刻感到我的心在燃烧。我的喉咙发痒，肺也疼，但我没有咳嗽。看不见的手帮助我躺下。在接下来的一个小时里，这是我最后一刻接近正常的感觉。

我进入了一个非凡的境界，不是因为外面发生了什么变化，而是因为我内心的某种东西终于放松下来，融入了幸福的波浪。这种感觉就像强烈的光和热，就像在我血管里流淌的是五香蜂蜜（在我写这些文字时，这种表达毫无意义，但是我对这段经历的记忆就像现在手指敲击键盘打字的感觉一样清晰）。

浪越来越大。我开始感到一种欣喜若狂的痛苦。过了一段时间，我开始觉得我的内心在燃烧。我感到一种无法控制、无法忍受的幸福，从我自己中把"我炸出去"。意识是存在的，但不是我的意识。我在那里，但我不是普通的"我"。我觉得好像有光从里面融解了我，同时，也有光从外面融解了我，穿透了我皮肤的每一个毛孔。

外面的光想和里面的光融合，我就知道是这样。正是对分离的错误信念阻止了这种美丽的爱的行为。第一次，我（作为一个自我）无法阻挡光明。光穿过我，以我的样子出现，成为我，就是我。我就是光的海洋以弗雷德的波浪出现。

我觉得自己已经摆脱了对死亡的恐惧。我感到彻底的安全，不是因为没有风险，而是因为真正有风险的并不是"我"。我又笑又哭，喜悦和宽慰的泪水从脸上流下来。我在快乐和痛苦的狂喜中翻滚。内心的一个声音告诉我，"你以你活着的方式死去"。如果你活在黑暗中，惧怕死亡是无可争议的。如果你活在光明中，

死亡前的死亡：找到你真正的本性

第十一章

就没有什么好害怕的。

作者兼神经学家萨姆·哈里斯比我认识的任何人都更能解释意识在不寻常状态下所产生的转变。在《觉醒》一书中，他描述了他对人类心灵潜力的感知是如何通过他的入迷体验（MDMA）而发生深刻变化的。

> 我对人类心灵潜力的感知发生了深刻的变化……例如，我的嫉妒心，就是那种被另一个人的幸福或者成功削弱的感觉，它似乎是一种精神疾病的症状，已经消失得无影无踪了……如果说我平生第一次感到神志清醒，也不算太过分……我不再关心自己了。在竞争中，我不再焦虑，不再自我批评，不再用讽刺保护自己，不再尴尬，不再追忆过去，也不去思虑未来，不再做任何其他让我与另一个"我"隔绝的思想或者任何有这种转移我注意力的动作。[14]

"我们称之为'我'的感觉是一种幻觉，"哈里斯说，"在大脑的迷宫中，并没有一个独立的自我像牛头怪那样生活。但是我们感觉有这样一个怪兽，感觉它就坐在眼睛后面某个地方，看着一个与你完全不同的世界。这种感觉可以被改变，甚至完全消失。"

当自我的幻觉消失时，剩下的就是一种因挚爱而超验连接的姿态。挚爱是一个非常健康的平台，一个组织可以建立在这个基础上，因为它能帮助人们团结在一个共同使命和价值观周围。

在我的个人旅程中，我看到了被称为"我"的感觉就是海市蜃楼。我通常的意识状态——在这种意识状态中，我把自己当作一个拥有感知、思想和感觉的自我，这个自我在我眼睛后方 5 英寸①的地方做出决定并采取行动——就是一种错觉。虽然我以前通过冥想练习瞥见过这种意识，但是这次萨满之旅的神秘性质让我确信，我已经不是我以前认为的我了。

这是我所读过的科学描述不能解释的，我现在直接地、不可否认地知道，我的"自我"作为一个统一主体的感觉，其实就是一种幻觉。就像蓝天、七色彩虹和碧绿的海水一样，自我并不是它表面上的样子。事实上，它只不过是一种意识的视觉错觉。我仍然强烈地感觉到，"我"是我的经历的主人，它从我这张脸后面的某个地方感知、思考、感觉和下决心，但是现在每次我在冥想中仔细观察它时，那个"我"就消失了。它并不比沙漠绿洲更真实，沙漠绿洲出现在远处，但是当我走近时它就消失了。

这种迷幻的体验可以非常深刻地改变对死亡的恐惧，同时给日常生活带来理智。迈克尔·波伦写道："生命终结时存在的痛苦与精神疾病有许多相似之处，包括过度的自我反省，以及无法跳出消极思想的深渊。自我，面对它终将消失的未来，变得高度警惕，撤回了对这个世界以及对他人的投入。令人吃惊的是，一个单一的迷幻体验应该有能力以一种持久的方式改变这些模式。"[15]

我们都将死去。我们都知道这一点，但是我们不愿意面对它，而是想把它藏起来。在我们正视它之前，我们存在的痛苦将永远作为一种低级精神疾病偷偷地存在。我们变得自私，不能与他人或者这个世界产生联系。我们失去了灵魂。我们变得过度警惕，过度挑剔，过度焦虑。对于我们大多数人来讲，萨满的那些物质是不安全的。那么我们如何才能从我们生活的坏的自我之旅中觉

---

① 1 英寸 ≈2.54 厘米。

醒过来呢？我相信我们可以通过冥想和参与一个由一位英雄带领的、积极从事以卓越工程为目标的团体觉醒过来。那位英雄已经走过了通往地狱的旅程，并回来与我们分享他的觉悟的礼物。

"哦，哇哦"

在斯坦福大学的毕业典礼上，史蒂夫·乔布斯说，死亡"很可能是生命最好的发明，是仅有的一个"。死亡是最后的警钟，提醒我们生命的宝贵，提醒我们在有限的时间内体验和彰显生命。

乔布斯的妹妹在乔布斯葬礼的悼词中写道："我想，把一个身患癌症多年的人的去世称为'意外'是不太准确的，但史蒂夫的去世对我们来说却是'意外的'。我从哥哥的去世中学到的是，性格是至关重要的，他是什么样的人，要看他是如何离开这个世界的。"

"死亡这项工作是不得不完成的，"她写道，"即使是现在，他依然有着严肃而英俊的侧影，一个绝对主义者的侧影，一个浪漫主义者的侧影。他的呼吸显示出一段艰难的旅程，一条陡峭的道路，一个炫目的高度。他似乎一直在向上攀登。除了他那样的意志力，那样的职业道德，那样的力量，还有我亲爱的史蒂夫创造奇迹的能力。他有着艺术家对理想的信念，相信未来会更加美好。"

他生前最后说的几个字像是神秘而美好的评论，像念咒语一样的重复了三遍："哦，哇哦。哦，哇哦。哦，哇哦。"[16]

第十二章

成为英雄：踏上旅途

请直呼我的真名，

这样我可以马上听到我所有的哭声和笑声。

这样我可以看到到我的快乐和痛苦融为一体。

请叫我的真名，这样我就能觉醒。

敞开我的心门，

同情之门。

——释一行

自古以来，人类就惊叹于一些普通人通过与死亡对抗而改变的故事。这些英雄的故事都遵循着某个循环，以平凡开始，最终又返璞归真。

　　故事情节总是一样的：英雄被召唤去完成一项艰巨的任务，这迫使他走出家门，进入一个危险的陌生世界。在这个过程中，他得到了某种信使或盟友的帮助。他面临各种各样的挑战——可能要解开很难解开的谜语，逃离陷阱，避免诱惑，杀死一个怪物，或者做以上所有的事情。然后他必须面对一个巨大的挑战，挑战要以危机结束，这是一种典型的濒死体验。旅程是恐怖和可怕的，这位英雄要经历孤独、痛苦、疲惫、疾病和绝望的考验。如果他活下来了，就会赢得一份礼物（包括更大的自知之明），然后回家把这份礼物和他的智慧赠予他人。在这个过程中，英雄从一个平凡人转变成了一个更聪明、更超然的存在。

　　这些故事是如此永恒和普遍，以至于伟大的美国神话学家约瑟夫·坎贝尔给它们起了一个独特的名字——"单一神话"。无论是一个宗教人物（耶稣、摩西、奥西里斯），一个文学人物或者历史人物（奥德修斯、圣女贞德、威廉·华莱士、亨利五世），或者是一个电影角色（《星球大战》中的卢克·天行者，《绿野仙踪》中的多萝西，《角斗士》中的马克西姆斯，《饥饿游戏》中的凯特尼斯·伊夫狄恩，《生活多美好》中的乔治·贝利，以及无数的迪士尼电影的主角），英雄总是千篇一律，因为毕竟，他的故事更能明显地反映我们的生活。

英雄主义是卓越领导的必要条件。英雄要一马当先，这样才能赢得领导他人的道德权威。要想成为一名指导者，他必须在挑战面前证明自己的价值。在他归来后，人们才会相信他会明智而富有同情心地领导大家，因为他们知道如果没有这些品质，他是无法生存下来的。

我们每个人都有能力成为英雄，但并不是每个人都有勇气独自承担那个任务。这段旅程需要深入陌生和危险的领域，应对巨大的挑战。它还需要你进一步发现关于你自己的真相，它向你揭示关于每一个自我的真相：我们都渴望与比我们自己更伟大的事物联系在一起，渴望加入它，渴望以自己独特的方式为它做出有意义的贡献，渴望坚持真理、善良和正义。

这段旅程令人望而生畏。约瑟夫·坎贝尔指出，在大多数故事中，英雄都会拒绝来自"冒险的召唤"。我们中的大多数人都被无法控制的力量吸引到这段旅程上，小跑、尖叫着被吸引过来。我们没有选择，但我们可以选择如何走这条路。正如苏格兰英雄威廉·华莱士在电影《勇敢的心》中所说："每个人都会死去，但并不是每个人都活过。"

为了活得充实，我们需要一个不朽的工程。我们需要一个英雄般的追求，使我们的生活有意义。对意义的需求是推动非凡企业发展的能量。为了让你的追随者为这种努力做出内在的承诺，你必须成为一个英雄。除非你能战胜自己心中的恶魔，否则你无法成为英雄。

我的旅程

"这间房子里没有德国人！"我母亲厉声用意第绪语冲我祖母喊，她那尖锐的语调是我最早的记忆之一。许多年后，我意识到，尽管我的父母没有直接经历过暴力，但他们与生活在大屠杀期间的犹太人有着相同的受困心态（以为他人对自己存有敬意）。

我的祖父母和他们的父母在19世纪末逃离了俄罗斯，当时反犹太主义浪潮高涨，我母亲的祖父在大屠杀中丧生。对他们来说，阿根廷一定感觉像是一个新的星球。他们非常贫穷，有一段时间，我母亲住在孤儿院，因为她的父母养不起她。

第二次世界大战期间，我的父母还是孩子，那时他们就知道了希特勒。[1]战争结束后，他们发现了集中营的恐怖。尽管他们和欧洲之间的距离有一万英里①之遥，但他们还是深感震惊，尤其是那些与希特勒作战的国家，包括英国和美国，竟然拒绝了那些设法逃离的犹太难民，还把他们送回欧洲的毒气室和火葬场。

我在学校里读到过大屠杀的事。我看到了那些夹克上缝着大卫之星（犹太教和犹太文化的标志）的我的同胞的照片，他们正被装上火车。我看到了饥饿和死因的可怕画面。我是个有判断力的人，但是我仍然无法相信，当他们的犹太邻居被推进贫民窟时，

———————————

① 1英里 ≈1.6千米。

"善良的德国人"居然会袖手旁观。当如此可怕的事情发生时，他们怎么能袖手旁观呢？

在我 15 岁的时候，这种受困心态变得不那么抽象了。1976 年，阿根廷发生军事政变。当军人接管政府时，我认识的每一个人都松了一口气，因为他们承诺和平、稳定，让民众从左翼和右翼恐怖主义中解脱出来。必须做点什么，必须恢复秩序，阿根廷的"肮脏战争"就这样开始了。[2]

军政府统治下的生活既有序又可怕。每个人都很紧张，该政权实施了戒严令。我的父母一再提醒我要小心，远离任何有麻烦的迹象。晚上出门很危险，每个人都被监视着。我们睁大眼睛，闭紧嘴巴。我总是小心翼翼地随身携带着我的身份证件，准备好让武装士兵检查，他们通常会登上公共汽车，蛮横地索要证件。军警不止一次搜查挎包和背包，把那些身份证件不准确或者携带禁书的人带走。

1979 年，当我还在上大学的时候，我在一个计算机中心兼职上夜班。每周四，当我走出梅奥广场的火车站时，都会看到一群妇女聚集在一起，她们举着一面大横幅，戴着白色方巾，上面写着自己的子女和孙辈的名字的首字母，因为这些人无缘无故地消失得无影无踪了。"梅奥广场的母亲们"要求知道她们所爱的人到底发生了什么事，她们几乎总是被大批警察包围着，有时会有人被捕。偶尔我看到那些妇女和其他加入她们的抗议者去布宜诺斯艾利斯大教堂寻求庇护，乞求神父保护她们。

随着越来越多的人失踪，阿根廷经济开始崩溃，政权失去了支持。为了赢得公众的支持，军政府决定攻占福克兰群岛——阿根廷人称之为马尔维纳斯群岛——与英国开战。这完全是一场灾

难，阿根廷军方战败，最终导致军政府倒台，让阿根廷恢复了
民主。

马岛战争结束后不久，军事管理开始有所放松，审查控制也开始出现裂缝，我拿到了一本能让人精神错乱的书，书名叫《梅奥广场的疯狂》，书中描述了我每周四在广场上遇到的那些母亲的孩子的遭遇。一天晚上 8 点我开始读这本书，第二天早上 6 点就读完了。我哭了一整夜。我在广场上看到的那些母亲的孩子都被折磨致死。他们有的被下了麻醉药，运上飞机，然后被扔进了海里；有的被枪杀，埋在没有任何标记的万人坑里。他们的消失是有人故意制造的，这就是为什么他们被称为"下落不明者"。军政府偷走了这些受害者的婴儿，把他们送给了对军政府友好的家庭。消失的两三万人中，后来只发现和确认了不到 600 人。[3]

我对政权在我眼皮底下所做的事感到极度羞耻、恐惧和愤怒。照镜子时，我意识到自己是 1978 年被骗的数百万人中的一员，当时我们都走上布宜诺斯艾利斯街头，庆祝阿根廷在世界杯足球赛中获得冠军。当人权组织抵制锦标赛，谴责军政府可怕的暴行记录时，国内的宣传活动却不停地大喊："我们阿根廷人是对的、正义的，也是人，有人性。"正如政府明确指出的那样，我们都希望相信，国际运动是针对我们阿根廷人，而不是针对军事政权不分青红皂白的野蛮行径。

读了那本书之后，我觉得自己就像刚从精神病院被释放出来的病人。我觉得自己是在梦游中遇见了那些母亲和祖母。这是一个被心理学家称为"分离"的经典案例，即创伤受害者所经历的那种事情。当你在噩梦中或者经历创伤时，梦是有意义的。但是当你醒来的时候，你会意识到你已经被铺天盖地的宣传压得喘不

过气来了，这些宣传是由权力机构强制执行的，你的亲戚、朋友和邻居都支持。我对每个人都感到愤怒，不仅是对可怕的军政府和媒体，也对旁观的"沉默的大多数"感到愤怒，他们在杀戮发生时袖手旁观。当时我看不太清楚自己也属于后一群人。

这里让我感到恶心，所以我一拿到大学学位就离开了阿根廷。我再也不想住在这里了，我去了加州大学伯克利分校，然后在麻省理工学院找到了一份工作。在这期间，通过心理治疗、冥想和许多个人发展研讨会，我努力治愈我的国家串通谋杀的痛苦，以及我作为一个不那么无辜的旁观者的痛苦。我成为一名强调清醒管理的教师，帮助高管更加用心地工作和生活。我的工作成为一座桥梁，一方面是核心经济学和商业理论的世界，另一方面是哲学、伦理和精神智慧的世界。

当我努力接受我的愤怒和羞愧时，我读了《希维蒂》[4]，这是一本自传，讲述了一个大屠杀幸存者使用迷幻药让自己从创伤中恢复的故事。[5]在治疗师的指导和药物的影响下，作者记起了他和其他人在一辆卡车里险些被毒杀的事。他记得看见一个德国卫兵在外面抽烟。然后，在治疗的情况下，他"成为"那名他看到的卫兵。他站在卡车外面，在那个寒冷的日子里抽着烟，什么也没想。他对所要杀死的人没有仇恨，也没有恶意，他只是觉得冷，希望战争早日结束。

在那一刻，病人意识到他现在已经"离开"了那个现场。他能同时既当卫兵又当囚犯，这意味着他两者都不是。他能够将自己的身份从受创伤的自我中分离出来，并采取一种超个人的视角。这种通过使用迷幻药产生内心心理剧的治疗治愈了他。我也渴望体验那种治愈。

在我的英雄的治愈之旅中，我所迈出的每一步都为我打开了新的大门，但是最深刻的真相直到多年后才在德国的一次培训研讨会上浮现。研讨会里的一位男士站起来，告诉我他的父亲曾是一名集中营看守，这个事实让他感到非常内疚和羞愧。我对他的痛苦深表同情。我邀请他上台谈话。当我听他说话时，他的话触动了我的内心，眼泪开始从我的脸上流下来。我向他解释说，我是一名犹太人，但是我和他一样深深地感到羞愧，因为他什么也没做，他只是一个做了可怕事情的人的儿子。另一方面，我责怪自己在肮脏的战争中像一个"善良的阿根廷人"那样袖手旁观。我在广场上看见了那些母亲，但只是从她们身边匆匆走过。我看到人们被强行拉进令人恐惧的情报机构的绿色福特猎鹰车，但我却视而不见。我知道有什么邪恶的事情正在发生，但我不想知道。

那就是我的"希维蒂"时刻。突然，我意识到了我曾经那么憎恶的大多数"善良的德国人"一定和我一样被吓得要死。我看到自己站在德国人的立场上，看着犹太人被带走。我立刻觉得自己既像德国人，又像犹太人，还像在广场上经过那些悲痛欲绝的妇女的阿根廷男孩。我是一个"失踪者"，一个施虐者，一个被绑架的孩子，和杀害我父母的人一起长大，一个军官收养了这个孩子，把他当作自己的孩子抚养长大。这是一次深刻的经历。我的心打开了，我的判断消失了。我感觉自己在看一颗有着无限小平面的钻石。我和那位男士都哭了，我们紧紧拥抱对方。我满怀同情。他和我多年来内心存在的那种内疚和羞愧的可怕感觉消失了。这对我俩来说都是一次改变人生的经历。

在我的内心，我体验到了一种巨大的开放，一种比我过去所认为的"我"要大得多的宁静与和平。有那么一瞬间，我觉得没有"其他",没有分离的感觉。对我的那个小的自己的认同停止了,我的"我"的感觉扩展到包括所有的人,以及超越人类之上的芸芸众生。它永远地改变了那句《圣经》格言"爱你的兄弟如爱你自己"的意义,因为我经历了我的兄弟经历的,如我自己经历一样。

几年后,我爱上了一个德国女人,并和她在德国生活了几年。我们一起参观了许多大屠杀纪念馆。我觉得我们的爱是对那段折磨纠缠我们独特的民族历史的罪恶的最好回应。虽然我们的关系最终没有一个圆满的结果,但我还是感到很幸运,因为我通过她、她的家人和朋友感受到了德国人民的善良。甚至我的母亲也爱上了这个女人,是她打破了妈妈所有的成见,偶尔还用意第绪语和她说说话。[6]

领导力大考验

如果领导者愿意从痛苦的经历中学习,危机最终会导致觉醒。当面对可怕的环境,英雄要经历自我死亡。他必须失去自己,才能意识到失去的不是真正的自己。为了无所畏惧地生活,他必须以艰辛的方式学会理解只有那些不会杀死他(甚至会杀死他)的东西才会让他变得更强大。[7]

杰夫·韦纳加入领英之前,曾在雅虎工作。在那里他曾是一名迅速崛起的年轻高管。但是,当他管理的一个大项目出现波折时,他必须认真地审视自己。

杰夫的业绩一直都很好,所以他被要求接手一个非常困难的项目——管理一个团队,这个团队的任务是重建一个传统的广告平台，与谷歌竞争。他知道完成这个项目会非常困难，但是他接受了挑战，因为他认为这对雅虎很重要。

这个团队夜以继日地工作。虽然他们完成了一些看似不可能的事情，但是仍然没有达到公司设定的宏伟目标。尽管整个团队都很努力，但这个项目还是失败了。因为杰夫在某种程度上都是用他以前的成功来定义自己，所以这次他的自尊心受到了打击。在一次指导性谈话中，他告诉我，他担心自己"失去了魔力"。[8]他开始质疑自己以前的一些成就。他对我说："我想知道我以前的成功是否是具体的，只是因为当时的情况是那样，与我的能力或者贡献无关。"他还担心这会对他的职业生涯产生什么影响。

"在这段旅程中，你会比以往任何时候都更加坚强。"我预言道。

"你的工作就是要这么告诉我。"他怀疑地回答。

"我的工作是告诉你事情的真相。"

在我为写这本书采访杰夫时，他告诉我，我对他的信心让他牢记于心，是他经受住了严峻考验的勇气，也是他与他现在所指导的人分享的信心。"你在我身上看到了什么，让你能够那样评价我？"他问我。

"你的英雄旅程。"

我告诉杰夫，问题不是他不擅长工作，而是他鲜有失败的经历，他还没有学会如何优雅地面对失败。他缺乏韧性，因为他还没有意识到他可以把失败变成智慧和意义的源泉。为了这个项目付出所有，这就意味着他允许这个项目定义他是谁，尽管从一开始这个项目成功的可能性就很小。

"你越快意识到不能用你的结果来定义自己，就会越快意识到你可以从你控制的事物中获得你的自我意识，从你的目标，你的价值观，你的动力，你的承诺，你的智慧，你的关注中。"我这样建议他，"当你达到这个境界的时候，你不仅不会后悔这次失败，而且会感激它，因为它会教给你这个伟大的经验。从长远来看，你会发现通过经历这些，你可以获得更多。"杰夫从中得到了一条黄金原则，这是一条肯定人生的经验，他现在给他指导的许多人提供了这条建议："不要把你的力量交给你无法控制的事情。"

杰夫证明了我是对的。他不仅毫发无伤地穿过了失败阴影的山谷，而且完成了英雄的旅程，获得了不可动摇的信心，带着巨大的馈赠回到了自己的领地。最终，他成为领英备受尊敬的首席执行官，并与员工广泛分享这一变革性事件。

面对逆境的韧性绝对是领导力的基本要求。2002 年，罗伯特·J.托马斯和管理学大师沃伦·本尼斯发表了他们的研究成果。他们发现，判断一个人是否具有真正领导力的最可靠的指标和预测指标之一，就是这个人在消极事件中寻找意义的能力，以及从最艰难的环境中学习的能力。在《哈佛商业评论》上发表的一篇名为"领导力大考验"的文章中，他们指出某些人"好像天生就能产生信心、忠诚和勤奋，而另外一些人（这些人也许也有着同样的视野和智慧）却总是失足，一次又一次"。为什么他们有如此大的差异？"这是一个永恒的问题，没有一个简单的答案。"他们写道，"但是我们开始相信这与人们处理逆境的不同方式有关。"换句话说，战胜逆境，变得比以往任何时候都更坚强、更有责任感所需要的技能，也就是卓越领导力所需要的技能。9

托马斯和本尼斯发现他们所研究的卓越领导者都有一个共同的特点，他们可以将"强烈的，往往是创伤性的，而且总是计划外的经历"（或者考验）变成力量的源泉。有些经历是与死亡擦肩而过，比如托伊特的经历。还有一些经历是产生巨大的自我怀疑时刻，比如杰夫的经历。对另一些人来说，严酷的考验来自一位富有挑战性的导师。

托马斯和本尼斯所描述的所有领导者都有四种基本技能：（1）使他人参与共同意义的能力；（2）一种独特而引人注目的声音——能用语言聪明地处理困难局面的能力；（3）诚信和一整套强大的价值观；（4）"适应能力"或者"应用创造力"——几乎是一种神奇的能力，可以扭转逆境，克服逆境带来的所有压力，让人变得比以前更强大。他们认为，适应能力是一种综合能力，能够权衡许多因素，并将它们置于所有人都能理解的环境中。具备这四种技能的人就具备了卓越领导者的品质。

谢丽尔·桑德伯格的考验

谢丽尔·桑德伯格就体现了托马斯和本尼斯所认同的技能。她曾担任世界银行经济学家和美国财政部办公厅主任。随后，她在谷歌证明了自己，在那里她建立并领导了在线销售和运营团队。如今，她不仅是脸书的首席运营官，还是一位著名的、热情的职场女性倡导者（她的畅销书《向前一步》销量超过 150 万册，并且引发了一场运动）。她创建的组织 LeanIn.org 已经发起了 3.3 万个"圈子"——关注妇女赋权的社区——其中包括来自 50 多个国家的数十万男女。她的工作已经激励了数百万人。[10]

谢丽尔的一生中遇到过很多挑战，但最艰难的那次是如何面对她深爱的丈夫戴夫的去世。2015 年，戴夫突然去世，享年 47 岁，留下她这位单身母亲带着两个孩子。以下是她在哀悼一个月后在脸书上发布的一些内容。[11]

我儿时的一个朋友，现在是一名拉比，最近告诉我，他读过的最有力的一句祷告是："不要让我在活着的时候死去。"在失去戴夫之前，我一直也不理解这句祷告词的意思。现在，我明白了。

我认为当悲剧发生的时候，这是一种选择。你可以屈服于空虚，那种充满你的心、你的肺的空虚，限制你思考甚至呼吸的能力。或者你可以试着找到意义。在过去的这30天里，我花了很多时间迷失在这种空虚中。我知道未来的很多时刻也会被这种巨大的空虚消耗。

但是当我可以的时候，我想选择生活和意义。所以我分享我所学到的，希望它能帮助别人。希望这场悲剧能有一些意义。

我在这30天里活了30年。我比以前更伤心了30年。我觉得我比以前更聪明了30年。

我对做一个母亲的意义有了更深刻的理解，既是通过孩子们哭喊时我感受到的内心的极度痛苦，也是通过我的母亲所感受到的我的痛苦。

我知道我从来都不知道该对需要帮助的人说什么。我想我之前都错了。我努力向人们保证一切都会好的，我认为希望是我能给予的最令人欣慰的东西。我的一位癌症晚期的朋友告诉我，人们对他说的最糟糕的话就是"一切都会好起来的"。他脑子里的那个声音会尖叫："你怎么知道一切都会好起来？难道你不明白我可能会死吗？"就在上个月我学到了他在努力教给我的东西。真正的共鸣有时不是坚持说它会好起来，而是承认它不会好起来。

让我明白的一点是我感觉一切都是短暂的，也许一切就是短暂的。不管你站在什么样的一块地毯上，它都可能毫无预兆地被人从你脚下抽走。

我学会了寻求帮助，我也知道了我需要多少帮助。到目前为止，我的身份是一位姐姐、一位首席运营官、实干家和策划者。我没想到戴夫会离开，当它发生的时候，我没有能力做任何事情。我身边最亲的人接管了一切。

我明白了，韧性是可以通过学习得来的。

我意识到，要恢复与同事的那种亲密关系，我需要让他们走进来。那就意味着我要更加开放和脆弱。

我学会了感恩。真正感激那些我以前认为理所当然的东西，比如生命。虽然我很伤心，但是每天看着我的孩子们，我为他们还活着而高兴。我感激每一个微笑，每一个拥抱。我不再认为每一天都是理所当然的。

谢丽尔告诉我，在戴夫去世前，她几乎没有想过死亡的事情。现在，她总是想这件事，并且这激发了她对专注于让世界变得更美好的重要性的感受。在积极地选择意义、感恩和复原力方面，她比失去亲人前更能鼓舞人心。

我问谢丽尔她希望人们以怎样的方式记住她。"在戴夫去世之前，"她告诉我，"我会希望人们这样说，'她是我的好朋友，她是个好妻子，她是位好母亲……'一些私人的东西。但是现在，除此之外，我希望人们记住我是一个战士，为女性争取平等而战斗，为帮助更多的人理解为什么我们需要平等，为帮助更多的人拥抱女性的抱负而战斗。最后，我希望人们记住我帮助人们扭转逆境。没有人会寻找这样的成长机会，但这种情况确实发生了，我们确实……我们应该相互拥抱，找到帮助彼此建立韧性的方法，这是我们自己的责任，也是彼此的责任。"[12]

当她从自我中解放出来，面对死亡，找到真正的自己时，这位英雄带着她个人成长的馈赠回到她的领地。她的榜样和生活方式激励着其他人踏上自己的旅程，并获得象征性的永生。

在《向前一步》这本书中（此书写于戴夫去世之前），谢丽尔所表达的信息是这样的："全身心地投入工作。"她的战斗口号让男人和女人都明白，工作不全是"它"维度，还包括"我"维度及其所有的需求和各种情感的混杂，以及"我们"维度所涉及的社区、团队和友谊。谢丽尔·桑德伯格失去丈夫，陷入难以言说的悲痛之后，重返工作岗位，发现了自己工作的深层目的。最后，谢丽尔通过她的博客和第二本书《另一种选择》，将她的馈赠带给了她的社群。这本书是她和亚当·格兰特合著的，是对复原力的深入研究。《彭博商业周刊》称她为"美国企业界的奥普拉"，因为她一直在以身作则。[13]她分享自己的经历，鼓励他人敞开心扉，拥抱未知，以一种只有她才能做到的方式面对挫折。每一天，她都在改变脸书的文化，让它变得更加开放，让人们在实现脸书"让世界变得更加开放和互联"的使命时，在情感上更加自觉。

谢丽尔的领导力远远超出了她的专业角色。她激励了很多人，包括我在内，为一个更美好的世界而努力，一个更公正、更紧密、更开放、更包容、更有支持力的世界。她经历了蜕变之火的历练，同时也赢得了激励我们这些钦佩她的人踏入我们自己的英雄旅程的权利。

仆人式领导力

模范的领导力就像一颗种子，落在追随者的心里。这颗种子需要关心，需要培育。它意味着学习如何以一种让人们与卓越的服务宗旨保持一致的方式倾听和沟通，学会为了那项不朽的工程而协商分歧，学会通过无可挑剔的承诺来协调和执行。不仅仅要提供反馈，还要建立一个持续改进的联盟，这个联盟能够经受住批评之火。[14] 这些都是真正的"仆人式领导"应有的行为。

"仆人式领导力"一词源自罗伯特·K.格林利夫。格林利夫这样写道："一位仆人式领袖主要关注人民和他们所属社区的发展和幸福，传统的领导力通常涉及'金字塔顶端'的人积累和行使权力，而仆人式领导力则不同。这位仆人式领袖会分享权力，把他人的需要放在首位，帮助人们尽可能地发展和表现。"[15]

卓越的领导力不同于仆人式领导力。一个卓越的领导者是一个鼓舞人心的使命的仆人。他提出了一个不朽的计划，让人民踏上自己的英雄之旅。卓越的领导者服务于他的追随者，因为他使他们的生活充满意义，但他不一定服务于他们的个人需求。

想想一个愿意把自己的生命和士兵的生命置于危险之中的军事指挥官。他会走很长的路来保护他的士兵，但他也愿意为了任务而把自己和他们置于危险之中。

展现这种卓越的领导力最好的例子就是下面这段十分著名的独白之一——莎士比亚的《亨利五世》中的"圣克里斯宾节"演

讲。在庆祝圣克里斯宾节这一天，年轻的亨利国王即将带领他那湿漉漉、痛苦不堪、病弱不堪、精疲力竭的军队与法国人展开一场大战。很明显，对他们来说，他们的生存机会非常渺茫。但是亨利国王通过唤起他的士兵对荣誉的渴望来鼓舞他们（"人越少，分享到的荣誉就越多。"他声称）。他告诉他们，他们的名字将变得"熟悉……家喻户晓"。他并没有就此止步，还承诺，他的军队的地位将得以提升，在英雄行为上将有着和他自己一样的地位：

> 圣克里斯宾节，圣克里斯宾节永远不会消失，
>
> 从今天直到世界的末日都不会。
>
> 但是在这一天人们会纪念我们，
>
> 我们几个人，我们这幸福的几个人儿，我们是一群兄弟。
>
> 谁在今天和我并肩浴血疆场，
>
> 谁就是我的兄弟，不管他的出身是多么卑贱，
>
> 这一天都会让他的身份变得高贵。
>
> 现在还躺在床上的那些英国的绅士
>
> 以后会因为他们今天没在这里而深深自责，
>
> 他们会觉得自己作为男人矮人一头，当他们听到有人讲
>
> 起和我们一起在圣克里斯宾节浴血奋战的时候。[16]

亨利承认他可能和他的追随者一起死去。他从不许诺胜利，相反，他给予荣誉、诚信、友情和创造历史的英雄事迹。亨利和他的战士可以无条件地实现这些非物质的目标。与他们无法控制的受外部因素决定的战争胜利相反，精神上的内在胜利是他们可以把握的。正如亨利告诉他的追随者："如果我们的思想准备好

了，那么一切就都准备好了。"

尽管困难重重，亨利和他的战士还是赢得了这场战斗。莎士比亚认为，亨利激动人心的演讲至少在一定程度上给这些战士灌输了一种压倒一切的使命感和勇气，使他们最终取得了胜利（斯坦利·麦克里斯特尔将军曾告诉我，数百年来，这篇演讲一直被念给即将奔赴战场的战士听。时至今日，它仍被用来激励那些为了崇高目标而甘冒生命危险的战士）。

你的英雄旅程

回想一下，当你从自己、从他人和从这个世界中学到了一些非常重要的东西的时候，那可能是一个可怕的、痛苦的、愤怒的或者令人震惊的情况，而它改变了你的生活、你的态度、你对待事物的方式。当你进入这段经历时，你感觉如何？

我曾经问过上千名参加过我的研讨会的人这个问题。典型的回答是"可怕的""不安的""充满自我怀疑的""吃惊的""恐怖的""迷茫的""心烦意乱的""背叛的""焦虑的""愤怒的""羞愧的""受伤的"等。

在他们对这个问题思考了一段时间后，我问参与者，他们中有多少人会在那一刻再次选择这种体验。大多数人回答说，他们会竭尽全力避免它。

这种反应被约瑟夫·坎贝尔描述为"拒绝冒险的召唤"。当英雄发现通往地狱的门打开时，他就往相反的方向跑。当上帝吩咐摩西去和法老谈话时，摩西问道："为什么是我？我是一个口吃者！"

我指出，当我们要学习一些最重要的东西时，我们很少会感觉良好。这类经验的获得要付出高昂的代价。

然后，我让他们分成若干小组。下面是提出的规则：每个人都分享他曾经经历的一段令人震惊的故事记忆，最后的结论是他从中学到了什么，以及这段经历对他的生活有什么影响。每个人都同意他们在别人讲的时候会安静地、恭敬地倾听，唯一允许的表达是对讲述者天赋的欣赏。不允许有人给分享这个故事的人建议或者指导。唯一有效的反应就是"谢谢""哦，哇"和"哦，哇，谢谢"。

然后我问大家，一旦他们能够将自己辛辛苦苦学到的新知识融入生活，在这种学习经历结束时的感受如何。典型的回答是"平静的""快乐的""自豪的""完整的""有爱的""富有同情心的""欣赏的""感激的""满足的""满意的""幸福的"。

我问道："你们当中有多少人愿意，在你们经历那种震惊的时刻，去接受这种经历，作为你们为所获得的知识付出的代价？"大多数人都举起了手。一个典型的参与者这样评论："我不会选择再经历一次我所经历的，但鉴于我别无选择，我觉得赋予它意义，从中学习一些重要的东西是很有力量的……"然后他笑了笑，又补充了一句："我当然不想重学一次了。"

然后，我请他们考虑，是不是许多重要的学习经验都是从一个困难的挑战开始的，这种经历里总会涉及某种危机。看来以另一种更深刻、更真实、更明智的信念取代我们所珍视的一种信念，这个危机的过程是必不可少的。

然后我要求每个参与者重新想象一下那种胜利的经历。我鼓励他们既去寻找内在的资源（比如他们的价值观、美德、信仰等），也去寻找外在的资源（比如家人、朋友和导师）。

最后，我请他们记住此刻他们正在经历的一个可怕的、痛苦的、愤怒的或者令人震惊的情况，并把这个经历看作一个可以丰富他们生活的有意义的一课的开始。我建议他们把自己的内在和外在资源运用到当前的情况中，想想他们认为自己现在可以从中学到什么，想想这样的想象会给他们带来什么价值，想想当他们拥有新知识的馈赠再次出现时会有什么感觉。

当我们一起回到现实中时，房间里的能量让人感觉更稳定、更稳固。人们的脸上有一种近乎发光的表情，仿佛他们经历了英雄的旅程，带着馈赠回来了。这种考验的高温和高压力已经把他们的煤变成了钻石。

同样的练习对一个正在经历危机的群体是有好处的，这更加显而易见。例如，当一家区域性的电信公司被一家跨国公司收购时，想要保护自己原有公司文化的小公司的员工会感到既害怕又震惊，而合并后的新领导团队必须管理好这种转变。我让团队成员写一封来自未来的信——作为新成立的、规模更大的公司的一部分，这会教给他们什么？团队从研讨会中走出来，怀着让新的合并顺利运转的强烈愿望。

我发现，一旦一个团队以这种方式经历了英雄的旅程，每个成员就会赢得在联盟中领导公司其他成员的道德权利。

卓越的领导力需要一种深刻而强大的内在生活，这种生活使领导者与卓越的目标保持一致。我相信，每一位领导者都需要像给一件乐器调音一样来调整自己，目的是让自己发出的音乐把人们与崇高的目标联系起来。除了可以在课堂上学习到的技术工具以外，领导者还需要心理工具和精神工具，这些工具只能通过个人的转变获得。激发他人对你想要完成的任务的承诺的最有力工具是，通过支持他们的成长和幸福，并为他们提供使他们的生活有意义、变得高尚和有价值的方式，来扩展你对他们的挚爱。要做到这一点，领导者必须停止认同和屈服于他们那个渴望权力的自我。他们必须经历我所说的"自我死亡"，才能实现领导力的重生。

英雄领袖的旅程充满了考验我们、揭示和磨砺我们精神的各种磨炼。人类的成长有一个自然的模式，一个从无意识到有意识再到超意识的轨迹。这个过程迫使未来的卓越领导者认真审视自己，直面自己最大的恐惧，在盟友的帮助下找到自己的优势，赢得成为自己、创造自己的命运、成为自己生活的主人的这场战斗。只有当你走上这段英雄的道路，战胜自己的阴影，你才能把你的智慧馈赠给你的社群。只有当你找到了自己内心最深处的真实，你才能成为别人的榜样，激发出信任，而不是愤世嫉俗。

通过实践你的价值观和超越自我，你可以成为那种鼓舞人心的、卓越的领导者。于是，当人们面对最艰巨的挑战时会坚定地追随你。

第十三章
超自觉资本主义：
用援助之手重返市场

除非你意识到别人和你是一体的，否则你不可能爱他们。你爱别人是自知的结果，而不是自知的原因。当你毫无疑问地知道同样的生命流经一切时，你就会自然地爱上一切。

——尼萨迦达塔·马哈拉杰

对人类进化最古老的描述之一是一组浮雕作品，叫作《十牛图》，来自 12 世纪中国禅宗学派。[1] 在这些画像中，精神之路以一群牛的旅程为代表。在前三幅图中，牧民拼命地寻找他的牛，表现了人类的无意识状态。在中间的三幅图中，牧民捕捉到了牛并且驯服了它们，代表意识状态。后面三幅图是牧民意识到自己和牛是一体的，代表着超意识状态。

最后一幅图展现了一个关于启蒙的惊人见解。第十幅叫作"入鄽垂手"意思是"垂着慈悲之手返回市井"。最后被唤醒的牛，看起来就像"一个快乐的乡下人，他的身体洋溢着生命的活力，他的内心充满了慈悲的爱"。"他进了城中的集市，做了所有其他人都做的普通的事情。但是因为他有很深的觉悟，所以他所做的一切又都是不平凡的。他并没有逃避这个世界，而是与周围的人分享他开明的存在。他不仅在向佛的道路上引导鱼贩和客栈老板，而且他的创造力和他生命的光辉甚至使枯树回春。"[2]

一些禅宗的修行者将他们精神进化的终结视为对日常事务失去兴趣的幸福。对他们来说，自我超越意味着从日常生活中抽身而出。然而，根据禅宗大师的说法，开悟不会导致遗忘。相反，它引导我们回到人类世界去充分、充满爱地参与其生活。真正的灵性不是以放弃而告终，而是以激情的参与而告终。

作为一名卓越的领导者，当你"垂着慈悲之手返回市井"时，你不会感到最终的分离。你发现"像爱自己一样爱别人"是很自然的事情，因为在别人和你之间没有一个严格的界限。当然，你明白你的身体和其他人的身体是分开，就像你明白同一棵树上的一片叶子和另一片叶子是分开的一样。但是你不认为自己在情感上与其他人的自我是分开的。你明白一股波浪与其他波浪是分开的，但同时你也意识到它们都是同一海洋的运动。在觉醒的意识中，只有一个统一的整体领域，它充满智慧的慈悲。

在这一领域产生了一种冲动，即通过有意义的工作帮助人们繁荣，通过道德原则为崇高的目标积聚他们的努力。在超意识的头脑看来，这就是市场的样子。然而，在许多普通人看来，市场并非如此。

第一个巨大的误解

一个客户曾经问我，怎样才能使一个组织的崇高目标与资本主义赚钱的野心相一致，他认为资本主义是世界上许多罪恶的根源。

如今，将许多问题归咎于资本主义是一种时尚。2016 年，哈佛大学对 18 岁至 29 岁的一些年轻人进行的一项调查发现，51%的受访者不支持资本主义。[3] 对于许多人来讲，资本主义就是贪婪的商人进行剥削的领地。在他们看来，资本家的主要职业就是利用穷人，努力在没有任何道德顾虑的情况下最大化自己的利润，并且在这个过程中伤害人类，并破坏环境。

那些批评资本主义的人有合理的担忧，但我相信问题不在于资本主义本身——它是一种有产权而且自由交换的体系，给人类带来巨大的好处，我一会儿再具体解释这一点——而在于任人唯亲。我提出这个问题的原因是，除非你能理解其中的差别，并能向你的同事阐明这个差别，否则你就无法激励他们。如果你进入市场后不明确并展示你的最高道德原则，那么你就不可能在市场上大展拳脚。你必须向组织中的每一个人，以及其他利益相关者展示，你可以赢利，并且同时仍然可以为你自己和你的企业感到骄傲。

任人唯亲是一种政治经济制度，在这种制度下，政府由企业控制，并以企业的强制权力对市场进行干预。有裙带关系的商人之所以能兴旺发达，并不是因为他们为利益相关者服务，而是因为他们利用了国家的权力，绕过了自由市场的规则。资本主义把个人野心导向为他人服务，而任人唯亲则把个人贪婪导向滥用。

任人唯亲的政客通过向他们喜欢的人发放特别许可证、政府补助和税收减免，以及对竞争对手和消费者施加关税与限制，来压制竞争。有裙带关系的公司无畏地承担着过度的风险，它们知道，如果它们赢了，它们的收入将被私有化，但是如果它们输了，它们的损失将通过紧急援助和特别援助计划得到弥补。有裙带关系的企业赚钱，不是通过其增值服务在经济市场中获利，而是通过破坏价值的收入在政治市场中牟取暴利。[4]

裙带商人完全应该受到指责。他们贪婪、有掠夺性，而且不道德。他们在无尽的贪婪中危害人类和环境。他们不懂得节制，不顾人民的权利，践踏人民。也许这就是为什么一个世纪前资本家剥削工人的论点在人们的头脑中确立了它的价值。在我看来，裙带商人不是资本家，他们是黑手党。

资本主义不是这样运作的。在法治的自由市场中，企业不会因为冷漠无情、操纵欲强和贪得无厌而获利，尽管这样做可能会给它们带来短期优势。从长远来看，企业真正的利润来自移情（理解客户、员工和其他利益相关者）、同情（为他们服务）和平等（对他们公平）。自恋的马基雅维利式心理变态的公司能生存下来，并提拔自恋的马基雅维利式心理变态的领导者的唯一原因是，它们能够（通过政府的亲信）从可以提供更好价值的其他人那里抢占竞争优势。

把资本主义与犯罪集团的行为相混淆，这是我们这个时代的悲剧，它并没有被认为是对社会的巨大恩惠（这一点我稍后会详细解释）。这就像是把一个残暴的独裁政权和一个共和国混为一谈。资本主义与任人唯亲之间的根本区别，就像独裁政权与共和之间的区别一样，资本主义是对财产权及其所包含的基本自由的尊重。有意识的领导者是对维护这些价值观负有最大责任的人。

正如彼得·德鲁克所警告的那样："暴政是替代强大、自主的制度的唯一选择。"暴政用一个绝对的老板代替了多元主义，用恐怖代替了责任。德鲁克认为，暴政将自由市场组织包容在一个无所不包的政治官僚体系中，裙带资本主义的终结就是法西斯主义。它确实生产商品，并提供服务，但却付出了巨大的痛苦、羞辱和挫折的代价。德鲁克写道："因此，让我们的机构负责任地、自主地、高水平地履行职责，是多元社会中自由和尊严的唯一保障。"[5]有意识的领导者让制度发挥作用。有意识的领导力是暴政的替代品，也是我们对抗暴政的最佳保护措施。

第二个巨大的误解

除了把资本主义作为一种经济体系加以指责外，许多人对特定的营利性企业也持消极态度。一个主流的社会文化基因可能是这样的："商人都不可信，他们是利用员工和客户的剥削者。"这是一个错误的结论，源于对利润来源的混淆。有些人认为它源于对弱者的利用。事实上，它来自强势的供给。

下面是一个例子，是我在写这本书期间发生在我身上的一件事。当时我在伯利兹海岸自由潜水，我的左眼开始出现雷雨般的景象，[6] 就好像一盏闪光灯开始直接照进我的大脑。出现这种现象的原因是视网膜脱落，这是几天后当我能够下地活动地时才知道的。当时在一位当地眼科医生的催促下，我马上飞回了美国，就在那天晚上，一位专家给我的眼睛做了手术。虽然我的保险公司支付了所有费用，但是我确信那位医生从这个手术中赚了一大笔钱。

我可以责怪那位外科医生"从我的痛苦中获利"。他从我的不幸中受益，因为我糟糕的情况，让他变得更富裕了。我可以想象，他会因为我遭遇了这件可怕的事情而感到高兴，因为这为他创造了一个有利可图的机会。我知道这不是真的，他的主要目的是拯救我的视力，帮助我成功恢复视力。是的，他以他的职业为生，但是我认识的大多数医生都经过了长期艰苦的医学训练，行医首先是为了帮助患者。

我的眼睛出现这个问题的原因还不清楚，也许和我的年龄有关，也许是因为我潜水时的水压，也许和我 20 年前做的激光眼角膜手术有关，也许是别的什么原因，或者也许以上所有因素都起到了一定的作用。我永远无法确定，但这真的不重要。然而，我确定知道的是那位眼科医生与此事无关。

我发现我的左眼几乎失明了，我感到失落、迷惘、恐惧和脆弱。医生耐心地给我做了检查，诚实地和我分享他对此的诊断，我们还讨论了治疗方案。我的情况很严重。尽管手术有一定的风险，但是不做手术的话，我几乎可以肯定会失去这只眼睛。

医生并没有从我的痛苦中获利，他从减轻我的痛苦中获利。我给他付钱是因为他准备好了要去帮助那些像我一样面对这种情况的病人，而且他的工作做得很出色。这让我充满了感激和钦佩。事实上，比起为恢复视力所支付的费用，我本应该支付给他的要多得多。

同样的道理，我相信责怪食品制造商因为人们的饥饿而获利，责怪服装制造商以人们对不受恶劣天气影响的需求为代价赚钱，责怪建筑公司以人们对安全住房的需求为代价赚钱等，这些都是不公平的，甚至是侮辱性的。食品制造商、服装制造商和建筑公司为人们提供生存所需的商品。生命在任何方面都得不到大自然的保障，只有死亡是确定的。是我们的社会及其经济制度为维持和改善我们的生活提供了条件。为了生存和繁荣，我们每个人都必须努力工作，满足自己的需要。认为那些提供这些手段去满足人们需求的人就是创造这些需求的人，这种想法是不公平的。

尽管这一切似乎都很明显，但我遇到过的太多商人都有负罪感，他们认为自己通过剥削那些需要工作的人，从别人的不幸中获利。这就是为什么他们认为他们赚钱后必须"回馈社会"。

我一直对"回馈"这个概念有个疑问，因为它背后隐藏的含义是赚钱的人拿走了本不属于他们的东西。我完全赞成慷慨、明智和富有同情心地给予，只是反对成功的商人觉得他们必须弥补之前的错误这种想法。

例如，比尔·盖茨公平公正地获得了他的财富，他可以用它做任何他想做的事情。他的慈善事业是值得称赞的，也是慷慨的，但它不是一种补偿。多年来，盖茨通过生产能帮助人们改善生活的产品而积累了财富。[7]不管你怎么看盖茨，他都没有侵犯人们的权利，没有违背他们的意愿拿走他们的钱。任何购买微软软件的人都是自愿的（或者是自愿购买预装微软操作系统和应用程序的电脑）。他虽然积累了惊人的财富，但我认为，与他为所有购买微软产品和服务的人创造的财富相比，他的个人财富相对要少很多。

大多数人只是在比尔·盖茨开始将财富捐给慈善机构时才承认他是一个有道德的人。我觉得这很奇怪，因为微软不仅造福了它的客户，还促进了国民经济的增长，全面提升了我们的技术实力，把西雅图地区变成了一个技术中心，并带来了许多其他的社会效益。作为微软的员工，作为其供应商、合作伙伴和商业客户网络的员工，数十万人和他们的家人受益于微软。

人们认为盖茨作为商人的目的是赚钱，而他作为慈善家的目的是改善人们的生活。但是商人盖茨和慈善家盖茨并不是两个不同的人。显然，有些人无法想象盖茨想通过改善人们的生活来赚钱这种可能性。[8]

我还反对这样一种观点，即资本家和企业家不可能在不"剥削"员工的情况下获得利润。[9]离开麻省理工学院后，我与人合作创办并领导了一些聘用承包商的咨询公司。我们付给这些承包商的费用大约是我们向客户收取的服务费的 50%（为了简单起见，我们不考虑其他成本，假设净利润率为 50%）。有些人会指责我剥削我们的承包商，以他们在市场上价值的一半来购买他们的服务，就像他们指责企业从工人身上获利一样。

这么说有什么错？

谬误就在于"他们在市场上的真正价值是什么"这句话。承包商的服务只值人们愿意支付的价格。如果承包商可以在市场上以我公司支付给他们的两倍价格出售服务，他们为什么要把服务卖给我们，而不是直接卖给我们的最终客户？他们把他们的服务卖给我们，因为他们不能以更好的条件卖给其他客户。他们认为我们给的是他们能得到的最好的交易。否则的话，他们早就以不同的方式使用他们的时间、精力和技能了（事实上，有很多咨询师并没有和我的公司合作，当然是因为他们认为自己创业或者与另一家咨询公司合作会更好。当他们和我的公司竞争时，一直以来，我对他们怀有的只是善意而无其他感觉。竞争使我们都变得更好了）。[10]

我们的客户与我的公司签订了合同，是因为他们相信我们能够给他们提供一致的、可扩展的、全球性的服务，这些都是由我和我的合作伙伴来监督，通过我们开发的专有流程和材料，以及符合他们自己的物流和管理结构来完成的。他们信任我们，因为我们投资了市场营销和研究材料，并且有一个销售组织来探索我们能为他们做些什么。聘用我们的公司并不想与单个的顾问打交道，而是想与一家有可信历史的可靠咨询公司打交道。与我们合作的承包商不想直接销售和提供他们的服务，他们想要一家支持他们的咨询公司。对客户、承包商和我们来说，这是一个三赢的交易。

伟大的福音

"我所相信的进步的政治哲学，"约翰·麦基写道，他是全食超市的创始人，也是《自觉资本主义》的合著者，"教会了我经商和资本主义从根本上来说是基于贪婪、自私和剥削的。剥削消费者，剥削工人，剥削社会，以及剥削环境以实现利润最大化的目标。我相信，利润充其量是一种必要的罪恶，当然对整个社会来说肯定不是一个理想的目标。"[11]

成为企业家和创业彻底改变了麦基的生活。"几乎我以前相信的一切都被证明是错误的，"他写道，"我在第一年学到的最重要的一点就是，商业根本不是建立在剥削或者胁迫的基础上的。相反，我发现商业是建立在合作和自愿交流的基础上的。人们自愿交易是为了互惠互利。"[12]

与其他现有的替代方法相比，创业和经营企业是一个以新颖和更有利可图的方式结合生产要素，更有效地满足尚未满足的需求的机会。正如麦基所理解的那样，资本主义是建立在服务这个概念上的。如果企业不为客户服务，那就没有客户。如果企业不为员工服务，那就没有员工。如果企业不为供应商服务，那就没有供应商。

与任人唯亲不同，资本主义是一种社会合作和进步机制。"历史的记录是绝对清晰的，"诺贝尔奖得主米尔顿·弗里德曼写道，"到目前为止，我们发现，没有任何可以改善这么多普通民众的命运的其他办法能够与自由企业制度所释放的生产活动相媲美。"[13]

资本主义极大地改善了生活条件，减少了贫困，延长了人类的平均寿命，降低了儿童的死亡率，促进了权利平等，提高了教育水平等。如果你看看过去的 200 年，资本主义给这个世界带来的好处是惊人的。20 世纪之前，世界范围内的平均寿命还不到 25 岁（美国是 45 岁），如今是 72 岁（美国是 80 岁）。[14] 在 19 世纪，世界 85% 的人口生活在极度贫困中（极度贫困定义为每天生活费不足 1.25 美元），现在这个数字降至还不到 10%。[15] 事实上，自 19 世纪以来，全球人均收入增长了 1000%。[16] 今天，世界各地的整体暴力水平更低了，尽管我们对世界各地正在发生的事情的认识更高了。[17] 甚至与 50 年前相比，戏剧性的变化让情况变得更好，因为企业家和他们的公司已经开发出大量的商品和服务，从冰箱到手机，从汽车到电视，从室内管道到空调，甚至让我们这些发达国家里穷人的物质生活都比几个世纪前的皇室的生活要好。[18, 19]

全球人口达到 10 亿（这个数字出现在大约 1800 年）用了 20 万年（当人们相信第一个智人出现在地球上的时候）。从公元前 10000 年（估计当时地球上大约有 400 万人）开始，平均每年的人口增长率大约是 0.05%。资本主义的传播，工业革命，在历史上产生了一个独特的转折点。只用了 200 年的时间，人口就从 10 亿增长到 75 亿，年均增长率约为 1%，比前一万年的增长率高出 20 倍。想想看，如果没有资本主义，每 8 个人中就有 7 个人活不到今天（你已死亡的概率是 85%）。

另外，根据你的年龄，你存活下来的概率会很小，因为在人类历史的大部分时间里，人的预期寿命是 25 岁左右。在工业革命之前，你的收入只相当于现在的一小部分，而且你的身体健康状况也比现在差很多。[20] 经济史学家格雷戈里·克拉克写道："公元前 100 000 年的普通人（就获得基本生活必需品、预期寿命、身体健康等所需的劳动时间而言）比 1800 年的普通人生活得更好。

事实上，世界上大部分人口都比他们遥远的祖先更贫穷。"[21, 22, 23]

作为一名卓越的领导者，重要的是能够阐明资本主义的优势以及它能改善我们生活的力量，同时对任人唯亲进行谴责。[24] 为什么呢？因为最终，我相信人类是由道德核心驱动的。我们希望看到自己是，同时自己也被别人认为是善良的，是正义的，是做正确的事的。

非自觉资本主义

不了解自由市场的原则也有可能参与自由市场并使社会受益。关键的规则是，公司和个人不能侵犯他人的财产，不能不履行合同。只要这种情况持续下去，经济互动就会带来更大的好处。

当一个自愿的交易发生时，每一方都必须从自己所得到的东西中获得至少和自己所放弃的东西能带来的满足一样多（通常更多）。例如，如果我想用我的橘子换你的苹果，我必须认为你的苹果比我的橘子更有价值。同样，如果你接受这个交易，你必须认为我的橘子比你的苹果更有价值。因此，这笔交易是基于双方都认为的不平等。这种差异产生了满意的净盈余：双方都希望在交易后比以前过得更好。

这就是任人唯亲对社会利益如此有害的原因。资本主义的安全机制，是一种约束企业或者个人潜在的贪婪野心的机制，它是在选择参与或者退出任何交易时的可能性——由产权和自由交换做保障。一旦法律强制阻止这个安全开关，整个系统就会脱轨。如果人们被强迫（非法的，如犯罪，或者合法的，如政治）去参与他们宁愿避免的交易，那么生态系统中的"自然选择"就会崩溃。

资本主义创造了一种力量场，它将个人的抱负导向对他人的支持，并通过劳动分工、满足其成员的需求所进行的创新来组织社会进行合作。正如亚当·斯密所解释的那样："我们期待我们的晚餐，不是来自屠夫、酿酒师或者面包师的仁慈，而是来自他们对自己利益的考虑。"然而，他们"被一只看不见的手引导"，推动了一个对社会有益的目标，而这并非他们本意的一部分。[25]

这就是为什么在人们无意识地被自私的欲望驱使的情况下，资本主义还能很好地运作的原因。即使企业家不是道德英雄，资本主义也会把他变成社会的公仆。财产权和自由交换将自身利益提炼为服务，这使得进入市场，并有意提供帮助具有了必要性。[26]资本主义是炼金术的熔炉，在这里人类将其本能转化为黄金。

自觉资本主义

如果人们自觉，资本主义会运作得更好。正如一个知道自己在做什么的工程师可以比不懂技术的人更有效地使用电脑一样，一个自觉的资本家也可以比不懂自由市场经济原则的人更有效地参与自由市场。

自觉的资本家不是"偶然这样做的"，而是有意通过服务他人来获利的。他们通过提升他们的投资者、客户、员工、供应商以及所有与企业进行交换的人的福祉来追求自身的福祉。他们明白这样做会让很多他们甚至不认识的人受益。对社会的贡献不是他们经营企业的附带利益，这就是他们经营企业的方式。

几年前，我问约翰·麦基全食超市最大的受益者是谁。不出我所料，他的回答是，最大的受益者是它的客户。我不同意他这样说。于是他疑惑地看着我，然后把利益相关者的名单往下移：员工、股东、供应商等。我不停地摇头。"当然，"我向他解释道，"这对传统的利益相关者有主要影响。但是，就像池塘里的一颗鹅卵石会激起不断扩大的涟漪一样，一个经济体中的公司，尤其是在它被有意识地引导的情况下，会产生不断扩大的善良的波浪。"一家公司越有意识，它就能越远地看到这些波浪。两个不太明显的受益者是竞争对手的客户和员工。

其他零售商的客户受益，是因为全食超市的额外供应给价格带来了下行压力，也给质量带来了上行压力，使得这些竞争对手必须提供这种压力，才能吸引客户来到自己的商店。例如，当我住在科罗拉多州博尔德市时，我注意到我购物的喜互惠商店在附近的一家全食超市开张时提高了自己的商品质量。当时全食超市的收入约为130亿美元，喜互惠超市的收入约为360亿美元。在喜互惠超市购物的人比在全食超市购物的人多得多，因此竞争所带来的有益社会影响远远超出了全食超市的直接客户。

此外，竞争对手，也就是任何想要雇用可以为全食超市工作的员工的公司，它们的员工也会受益，因为全食超市的额外需求给这些竞争对手提供的货币和非货币薪酬带来了上行压力，这些薪酬是为了吸引员工到它们的工作场所来的。为了吸引竞争对手需要的员工，喜互惠超市和其他食品杂货店必须提高报价，让自己对那些可能决定去全食超市工作的人更具吸引力。

要想成为一个自觉的资本家，你不需要一定成为一个企业家。你有机会用你的钱去"投票"，投资或者资助那些对供应链中那些它们的员工、客户等有道德行为的公司（道德行为，例如，公平交易、环保、保护动物和类似认证的行为）。资本主义是一种经济民主制度，在这种制度下，每一美元都赋予你一次投票权。正如米塞斯所说："真正的老板是消费者，是他们通过购买和不购买来决定谁应该拥有资本，谁应该经营工厂。是他们决定应该生产什么，生产的数量是多少，生产的质量如何。他们的态度会致使企业家要么赢利，要么亏损。他们使穷人变富，使富人变穷。"[27]

我们每个人也有机会用我们最宝贵的资源投票：这种资源就是我们自己。我们必须选择在哪个企业"投资"我们的能源。公司之间竞争，不仅为我们每个人提供金钱、福利和职业机会，在最高层次上，它们还为我们提供一个赋予我们生命意义的工程。最终吸引人的不是金钱，而是意义。我们每个人都可以选择在哪里工作，成为我们仰慕的公司的一名员工，我们钦佩这家公司是因为它有卓越的领导力和崇高的目标，并且有道德原则。

最后，作为一个卓越的领导者，你可以提高员工、同事和客户对资本主义和创业精神的意识。你可以帮助他们理解为什么市场中的自由和尊重会对人类的进步起作用，以及它们是如何起作用的。你有机会在你个人和社会交往中参与捍卫这些原则的公共演讲。最重要的是，你可以成为自觉生活的榜样，包括自觉地参与商业活动。

超自觉资本主义

"工作是看得见的爱。"纪伯伦写道。[28] 当一个几乎没有自我焦虑的开明人士进入市场时，他就会用亚当·斯密的"看不见的手"来代替牧牛人的"援助之手"。

我相信是挚爱（对于他人发展与幸福的支持）在驱动我所称的超自觉资本主义。

这样一个人带着承诺走进市场，他要减轻众生的痛苦，他要支持众生的繁荣。在无意识向意识转化的早期，服务是一种成功的手段，为了从利益相关者那里获得价值，为他们提供价值是必要的。然而在这个阶段，成功是一种服务的手段。为了给越来越多的人带来价值，获取资源是必要的。

在科罗拉多州山区进行为期一个月的静修期间，我许下了我所谓的"商业—有情"誓言。我承诺以慈悲之心，以及这些关于领导力的想法重返市场。我肩上的重担减轻了。我尝到了从自我焦虑中解脱出来的滋味，这种焦虑让我成为一个一味追求成功的人。我意识到我一直在恐惧中奔跑，恐惧是一种肮脏的燃料，阻塞着我的思想和心灵。我可以想象源于爱的奔跑会是什么样子的。

在静修结束时，我在被大雪覆盖的山中静静地走着，想起摩西被禁止进入应许之地的故事。当我在希伯来学校学习这个故事的时候，我不明白为什么上帝仅仅因为摩西击打一块磐石就如此严厉地惩罚他。但是就在那一刻，我可以给它一个更有意义的解释。上帝已经吩咐摩西对着磐石说话，使磐石发出水来。而摩西却"用杖击打磐石"，同时还在百姓面前得到找到水的荣耀。

这让我灵光一现，这不就是对自我和启蒙的完美比喻吗？寻找觉醒的开始总是由自我驱动的。怎么会不是这样呢？自我一直是主人，直到你觉醒并意识到你真正的自己。40年来，自我在沙漠中徘徊，努力地想要到达那片富饶的土地。但是当应许之地终于出现在眼前时，它不允许自我进入。自我不能进入应许之地，因为解放意味着它的解体，或者更确切地说，它的幻灭。当一个人意识到意识的中心不存在自我，而且意识领域中没有严格的界限时，解放就发生了。

但对于一个无知的头脑，"我"（自我）需要永久的保护和保证，因为它面临着威胁它要摧毁它的自我价值的一个危险的世界。典型的自我防卫模式是傲慢和骄傲。我的许多客户曾经告诉我，他们希望他们的公司被称为"世界上最好、最受尊敬的 X 公司"，这里的 X 代表他们的行业。我通常的反应是问他们，如果我告诉他们我想成为"世界上最好、最受尊敬的顾问"，他们会怎么看我。他们笑着回答说，我听起来会傲慢、自大、肤浅。我也笑了，告诉他们我听到他们说的话也是这样想的。一个健康的目标不能仅仅被认为是最好的。有两个基本的问题是：你希望别人因为什么而钦佩你？你这样想是出于什么目的？

那些希望因为自己的财务业绩而受到赞赏的人，还没有进入超自觉阶段。如果你处在超自觉阶段，你就会希望因为下面的原因而令人钦佩：因为，除了财务健康外，你开发了一个基于普遍价值的模范文化；因为，你可以始终给市场带来让人们的生活变得更好的新产品和服务；因为，你领导的方式激励人们成为最好的自己，奉献最好的自己。

如果你想为了满足自己对名誉、权力、地位和财富的渴望而得到别人的崇拜，那么你对周围的世界就没有什么影响，也不会留下什么持久的遗产。如果你想为了拥有物质上的手段和道德上的权威，从而帮助其他组织效仿你，并在其他人的英雄旅程上指导他们，以获得别人的崇拜，这样"你甚至可以让枯木回春"[29]。

如果你有了足够的金钱（或成功、权力、地位、名声、性感等）来永远消除财务和非财务方面的焦虑，你会怎么做？³⁰ 在我向成千上万的人提出这个问题时，没有一个人回答过"我会退休"。他们中的一些人（实际上他们有的钱确实比他们能花的要多得多）回应说，他们不会改变他们已经在做的任何事情。另一些人则设想创办企业或者非营利组织为人类服务。

有趣的是，当物质动机消失时，精神动机就会取而代之。内心的平静——这更多的是自我放松的结果，而不是获得资源的结果——会引发一阵兴奋。人们可以自由地实现他们最珍视的梦想。他们想做自己喜欢的事情，并通过它为世界做贡献。他们没有把市场看作一种证明自己优于他人的手段，而是把它看作一种表达爱的手段。

当人们从一个开明的角度经商时，物质追求和精神追求之间就没有张力。开明的商业融合了智慧和慈悲来支持人类的发展，通过它，精神智慧和实用经济学合二为一，成为一体。

自我超越

我们的职业活动定义了我们的身份。它们为我们提供了一个社区，赋予我们一种使命感和意义感，为我们的成就和诚信提供挑战和机会，并给我们一种权力感和技能感。当人们在工作中感到被尊重、被倾听、被重视、被支持、被委托从事有意义和富有挑战性的工作时，他们会感到快乐，因为这些工作使他们能够以自主、权力和诚信为组织的使命做出贡献。这就是心理学家亚伯拉罕·马斯洛所说的"自我实现的工作"。

马斯洛断言，通过对有价值的工作的承诺，而不是整天坐在洞穴里，来实现自我，在西方是通往幸福的现实途径。自我超越的工作是一种超越自我，将自己从依恋和自我关注中解放出来的强大方式："内在世界和外在世界融合在一起，合二为一，成为一体。"[31]

因此，商业的更大目标不是获胜或者赚钱，而是通过超越自我的服务而蓬勃发展。在市场上赢得胜利的开明努力要服从于支持全人类繁荣的承诺。商业成功不再是终点，它成为一种方式，能够表达一个人最高的本性，那就是爱。

还有很多有爱的事情需要我们去做。今天活着的数十亿人并不比我们几千年前的祖先过得好。例如，世界上大约一半的人口每天的收入低于2.5美元。[32]世界上71%的人口每天的生活费不足10美元（美国的贫困线是每天35美元左右）。这些数字不仅仅是关于贫困的，它们还总结了我们的社会状况，这些状况影响所有关心人类的人的情感。发展的机遇是无限的，我们才刚刚开始利用这些机遇。[33]

把人们和工作的最高目标联系起来能够解决最困难的问题，包括个人问题（如何实现象征性的不朽）、组织问题（如何团结自私自利的个人一起去追求共同目标）、社会问题（如何促进和平、繁荣和发展），还有人类问题（如何避免自我毁灭和因挚爱而共存）。

卓越的领导者建立的组织机构横跨整个范围，从给人们提供物质需求的经济实体到给人们提供精神需求的有意义的寺庙。一旦安全和成功得到满足，意义就是最重要的了。在我们这个极度富裕和极度贫困的时代，商业领袖肩负着比以往任何时候都更大的责任，那就是解放职场，让它成为世界上一股造福人类的强大力量。

人类已经达到这样一种自觉状态，在这种状态下，我们可以将对意义的渴望转化为通过市场服务他人的承诺。现在我们需要有超自觉的领导者来做这件事。《心流》的作者米哈里指出："当一个领导者证明他的目标是高尚的，证明工作将使人们与更大的东西联系在一起时——那种东西比他们的物质存在更持久——人们将把自己最好的一面奉献给企业。"[34] 当人们为了崇高的目标而奉献出自己最好的一面时，他们就会成为他们所能成为的最强的自己，并创造出他们所能想象的最好的世界。

周一早晨做什么

狂喜过后洗涤。

——杰克·康菲尔德

一旦你弄清楚了自己到底是谁，接下来的日常工作就是保持清醒，这个很难。要成为一名卓越的领导者，在发现自己的真实本性并从英雄的旅程中带着给社群的馈赠归来的狂喜之后，你必须进行隐喻性的洗涤。你需要每天履行你的基本承诺。你必须表明你的崇高目标、你的道德原则，以及你做的每一件事与他人的联系。通过这样做，你不仅可以领导你的组织，而且由于市场动态，你可以带来一个更大的变化。

　　除了头脑之外，任何由超越之心所领导的组织，都会激励并迫使其他人采用令人钦佩的商业模式。例如，一家拥有优秀人才品牌的公司，一家在员工敬业度方面得分很高的公司，会设立一个标准，像磁铁一样吸引人才，并保持低流动率。这些人才不会流向其他组织以让它们从中获利。正如产品市场的竞争有利于消费者，刺激创新、服务、质量和价格的改善，劳动力市场的竞争也有利于员工，刺激支持人类繁荣的工作场所。

　　作为交换，那些在工作中做得好的人也会帮助他们的组织做得更好。盖洛普公司的调查显示，获得年度"杰出工作场所奖"

的 40 家组织 "明白员工敬业度是推动真正产生商业利润的一种力量"，它们同时还获得 "更高的员工敬业度、更高的效率、更高的质量和更高的生产率" 的称号。盖洛普公司称，这些组织平均每 9 名积极敬业的员工对应一名消极怠工的员工，"这是美国员工敬业度的 5 倍多，是全球员工敬业度的 16 倍多" [1]。这种敬业度创造了一个良性循环。盖洛普测评参与度得分较高的公司会吸引最好的人才，这会让它们在财务上更加成功。反过来，这又会推动它们发展，吸引更多的人才，等等。更重要的是，这些公司超越了那些拒绝人性化工作环境的公司，就像创新者在产品市场淘汰过时的竞争对手一样。

几千年来，人类一直依赖社群作为某种保险政策。你通过与邻居和睦相处和帮助他们来 "存款"，当你需要帮助的时候，你指望他们表现出互助行为。同样的事情也会发生在一个组织中。当一个领导者关心他的员工，给他们提供机会去超越他们的死亡的外衣，作为回报，他们就会关心组织，并且把他们的全部奉献给组织的使命。关心他人意味着给他们目标、使命、策略、团队意识、尊重、善良、关注、支持、自豪，以及许多其他非物质的品德，这些最终会带来安康、繁荣和持久的幸福。

作为一名卓越的领导者，从周一早上开始，这一切对你的行为意味着什么？

- 明确组织的崇高目标并坚持到底。激励你的团队按照最高的道德价值观去追求它。讨论你的组织为什么要做它所做的事情，它让谁受益，以及你打算如何着手去做。例如，拥有 1.2 万名员工的 ABC 公司曾 11 次获得盖洛普奖，该公司为美国的建筑承包商分销窗户、屋顶和侧壁等材料。该公司董事长戴安·亨德里克斯说，这家公司建立在"比任何人都能更好地照顾客户的梦想"之上。[2]

- 用一种让你的孩子在学校向他的朋友们提起你的组织使命就为你感到非常骄傲的方式去描述它。鼓励每个人用自己的话去解释如何能完成这个使命。确保每一个人都理解组织的崇高目标（例如，ABC公司"致力于通过帮助人们实现非凡的目标来促进和维护美国梦——这基于我们的基本信念，即每个人都有能力做伟大的事情"），以及他们具体的工作如何能够为这个使命做出贡献。

- 把服从转化为承诺。邀请人们选择成为组织的一部分，因为组织所做的工作也是他们人生使命的一部分，而不是因为在那里工作是他们的工作。

- 区分任何一个人的职责和每一个人的工作。明确他们表面上的工作是他们的职责，但他们真正的工作是帮助团队赢得胜利。不断强化这一理念，打破优化局部绩效指标就是优化整体绩效的幻想。还记得美国国家航空航天局的清洁工自豪地告诉肯尼迪总统，他正在为"把人送上月球"而努力吗？

- 建立道德原则，以提升与本组织有联系的每一个人的福祉和发展。在你的每一个行动中始终都要遵循这些原则，并要求与公司有关系的所有人，不仅是员工，还有承包商、供应商，甚至客户，都要这样做。用希腊哲学家赫拉克利特的话来说："只做那些符合你的原则、能够见得了光的事情。你的角色以及你的组织文化的内容是你自己的选择。日复一日，你在想什么，你在选择什么，你在做什么，这些都决定了你会成为什么样的人。你的诚信就是你的命运。"[3]

- 创建一个以使命和价值观为导向的兄弟姐妹团队。通过尊重、包容和归属于所有与组织有共同使命和价值观的人来培养团队意识。加强上下级和横向的个人联系，并且可以超越组织的法律边界，加强与所有参与其工程的人的联系。

- 确保组织的所有成员在如何履行职责方面都有一定程度的自主权，让他们有尽可能多的自主权为目标服务。授权他们拥有自己的工作环境，并以最大的谨慎度交付结果。

- 敦促人们接受挑战，这将会拓展并且迫使他们学习新的思维方式和行动方式。培养一种成长的心态，驱除恐惧，支持人们在流动状态下工作。庆祝"明智的冒险"，尤其是当一个实验没有成功的时候，可以将其作为一种学习经验进行补偿，并作为组织知识资本的一部分将其"激活"。

- 给予员工有竞争力和公平的薪酬，但不要依赖财务刺激来激励他们。吸引有使命感的人，排斥唯利是图的人，提供一揽子能吸引前者而不是后者的物质和非物质利益。提到钱只是为了不要在桌子上说钱的事。

- 通过 4D 来发展战略支持的文化：定义标准，展示标准，要求标准，然后请每个人都坚持这些标准，并将这些标准委任给下一个级别人员。

- 以身作则，以身作则，以身作则。正如你父母的行为告诉你，你的家庭真正重视的是什么，让你的行为告诉观察你的人你重视的是什么。用谦卑而不是责备的态度去面对那些似乎背离这些价值观的人，询问他们那样做的理由，以邀请那些认为你偏离这些价值观的人，以谦卑的态度面对你，询问你的理由，以纠正任何实际偏差。

- 面对你遇到的任何情况都要有无条件的反应—能力。把你在这个问题上的作用作为解决方案的一部分。把注意力集中在你能控制的那些方面。将问题解释为你面对挑战无法有效应对的无能，并考虑你需要学习什么以便在未来扩展你的能力。请组织中的人都要采取这种立场。

- 记住，你不能总是保证成功，但你总是有无条件的力量来保证诚信，这是超越成功的成功。挑战你身边的每一个人，让他们不要把自己看成环境的受害者，而要成为自己选择的主人。

- 将冲突视为关于实现目标的最佳方式的战略分歧。要知道，在任何复杂的组织中，它们都是不可避免的，因为人们正在处理的都是自己的次系统绩效指标和不完整的信息。记住，每个人都只是在触摸大象（组织）的一部分，而那些能从远处看到大象整体的人并不理解大象的细节。协同可以解决这些冲突，使用组织的使命和价值观作为优良的尺度标准。

- 通过公开谈话来解决所有冲突，特别是那些因为你害怕被人讨厌或者惹恼别人而一直避免的冲突。通过共同定义一个共同的目标来开始这些对话。理解对方的观点，解释你自己的观点。设计一个双方都同意的解决方案，或者定义联合升级的权衡。如果没有得到执行任何协议的坚定承诺，不要结束对话。

- 建立一种"逐步升级的协作"系统。在这个系统中，让人们将无法解决的冲突提请高级经理关注，让高级经理为他们提供做出明智的全局决策所需要的详细信息。确保这种升级被视为合作升级而不是冲突升级的例子。在面临分散和模糊的成本和收益的困难决策时，使用这个系统来维护工作关系，还可以使用它来公开任何试图优化子系统而损害系统的尝试。

- 只要有可能，就要履行承诺。在不能履行承诺的情况下，也要尊重自己说过的话。让对方知道你的问题出在哪里，并说明你会承担因为你违约而出现的任何后果。将此作为行为的基本规则，要求任何与组织有关联的人都要遵守它。提醒自己和他人，没有诚信就一事无成。对于任何重复的违规行为，都要像对待欺诈或者无礼的辱骂一样严肃。

- 不断地在"它"维度、"我们"维度和"我"维度寻求学习和改进。问问别人你自己怎样才能做得更好，邀请别人也这样做。与他人——不仅仅是你的同级，还有你的上级和下级——讨论你如何能够共同改善你们一起工作的方式、你们之间的关系，以及你们支持彼此幸福的方式。

- 不要告诉别人你希望他们怎么样。相反，告诉他们，他们有权利要求你和你的领导团队怎么样，包括你们毫无掩饰的诚实和个人支持。

- 记住，一个真正的领导者没有追随者。一个真正的领导者有的是"能量投资者"。别挡道，成为一种把人们和使命以及价值观相联系的方式，为他们提供一个可以施展拳脚和实现象征性不朽的平台。

- 驯服你的自我。别再担心自己是不是最有价值的球员，不要为了显得自己是最有价值的，而表现得咄咄逼人或者严防死守。通过注意和放松你的"情感压力"来打破你处理有关自我价值焦虑的自动程序。

- 死亡前的死亡。让死亡，那种我们珍惜的在地球上存在的有限时间的意识，消除所有不重要的，只留下重要的。从自满的梦中醒来，切断你所熟悉的那种墨守成规的自动驾驶模式。专注于你留给后人的东西，你的"象征性的不朽工程"，让它成为你，还有你的组织存在的真正北极星。用意义代替胜利，用道德主义代替享乐主义（快乐）。

- 踏上英雄的旅程。尽管害怕，但还是要接受冒险的召唤。进入地下世界，与你的盟友联系，了解你是谁，进行你内心的战斗，回来后进行外部战斗，然后把你的意识和智慧的馈赠给予你的社群。结成联盟，支持那些踏上艰难旅程的人。

- 以援助之手重回市场。成为一个超自觉的资本主义者，从你为周围人提供服务中获得利益。激励人们通过挚爱——那种支持其他人的幸福和发展的承诺，去建立一个更美好的世界。

正如我从一开始就说过的那样，我们都希望我们的生活有意义，希望以某种方式赋予我们的生活意义，希望为比我们自己更伟大的事业服务，希望在志趣相投的同志的陪伴下，在人世间留下些许印记，做一些有意义的事情。我们知道我们的存在是短暂的，我们知道未来世界惊人广阔。在地球上存在的极其有限的时间里，我们如何用自己微薄的能量来实现意义？这是所有人都必须面对和回答的问题，前提是如果他们想充实地活这一次。

作为一名卓越的领导者，你将通过集体使命来激励人们做出内在承诺以实现他们对意义的渴望，这一使命是通过赋予创造一个目标共同体的崇高价值观来追求的。

如果你按照我在本书中所提倡的方法去做，人们将会为你和你的组织呈现最好的一面，你将会发现你连做梦也想不到的幸福。当你放下你的表现焦虑，专注于崇高的使命，你将获得使你不朽的意义。用维克多·弗兰克的话来说："不要以成功为目标。你越是瞄准它，把它当作一个目标，就越会错过它。因为成功，就像幸福一样，是无法追求的。它必须是水到渠成而发生的，而且它只能在个人献身于一项比自己更伟大的事业，产生意想不到的副作用时，才会发生。"[4]

从奴隶制到服务

当我写这本书的时候，有一次乘船沿尼罗河而下。我很多年前去过埃及，但不是和我的伴侣玛格达一起，她总是梦想着参观大金字塔和寺庙。我们飞到亚历山大港，在那儿登上船。我做好了迎接不那么激动人心的时刻的准备，因为我以前已经参观过了。这是爱的表示，我这样安慰自己。这对我们的关系和我的灵魂都有好处。然而，令我非常惊讶的是，我发现这次旅行比第一次更有趣。我从玛格达和厄内斯特·贝克尔的眼中看到了一切。我到处都能看到不朽的工程——建筑、纪念碑、仪式、象形文字、庙宇、木乃伊、金字塔、方尖塔，都是为了控制死亡焦虑而做的努力。

给我印象最深的是拿破仑士兵在拉美西斯二世修建的一座神庙上的涂鸦。英国士兵也在上面刻上了他们的名字。完全不同的人发出了同样的信息："我在这里。"埃及人在5000年前建造了这座庙宇，以此来证明他们帝国的优越性。几千年后，法国人和英国人征服了这个地方，他们在上面刻上自己的名字来证明他们帝国的优越性。尽管古埃及人和现代欧洲人都被文化鸿沟分隔，但他们有着相同的愿望：被视为有意义的人，被人欣赏，被人铭记。当我思索着人类对象征性永生的追求，为自己对过去文明的客观分析感到自豪时，我被自己脑海中突然出现的一个声音震惊："弗雷德，别那么沾沾自喜，这不也是你写书的原因吗？"

一场意义革命正在超自觉资本主义的熔炉中酝酿。卓越的领导者是它的催化转换器，开发旨在让众生繁荣发展的不朽工程。同样的自由市场，将自我利益转化为服务，可以在更高的意识层面运作，能够将征服转化为社区，将分离转化为联合，将自我恐惧转化为灵魂之爱。这场革命需要卓越的领导者，他们能够让人们参与一项伟大的工程：创造一种社会经济结构，在这种结构中，对每个人的彻底尊重将为人类开启一个新时代。

你准备好参加这场革命了吗？

致　谢

感谢：

杰夫·韦纳对我的激励与支持；

里德·霍夫曼扩展和完善了我的思想；

谢丽尔·桑德伯格勇敢地和我分享了她真实的一面；

麦克·加姆森帮助我完成此书的终稿；

布朗温·弗莱尔帮助我写作；

史蒂夫·罗斯帮助我把这个想法变为现实；

罗杰·肖尔让我用它来经营公司。

领英是一家有一万多名员工的公司，他们都会犯错误。领英的公司文化不是完美的，但它正在努力朝着完美前进，而且它比我接触过的大多数文化都好。领英之所以是一个很好的工作场所，原因之一是它支持员工的职业发展。我很感激领英允许我与公司以外更广泛的受众坦率地分享我的经历。我需要指出，本书的内容仅代表我的观点和看法，不一定是领英的观点和看法。

注　释

前　言

1. 你可以在下面的网址听到声云的剪辑：https://soundcloud.com / ryanblo-ck-10/comcastic-service。

2. https://brainyquote.com/quotes/w_edwards_demiry_672627.

3. David Gelles, "At Aetna, a C.E.O.'s Management by Mantra," *New York Times*, February 27, 2015,http://www.nytimes.com/2015/03/01 /business/at-aetna-a-ceos-management-by-mantra.html.

4. Roy F. Baumeister, Kathleen D. Vohs, Jennifer L. Aaker, and Emily N. Garbinsky, "Some Key Differences Between a Happy Life and a Meaningful Life," *The Journal of Positive Psychology* 8, no. 6（2013）: 505–16.

5. 我经历过很多次"作家身份悖论"。我很高兴自己写了《元管理》（三卷，用西班牙语写的），写了《清醒》和《意义革命》，但我不能说我写它们的时候很享受。这就像是经历了多年的精神怀孕后 9 个月的分娩阵痛。对我来说，写书虽减少了快乐，但增加了意义。

6. Baumeister, Vohs, Aaker, and Garbinsky, "Some Key Differences Between a

Happy Life and a Meaningful Life."

7. https://blogs.scientificamerican.com/beautiful-minds/the-differences -between-happiness-and-meaning-in-life/.

8. Baumeister, Vohs, Aaker, and Garbinsky, "Some Key Differences Between a Happy Life and a Meaningful Life."

9. http://news.gallup.com/poll/154607/Americans-Emotional-Health -Reaches- Four-Year-High.aspx?utm_source=alert&utm_medium= email&utm_ campaign=syndication&utm_content=morelink&utm _ term=USA%20-%20 Wellbeing%20-%20Well-Being%20Index.

10. http://onlinelibrary.wiley.com/doi/10.1111/j.1758-0854.2010.01035.x / abstract.

11. http://www.huffingtonpost.com/todd-kashdan/whats-wrong-with -happines_b_740518.html.

12. Viktor Frankl, *Man's Search for Meaning*（Boston: Beacon Press, 1946, 2006）.

第一章

1. Brian Solomon, "Yahoo Sells to Verizon in Saddest $5 Billion Deal in Tech History," *Forbes*, July 25, 2016, http://www.forbes.com/sites / briansolomon/2016/07/25/yahoo-sells-to-verizon-for-5-billion-marissa -mayer/#62c080fd71b4.

2. Arjun Kharpal, "Verizon Completes Its $4.48 Billion Acquisition of Yahoo; Marissa Mayer Leaves with $23 Million," CNBC, June 13, 2017, https:// www.cnbc.com/2017/06/13/verizon-completes-yahoo -acquisition-marissa- mayer-resigns.html.

3. Todd Spangler, "Yahoo's False Prophet: How Marissa Mayer Failed to Turn the Company Around," *Variety*, May 24, 2016, http://variety .com/2016/ digital/features/marissa-mayer-yahoo-ceo-1201781310/.

4. Miguel Helft, "The Last Days of Marissa Mayer?," *Forbes*, November 19, 2015, http://www.forbes.com/sites/miguelhelft/2015/11/19 / the-last-days-of-marissa-mayer/#5463c48b6bff.

5. Mike Myatt, "Marissa Mayer: A Case Study in Poor Leadership," *Forbes*, November 19, 2015, http://www.forbes.com/sites /mikemyatt/2015/11/20/ marissa-mayer-case-study-in-poor-leadership /#56d238e93795.

6. Teresa Amabile and Steven Kramer, "How Leaders Kill Meaning at Work," *McKinsey Quarterly*, January 2012, http://www.mckinsey .com/global-themes/leadership/how-leaders-kill-meaning-at-work.

7. Murray Rothbard, "The Mantle of Science," in *Scientism and Values*, ed. Helmut Schoeck and James W. Wiggins (Princeton: D. Van Nostrand, 1960).

8. "Louise Bush-Brown," Bartleby.com, last modified 2015, http://www. bartleby.com/73/458.html.

9. Amy Adkins, "Majority of U.S. Employees Not Engaged Despite Gains in 2014," Gallup, January 28, 2015, http://www.gallup.com / poll/181289/ majority-employees-not-engaged-despite-gains-2014.aspx.

10. "State of the American Workplace Report 2013," Gallup, http://www. gallup.com/services/178514/state-american-workplace.aspx?g_ source =EMPLOYEE_ENGAGEMENT&g_medium=topic&g_campaign =tiles.

11. Brandon Rigoni and Bailey Nelson, "Millennials Not Connecting with Their Company's Mission," Gallup, November 15, 2016, http:// www .gallup.com/businessjournal/197486/millennials-not-connecting -company-mission.aspx?g_source=EMPLOYEE_ENGAGEMENT &g_ medium=topic&g_campaign=tiles.

12. Gallup, "State of the American Workplace Report 2013."

13. Robyn Reilly, "Five Ways to Improve Employee Engagement Now," Gallup, January 7, 2014, http://www.gallup.com/businessjournal /166667/

five-ways-improve-employee-engagement.aspx.

14. Ibid.

15. Les McKeown, "A Very Simple Reason Employee Engagement Programs Don't Work," *Inc.*, September 10, 2013, http://www.inc.com /les-mckeown/ stop-employee-engagement-and-address-the-real-problem-. html.

16. "Chaplin Modern Times Factory Scene," YouTube, September 5, 2015, https://www.youtube.com/watch?v=HPSK4zZtzLI.

17. Elaine Hatfield, John Cacioppo, and Richard Rapson, "Emotional Contagion," *Current Directions in Psychological Sciences* 2, no. 3（June 1993）: 96–99.

18. Amy Adkins, "U.S. Employee Engagement Flat in May," Gallup, June 9, 2015, http://www.gallup.com/poll/183545/employee -engagement-flat-may.aspx.

19. "How Seligman's Learned Helplessness Theory Applies to Human Depression and Stress," Study.com, last modified 2017, http://study.com/ academy/lesson/how-seligmans-learned-helplessness-theory-applies -to-human-depression-and-stress.html.

20. 非营利组织的目标可以是照顾病者，供食饥者，或者教育幼者，但它仍然需要满足利益相关者和捐赠者的需求。

21. Susie Cranston and Scott Keller, "Increasing the 'Meaning Quotient' of Work," *McKinsey Quarterly*, January 2013, http://www.mckinsey .com/ business-functions/organization/our-insights/increasing-the -meaning-quotient-of-work.

22. James C. Collins, *Good to Great: Why Some Companies Make the Leap . . . and Others Don't*（New York: HarperBusiness, 2001）.

23. "Quotes, Authors, Humberto Maturana," AZ Quotes, last modified 2017, http://www.azquotes.com/quote/703356.

24. "What Drives Employee Engagement and Why It Matters," Dale

Carnegie Training, 2012, https://www.dalecarnegie.com/assets/1/7/drive engagement_101612_wp.pdf.

25. Campbell Soup Company was founded in 1869.

26. Terry Waghorn, "How Employee Engagement Turned Around at Campbell's," *Forbes*, June 23, 2009, http://www.forbes .com/2009/06/23/employee-engagement-conant-leadership-managing -turnaround.html.

27. Doug Conant（@DougConant）, "To win in the marketplace you must first win in the workplace," Twitter, August 29, 2015, https://twitter .com/dougconant/status/373155799222480896.

28. Waghorn, "How Employee Engagement Turned Around at Campbell's."

第二章

1. See Uri Gneezy, Ernan Haruvy; and Hadas Yafe, "The Inefficiency of Splitting the Bill," *The Economic Journal* 114, no. 495（April 1, 2004）: 265–80, doi:10.1111/j.1468-0297.2004.00209.x.

2. Richard J. Maybury, "The Great Thanksgiving Hoax," Mises Institute, November 27, 2014. https://mises.org/library/great-thanksgiving -hoax-1.

3. Chris Argyris, "Teaching Smart People How to Learn," *Harvard Business Review*, May–June 1991, https://hbr.org/1991/05/teaching -smart-people-how-to-learn.

第三章

1. 一个完整的氧气罐有 3000 磅氧气，这使得一次正常潜水的最长时间接近一个小时。潜水教练要求潜水员在氧气储量低于 1000 磅时浮出水面，这样潜水员就有足够的氧气进行安全停留。绝对限值是 500 磅，此时仪表会变红并发出"危险"警报。

2. 我在《清醒：如何用价值观创造价值》一书中讲了这个故事的一个版本（Boulder, CO: Sounds True Publishing, 2006）。

3. Friedrich A. von Hayek, *The Fatal Conceit: The Errors of Socialism*（Chicago: University of Chicago Press, 1988）.

4. 我以著名的薛定谔的猫的实验为基础，简单地解释了一个悖论：http://astronimate.com/article / schrodingers-cat-explained/。

5. Friedrich A. von Hayek, "The Use of Knowledge in Society," *The American Economic Review* 35, no. 4（September 1945）: 519–30.

6. Ludwig von Mises, *Socialism: An Economic and Sociological Analysis*（New Haven: Yale University Press, 1951）.

7. Alfred Chandler Jr., *The Visible Hand: The Managerial Revolution in American Business*（1977; repr., Cambridge: Belknap Press of Harvard University Press, 1993）.

8. Murray Rothbard, "Man, Economy, and State, with Power and Market," *Mises Institute*, 2004, https://mises.org/library/man-economy -and-state-power-and-market/html/pp/1038.

9. Isaac Asimov, "The Machine That Won the War," Scribd.com, last modified 2017, https://www.scribd.com/doc/316453610/The-Machine -That-Won-the-War.

第四章

1. "Volkswagen Executives Describe Authoritarian Culture Under Former CEO," *The Guardian*, October 10, 2015, https://www.theguardian.com/business/2015/oct/10/volkswagen-executives-martin -winterkorn-company-culture.

2. Joann Muller, "How Volkswagen Will Rule the World," *Forbes*, May 6, 2013, https://www.forbes.com/sites/joannmuller/2013/04/17 / volkswagens-mission-to-dominate-global-auto-industry-gets-noticeably -harder/.

3. "Volkswagen Executives Describe Authoritarian Culture Under Former CEO."

4. "Former VW CEO Quits as Audi Chair as Emission-Scandal Probes Continue," Reuters, November 12, 2015, http://www.reuters.com /article/us-volkswagen-emissions-audi-idUSKCN0T10MR20151112#uO2kaAmSzGO 27E4g.97.

5. Mark Thompson and Chris Liakos, "Volkswagen CEO Quits over 'Grave Crisis'," CNN Money, September 23, 2015, http://money.cnn.com/2015/09/23/ news/companies/volkswagen-emissions-crisis/index. html?iid=EL.

6. Paul R. La Monica, "Volkswagen Has Plunged 50%. Will It Ever Recover?" CNN Money, September 25, 2015, http://money.cnn.com /2015/09/24/ investing/volkswagen-vw-emissions-scandal-stock/.

7. Sarah Sjolin, "Volkswagen Loses €14 Billion in Value as Scandal Related to Emissions Tests Deepens," MarketWatch, September 21, 2015, http://www. marketwatch.com/story/volkswagen-loses-14-billion-in -value-as-scandal-related-to-emissions-tests-deepens-2015-09-21.

8. Hiroko Tabuchi, Jack Ewing, and Matt Apuzzo, "6 Volkswagen Executives Charged as Company Pleads Guilty in Emissions Case," *New York Times*, January 11, 2017, https://www.nytimes.com/2017/01/11 / business/volkswagen-diesel-vw-settlement-charges-criminal.html? ref=todayspaper&_r=1.

9. Peter Campbell, "Volkswagen's Market Share Falls After Scandal," *Financial Times*, July 15, 2016, https://www.ft.com/content/35575f80 -4a75-11e6-b387-64ab0a67014c.

10. Ben Webster, "Volkswagen Emissions Scam 'Means Early Death for Thousands in Europe,' " *The Times*, March 4, 2017, http://www .the times. co.uk/edition/news/volkswagen-emissions-scam-means -early -death -for-thousands-in-europe-rmhcgsnrx?CMP=TNLEmail _118918 _1415750.

11. Thompson and Liakos, "Volkswagen CEO Quits over 'Grave Crisis.' "

12. Tabuchi, Ewing, and Apuzzo, "6 Volkswagen Executives Charged as

注

释

Company Pleads Guilty in Emissions Case."

13. Elizabeth Anderson, "Volkswagen Crisis: How Many Investigations Is the Carmaker Facing?" *The Telegraph*, September 29, 2015, http:// www. telegraph.co.uk/finance/newsbysector/industry/11884872 / Volkswagen-crisis-how-many-investigations-is-the-carmaker-facing .html.

14. 哈佛大学的艾米·埃德蒙森对心理安全做了大量研究，参见 Amy Edmonson, "Managing the Risk of Learning: Psychological Safety in Work Teams," Harvard Business School, March 15, 2002, http://www. hbs.edu/faculty/Publication%20 Files/02-062_0b5726a8-443d-4629-9e75-736679b870fc.pdf; and Amy Edmonson, "Building a Psychologically Safe Workplace," TEDx Talks, May 4, 2011, https://www.youtube.com/ watch?v=LhoLuui9gX8。

15. 行为经济学家发现，仅仅考虑金钱会导致不诚实的行为，参见 Gary Belsky, "Why（Almost）All of Us Cheat and Steal," *Time*, June 18, 2012, http://business.time .com/2012/06/18/why-almost-all-of-us-cheat-and-steal/. See Dan Ariely, *The（Honest）Truth About Dishonesty: How We Lie to Everyone, Including Ourselves*（New York: HarperCollins, 2015）。

16. Eric Newcomer, "In Video, Uber CEO Argues with Driver over Falling Fares," *Bloomberg*, February 28, 2017, https://www.bloomberg .com/ news/articles/2017-02-28/in-video-uber-ceo-argues-with-driver -over-falling-fares.

17. Mike Isaac, "Uber Flunks the Better Business Bureau Test," *New York Times*, October 9, 2014, https://bits.blogs.nytimes.com/2014/10/09 / uber-flunks-the-better-business-bureau-test/?_r=0.

18. Mike Isaac, "Inside Uber's Aggressive, Unrestrained Workplace Culture," *New York Times*, February 22, 2017, https://www.nytimes. com/2017/02/22/technology/uber-workplace-culture.html.

19. Mike Isaac, "Uber Founder Travis Kalanick Resigns as C.E.O.," *New York*

Times, June 21, 2017, https://www.nytimes.com/2017/06/21 / technology/ uber-ceo-travis-kalanick.html.

20. Pascal-Emmanuel Gobry, "How You Know the CEO Is a Goner," *Bloomberg*, June 23, 2017, https://www.bloomberg.com/view/articles /2017-06-23/uber-s-boss-wasn-t-fired-for-bad-behavior.

21. Isaac, "Inside Uber's Aggressive, Unrestrained Workplace Culture."

22. "'Squish like Grape' from *Karate Kid*," YouTube, May 29, 2010, https:// www.youtube.com/watch?v=Y3lQSxNdr3c.

23. "Marriage and Men's Health," *Harvard Men's Health Watch*, July 2010, http://www.health.harvard.edu/newsletter_article/marriage-and-mens-health.

24. 查特曼教授的完整引文如下："强调价值观的领导者应该期望员工通过给价值观加入自己的意义层来解释这些价值观。随着时间的推移，不可避免地会出现这样一种情况，它会让领导者面临一种风险，即领导者的行为可能会被视为与他所坚守的价值观不一致。员工受到……驱使，人类倾向于慷慨地……解释自己的行为，同时，人类还有一种倾向，即不同情地……解释他人的行为。当领导者的行为方式似乎违背了其所坚守的组织价值观时，员工就会得出这样的结论：领导者个人不能做到'言行一致'。简而言之，组织机构成员察觉到了虚伪，用威胁绩效的玩世不恭取代了他们来之不易的承诺。更糟糕的是，由于这种消极的人际判断本身就具有威胁性，员工们在公开场合会什么也不说，从而妨碍了对他们的结论进行公平的检验，并使组织机构无法从事件中吸取教训。随着后续事件的发生，这一过程循环往复，从而证实了虚伪，最终，大量员工可能会大失所望。"

25. Dwight Morrow, U.S. Ambassador to Mexico, 1930.

26. Victor Harris and Edward Jones, "The Attribution of Attitudes," *Journal of Experimental Social Psychology* 3, no. 1（1967）: 1–24, doi:10.1016/0022-1031（67）90034-0. For more on attribution error, see

https://en.wikipedia.org/wiki/Fundamental_attribution_error.

27. http://gandalfquotes.com/dont-tempt-me-frodo/.

28. Dacher Keltner, *The Power Paradox: How We Gain and Lose Influence* （New York: Penguin Random House, 2016）.

29. Lisa J. Cohen, "What Do We Know About Psychopathy?" *Psychology Today*, March 14, 2011, https://www.psychologytoday.com/blog/handy-psychology-answers/201103.

30. David Larcker and Brian Tayan, "We Studied 38 Incidents of CEO Bad Behavior and Measured Their Consequences," *Harvard Business Review,* June 9, 2016.

31. 这个真理有许多引证，如 Victor Lipman, "People Leave Managers, Not Companies," *Forbes*, August 4, 2015, https://www.forbes.com/sites/victorlipman/2015/08/04 /people-leave-managers-not-companies/#464f55c 347a9; "How Managers Trump Companies," Gallup, August 12, 1999, http://www.gallup .com/businessjournal/523/how-managers-trump-companies.aspx; "Why People Leave Managers, Not Companies," Lighthouse, https:// getlighthouse.com/blog/people-leave-managers-not-companies/。

32. 经杰夫同意，我分享了这个故事，并在本书后面分享了其他一些故事。

33. "Glassdoor Announces Highest Rated CEOs for 2016, Employees' Choice Award Winners," MarketWatch, June 8, 2016, http://www .marketwatch. com/story/glassdoor-announces-highest-rated-ceos-for -2016-employees-choice-award-winners-2016-06-08-7160029.

第五章

1. Jack Zenger, Joe Folkman, and Scott Edinger, "How Extraordinary Leaders Double Profits," *Chief Learning Officer*（July 2009）: 30–35, 56; Daniel H. Pink, *Drive: The Surprising Truth About What Motivates Us*（New York:

Riverhead Books, 2009）.

2. Cited by Daniel H. Pink, *What Matters? Ten Questions That Will Shape Our Future*, ed. Rik Kirkland（New York: McKinsey and Co., 2009）, 80.

3. Marcus Buckingham and Curt Coffman, *First Break All the Rules*（London: Simon & Schuster, 2000）.

4. Kathy Gurchiek, "Millennial's Desire to Do Good Defines Workplace Culture," Society for Human Resource Management, July 7, 2014, https://www.shrm.org/ResourcesAndTools/hr-topics/behavioral-competencies/global-and-cultural-effectiveness/Pages/Millennial-Impact.aspx.

5. Whitney Daily, "Three-Quarters of Millennials Would Take a Pay Cut to Work for a Socially Responsible Company, According to the Research from Cone Communications," Cone Communications, November 2, 2016, http://www.conecomm.com/news-blog/2016-cone-communications-millennial-employee-engagement-study-press-release.

6. Adam Smith, *An Inquiry into the Nature and Causes of the Wealth of Nations*（London: Methuen & Co., 1776）, http://www.econlib.org/library/Smith/smWN1.html.

7. Frederick Herzberg, Bernard Mausner, and Barbara B. Snyderman, *The Motivation to Work*, 2nd ed.（New York: John Wiley & Sons, 1959）.

8. Daniel H. Pink, *Drive: The Surprising Truth About What Motivates Us*, 35, Kindle edition.

9. Frank Newport, "In U.S., Most Would Still Work Even If They Won Millions," Gallup, August 14, 2013, http://www.gallup.com/poll /163973/work-even-won-millions.aspx.

10. Alfie Kohn, *Punished by Rewards: The Trouble with Gold Stars, Incentive Plans, A's, Praise, and Other Bribes*（New York: Mariner Books, 1995）.

11. Barry Schwartz, *Why We Work*（London: Simon & Schuster, 2015）, 53.

12. Uri Gneezy and John List, *The Why Axis: Hidden Motives and the*

Undiscovered Economics of Everyday Life（New York: Public Affairs, 2013）, 19–21. See also Uri Gneezy and Aldo Rustichini, "A Fine Is a Price," *Journal of Legal Studies* 29, no. 1（2000）: 1–17.

13. "Gresham's law," Wikipedia, last modified August 27, 2017, https://en.wikipedia.org/wiki/Gresham%27s_law.

14. Fred Kofman, *Conscious Business: How to Build Value Through Values*（Louisville, CO: Sounds True Publishing, 2013）, ch. 3, "Essential Integrity."

15. Eudaemonia 被误译为"幸福", 它还有一个意思——"能使人类心灵平静和健康幸福的活动", 参见 "Eudaemonism," *Encyclopaedia Britannica,* https://www.britannica.com / topic/eudaemonism#ref273308。

16. Jo Cofino, "Paul Polman: 'The Power Is in the Hands of the Consumers,' " *The Guardian*, November 21, 2011, http://www.theguardian .com/sustainable-business/unilever-ceo-paul-polman-interview.

17. Ibid.

18. Sam Harris, *The Moral Landscape*（London: Simon & Schuster, 2010）, 1.

19. Dee Hock, "The Chaordic Organization: Out of Control and into Order," Ratical, https://www.ratical.org/many_worlds/ChaordicOrg .pdf.

20. Barry Brownstein, *The Inner-Work of Leadership*（Thornton, NH: Jane Philip Publications, 2010）, 54, Kindle edition.

21. 然而, 这种策略有严格的局限性, 因为在认知能力有限的情况下, 我们可以与之保持稳定的社会关系的自然群体的规模可以扩大到大约 150 人, 这被称为邓巴数, 参见 "Dunbar's number," Wikipedia, last modified August 20, 2017, https://en.wikipedia.org/wiki/Dunbar%27s_number。

22. Yuval Noah Harari, *Sapiens: A Brief History of Humankind*（New York: HarperCollins, 2015）, 27.

23. Richard Dawkins, *The Selfish Gene*（Oxford: Oxford University Press,

1990）.

24. Harari, *Sapiens: A Brief History of Humankind*, 27.

25. Bob Chapman and Raj Sisodia, *Everybody Matters: The Extraordinary Power of Caring for Your People like Family*（New York: Portfolio/ Penguin, 2015）.

26. Ibid., 54.

27. Simon Sinek, *Leaders Eat Last: Why Some Teams Pull Together and Others Don't*（New York: Portfolio/Penguin, 2017）, ch. 2.

28. Ibid.

29. Reed Hastings, "Culture," SlideShare, August 1, 2009, https://www. slideshare.net/reed2001/culture-1798664.

30. Ben Casnocha, Reid Hoffman, and Chris Yeh, "Your Company Is Not a Family," *Harvard Business Review*, June 17, 2004, https://hbr. org/2014/06/your-company-is-not-a-family; and Reid Hoffman, Ben Casnocha, and Chris Yeh, *The Alliance: Managing Talent in the Networked Age*（Boston: Harvard Business Review Press, 2014）.

31. C. S. 李维斯认为，挚爱是需要发展的一种基督教美德，参见 C. S. Lewis, *The Four Loves*（London: Geoffrey Bles, 1960）。

32. See Lee Cockerell, *Creating Magic: 10 Common Sense Leadership Strategies from a Life at Disney*（New York, Doubleday, 2008）.

33. "Our Client Organizations," Gorowe, http://www.gorowe.com/rowe-certified-organizations/.

34. Author interview.

35. Edward L. Deci and Richard M. Ryan, "Facilitating Optimal Motiva-tion and Psychological Well-Being Across Life's Domains," *Canadian Psychology* 49, no. 1（February 2008）: 14. Quoted in Pink, *Drive: The Surprising Truth About What Motivates Us*, 225.

36. Pink, *Drive: The Surprising Truth About What Motivates Us*, 91.

注

释

37. "Russell L. Ackoff," Informs, https://www.informs.org/Explore / History-of-O.R.-Excellence/Biographical-Profiles/Ackoff-Russell-L.

第六章

1. "United Airlines Passenger Forcibly Removed from Overbooked Flight—Video," *The Guardian*, April 11, 2017, https://www.the guardian.com/world/video/2017/apr/11/united-airlines-passenger-forcibly-removed-from-overbooked-flight-video.

2. 这已经不是美国联合航空公司第一次处理这种令人尴尬的病毒视频了，参见 "United Breaks Guitars," YouTube, July 6, 2009, https://www.youtube.com/watch?v=5YGc4zOqozo。

3. Ed Mazza, "Jimmy Kimmel Creates a Brutally Honest New Commercial for United Airlines," Huffington Post, April 11, 2017, http://www.huffingtonpost.com/entry/jimmy-kimmel-united-commercial _us_58ec7654e4b0df7e2044b81e.

4. 结果发现这次航班实际上并没有超额预订，参见 John Bacon and Ben Mutzabaugh, "United Airlines Says Controversial Flight Was Not Overbooked; CEO Apologizes Again," *USA Today*, April 12, 2017, https://www.usatoday.com/story/news/nation/2017/04/11/united-ceo-employees-followed-procedures-flier-belligerent/100317166/。

5. Lauren Thomas, "United CEO Said Airline Had to 'Re-Accommodate' Passenger and the Reaction Was Wild," CNBC, April 11, 2017, http:// www.cnbc.com/2017/04/10/united-ceo-says-airline-had-to-re-accommodate-passenger-and-twitter-is-having-a-riot.html.

6. 没有人知道这种说法的真正源头，参见 "Did Peter Drucker Actually Say 'Culture Eats Strategy for Breakfast'—and If So, Where/When?" Quora, https://www.quora.com/Did-Peter-Drucker-actually-say-culture-eats-strategy-for-breakfast-and-if-so-where-when。

7. Ram Charan and Geoffrey Colvin, "Why CEOs Fail," *Fortune*, June 21, 1999, 68–78.

8. Edgar Schein, *Organizational Culture and Leadership*（San Francisco: Jossey-Bass, 1996）.

9. Jeffrey Pfeffer, *The Human Equation: Building Profits by Putting People First*（Cambridge: Harvard University Press, 1998）.

10. Christopher Elliott, "Southwest Airlines Pilot Holds Plane for Murder Victim's Family," Elliott, January 10, 2011, http://elliott.org/blog / southwest-airlines-pilot-holds-plane-for-murder-victims-family/.

11. Elias Parker, "7 Companies with Crushworthy Customer Experience," ICMI, February 17, 2016, http://www.icmi.com/Resources / Customer-Experience/2016/02/7-Companies-with-Crushworthy -Customer-Experience.

12. C. O'Reilly, "Corporations, Culture, and Commitment: Motivation and Social Control in Organizations," *California Management Review* 31, no. 4（Summer 1989）: 9–25.

13. Ken Makovsky, "Behind the Southwest Airlines Culture," *Forbes*, November 21, 2013, https://www.forbes.com/sites/kenmakovsky/ 2013/11/21/behind-the-southwest-airlines-culture/#4f7273833798.

14. "What Are the Funniest Things Southwest Flight Attendants Have Said," Quora, https://www.quora.com/What-are-the-funniest-things -Southwest-flight-attendants-have-said.

15. Carmine Gallo, "How Southwest and Virgin America Win by Putting People Before Profit," *Forbes*, September 10, 2013, https://www .forbes. com/sites/carminegallo/2013/09/10/how-southwest-and-virgin -america-win-by-putting-people-before-profit/#3338b574695a.

16. 注意到有效的文化需要被关注这一点很重要。也就是说，尽管它赞赏所有有助于战略成功的因素，但它坚定地强调最重要的因素。如果一个领导者努力建立一种具备上述所有特质的文化，最终将稀释其中的每一种特质，形成一种只能产生平均绩效的大杂烩。

17. Schein, *Organizational Culture and Leadership.*

18. John Kotter and James Heskett, *Corporate Culture and Performance*（New York: Free Press, 1992）.

19. https://www.bizjournals.com/columbus/news/2016/06/01/japans-big-3-automakers-built-more-cars-in-u-s.html.

20. Jennifer Chatham, David Caldwell, Charles O'Reilly, and Bernadette Doerr, "Parsing Organizational Culture: How the Norm for Adapt-ability Influences the Relationship Between Culture Consensus and Financial Performance in High-Technology Firms," *Journal of Orga-nizational Behavior* 35（February 12, 2014）: 785–808, doi:10.1002/ job.1928.

21. Mike Gamson, "Take Intelligent Risks," LinkedIn, February 23, 2015, https://www.linkedin.com/pulse/take-intelligent-risks-mike-gamson/.

22. George Parker, "Lessons from IBM's Near-Implosion in the Mid-1990s," Quartz, November 9, 2012, https://qz.com/26018/it-companies-could-learn-how-ibm-turned-around-in-the-nineties/.

23. Paul Hemp and Thomas Stewart, "Leading Change When Business Is Good," *Harvard Business Review*, December 2004, https://hbr.org /2004/12/leading-change-when-business-is-good.

24. 帕尔米萨诺似乎能够将物质激励和非物质激励相结合而不产生冲突。

25. Laura Lorenzetti, "Pfizer and IBM Launch Innovative Research Proj-ect to Transform Parkinson's Disease Care," *Fortune*, April 6, 2016, http:// fortune.com/2016/04/07/pfizer-ibm-parkinsons/.

26. Hemp and Stewart, "Leading Change When Business Is Good."

27. Collins, *Good to Great.*

28. "Zappos.com, No. 86 in 100 Best Companies to Work for 2015," *For-tune*, http://fortune.com/best- companies/2015/zappos- com- 86/.

29. Keith Tatley, "Zappos— Hiring for Culture and the Bizarre Things They Do," RecruitLoop, July 13, 2015, http://recruitloop.com/blog / zappos-hiring-for-culture-and-the-bizarre-things-they-do/.

30. Ibid.

31. Jennifer Chatman, "Matching People and Organizations: Selection and Socialization in Public Accounting Firms," *Administrative Sci-ence Quarterly* 36（1991）: 459–84.

32. Jennifer Chatman and Sandra Eunyoung Cha, "Leading by Lever-aging Culture," *California Management Review* 45, no. 4（Summer 2003）: 5–6.

第七章

1. 1. See Charles Duhigg, *Smarter Faster Better: The Transformative Power of Real Productivity*（New York: Random House, 2016）, https://www.amazon.com/Smarter-Faster-Better-Transformative-Productivity-ebook/dp/B00Z3FRYB0; and Charles Duhigg, "The Power of Mental Models: How Flight 32 Avoided Disaster," Lifehacker, March 16, 2016, https://lifehacker.com/the-power-of-mental-models-how-flight-32-avoided-disas-1765022753.

2. 本节以考夫曼的《清醒》第二章为基础。

3. 这种冲动的心理学术语是"自私偏见"，即相信个人会倾向于将成功归因于自己的能力和努力，而将失败归因于外部因素，参见 W. Keith Campbell and Constantine Sedikides, "Self-Threat Magnifies the Self-Serving Bias: A Meta-Analytic Integration," *Review of General Psychology* 3, no. 1（1999）: 23–43。

4. Jocko Willink and Leif Babin, *Extreme Ownership: How U.S. Navy SEALs Lead and Win*（New York: St. Martin's Press, 2015）, 17–18.

5. Ibid., 22.

6. Ibid., 24.

7. Ibid., 25–26.

8. Ibid., 26–27.

9. Ibid., 30.

第八章

1. https://www.ncbi.nim.nih.gov//pmc/articles/pmc2791717.

2. 我已在 conscious.linkedin.com 上对比进行了解释。

3. See Kofman, *Conscious Business*, ch. 5; and conscious.linkedin.com（section on communication）.

第九章

1. https://www.brainyquote.com/authors/mike_tyson.

2. 花生会引起某些人严重的过敏反应。

3. 你可以在 conscious.linkedin.com 上我的课程中找到这些角色扮演的例子，参见 Kofman, "How to Establish and Maintain Commitments: A Coaching Conversation（8.6）," LinkedIn, October 9, 2015, https://www.linkedin.com/pulse/how-establish-maintain-commitments-coaching-86-fred-kofman。

4. Francis Fukuyama, *Trust: The Social Virtues and the Creation of Prosperity*（New York: Free Press, 1995）.

第十章

1. Brandon Black and Shayne Hughes, *Ego Free Leadership: Ending the Unconscious Habits That Hijack Your Business*（Austin, TX: Greenleaf Book Group Press, 2017）.

2. 乔治·瓦尔德的信，引自杰克·康菲尔德, *A Path with Heart: A Guide Through the Perils and Promises of Spiritual Life*（New York: Bantam,

1993 ）。

3. Black and Hughes, *Ego Free Leadership*.

4. Ibid.

5. Ibid.

6. 在《从优秀到卓越》一书中，柯林斯发现，一个伟大组织机构的基石是"第五级领导力"。第五级领导者是那些除了其他品质外，还很谦逊的人。柯林斯写道："第五级领导者会把自我需求从自我中引导出来，投入到创建伟大公司的宏伟目标中去。这并不是说，第五级领导者没有自我或者私利。的确，他们有着难以置信的雄心壮志，但他们的雄心壮志首先是为了机构，而不是为了自己。"具有讽刺意味的是，卓越的领导力与大多数人认为的领导者的意义完全相反，参见 Jim Collins, "Level 5 Leadership: The Triumph of Humility and Fierce Resolve," *Harvard Business Review*, July–August 2005, https://hbr.org/2005/07/level-5-leadership-the-triumph-of-humility-and-fierce-resolve。

7. Mihaly Csikszentmihalyi, *Good Business: Leadership, Flow, and the Making of Meaning*（New York: Penguin Books, 2003）.

8. 人们可能会称拥有大量灵魂的人和机构为"宽宏大量"（或者"伟大的灵魂"），而把灵魂很少的人和机构称为"怯懦"（意为"心胸狭窄"）。"宽宏大量"的同义词包括：慷慨、高洁、高尚、有价值、正直、仁慈、无私、体贴、善良。"懦弱"的同义词包括：怯懦、紧张、没有骨气、胆怯、发抖、无精打采、吝啬。

9. "First Follower: Leadership Lessons from Dancing Guy," YouTube, February 11, 2010, https://www.youtube.com/watch?v=fW8amMCVAJQ.

10. 作者访谈。

11. 作者访谈。

第十一章

1. Steve Jobs, " 'You've Got to Find What You Love,' Jobs says," *Stanford*

News, June 14, 2005, http://news.stanford.edu/2005/06/14/jobs-061505/.

2. Del Jones, "CEOs Show How Cheating Death Can Change Your Life," *USA Today*, March 9, 2009, http://usatoday30.usatoday.com/money / companies/ management/2009-03-09-near-death-executives_n.htm.

3. Rand Leeb-du Toit, "How Dying Redefined My Career," Thread Publishing, http://threadpublishing.com/stories/how-dying-redefined-my-career/.

4. Ernest Becker, *The Denial of Death*（New York: Free Press, 1997）.

5. 更多关于人类管理死亡恐惧的方法（也被称为"恐惧管理"），参见 Sheldon Solomon, Jeff Greenberg, and Tom Pyscznyski, *The Worm at the Core: On the Role of Death in Life*（New York: Random House, 2015）; and Ernest Becker, *The Birth and Death of Meaning*（New York: Simon & Schuster, 1962）。

6. https://www.brainyquote.com/quotes/quotes/w/williamjam101063 .html.

7. Susan Dominus, "Is Giving the Secret to Getting Ahead?" *New York Times*, March 27, 2013, http://www.nytimes.com/2013/03/31 /magazine/is-giving-the-secret-to-getting-ahead.html. 在第十三章，我会谈论，在自由市场的基础上，企业的不朽工程与宗教和民族国家不同，它实际上可以进行建设性、和平的竞争。自由市场将利己主义转化为服务，将冲突转化为竞争。取胜的方法就是提供能够改善人类生活的最有效的商品和服务。这就是为什么我认为商业是给世界带来意义的最好方式。

8. Adam Grant and Kimberly Wade-Benzoni, "The Hot and Cool of Death Awareness at Work: Mortality Cues, Aging and Self-Protective and Prosocial Motivations," *Academy of Management Review* 34, no. 4（2009）: 600–22.

9. Csikszentmihalyi, *Good Business: Leadership, Flow, and the Making of Meaning*.

10. Michael Pollan, "The Trip Treatment," *The New Yorker*, February 9, 2015, http://www.newyorker.com/magazine/2015/02/09/trip-treatment.

11. Ibid.

12. "Carlos Casteneda," Wikipedia, last modified September 14, 2017, https://en.wikipedia.org/wiki/Carlos_Castaneda.

13. 后来，我发现了一些更安全、同样有效的方法来达到这些非凡的状态，比如可以通过冥想和"全向性呼吸法"，这种方法是心理学家斯坦尼斯拉夫·格罗夫开发的一项技术（http://www.stanislavgrof.com/）。冥想，我推荐给每个人；呼吸法，我会更谨慎，因为这对心理要求很高；除非在专业治疗师或者老师的指导下，否则我不会推荐使用致幻剂。

14. Sam Harris, *Waking Up: A Guide to Spirituality Without Religion*（New York: Simon & Schuster, 2014）, p. 4.

15. Pollan, "The Trip Treatment."

16. Mona Simpson, "A Sister's Eulogy for Steve Jobs," *New York Times*, October 30, 2011, http://www.nytimes.com/2011/10/30/opinion / mona-simpsons-eulogy-for-steve-jobs.html.

第十二章

1. 阿根廷民族主义将军、总统胡安·多明戈·贝隆与墨索里尼和希特勒的友谊早已不是秘密。

2. 了解阿根廷龌龊战争的背景，参见 https://en.wikipedia.org/wiki / Dirty_War#Casualty_estimates。

3. Vladimir Hernandez, "Painful Search for Argentina's Disappeared," BBC News, March 24, 2013, http://www.bbc.com/news/world-latin-america-218 84147. 许多书和电影描述了战争的恐怖，其中包括 1982 年获得奥斯卡最佳外语片的 *The Official Story* 和 *Kiss of the Spider Woman*。图书包括 *Guerillas and Generals* by Paul Lewis; *The Little School: Tales of Disappearance and Survival* by Alicia Partnoy; *Revolutionizing Motherhood: The Mothers of the Plaza de Mayo* by Marguerite Guzman Bouvard; *Nunca Mas/Never Again: A Report by Argentina's National Commission on Disappeared*

People by Argentina Comision Nacional sobre la Desaparicion de personas; *A Lexicon of Terror: Argentina and the Legacies of Torture* by Marguerite Feitlowitz; *God's Assassins: State Terrorism in Argentina in the 1970s* by Patricia Marchak。

4. Ka-Tzetnik, *Shivitti: A Vision*（New York: Harper and Row, 1989）.

5. "Psychedelic therapy," Wikipedia, last modified September 14, 2017, https://en.wikipedia.org/wiki/Psychedelic_therapy.

6. 意第绪语与德语关系密切，讲德语的人很容易理解它。

7. 道格·柯南特在成为金宝汤公司的首席执行官之前，曾在 RJR 纳贝斯克公司的一场对该公司的竞购战中遇到过这种情况（这种情况因为《门口的野蛮人：RJR 纳贝斯克公司的陨落》一书和电影而广为人知）。

8. 经杰夫允许，我在此分享这个故事。

9. Warren Bennis and Robert J. Thomas, "Crucibles of Leadership," *Harvard Business Review*, September 2002, https://hbr.org/2002/09 / crucibles-of-leadership.

10. "Sheryl Sandberg," Wikipedia, last modified September 17, 2017, https://en.wikipedia.org/wiki/Sheryl_Sandberg.

11. "Sheryl Sandberg posts," Facebook, June 3, 2015, https://www.face book.com/sheryl/posts/10155617891025177:0.

12. Author interview.

13. "How Sheryl Sandberg's Sharing Manifesto Drives Facebook," *Bloomberg Businessweek*, April 27, 2017, https://www.bloomberg.com / news/features/2017-04-27/how-sheryl-sandberg-s-sharing-manifesto-drives-facebook.

14. See Kofman, *Conscious Business*, ch 9.

15. "What Is Servant Leadership," Greenleaf Center for Servant Leadership, https://www.greenleaf.org/what-is-servant-leadership/.

16. See Act 4, scene 3. "The Life of King Henry the Fifth, Scene III, The

English Camp," MIT, http://shakespeare.mit.edu/henryv/henryv.4.3.html.

第十三章

1. 你可以在卡坎·希恩的"配有注释和诗句的十幅牧牛图"中找到这些画作，参见 https://sites .google.com /site/esabsnichtenglisch/kakuan-shien-the-ten-oxherding-pictures-with-commentary-and-verses。

2. John Koller, *Asian Philosophies*（Upper Saddle River, NJ: Prentice Hall, 2001）, 253. John Koller, "Ox-Herding: Stages of Zen Practice," Department of Cognitive Science, Rensselaer Polytechnic Institute, http:www.columbia.edu/cu/weai/exeas/resources/oxherding.html.

3. Max Ehrenfreund, "A Majority of Millennials Now Reject Capitalism, Poll Shows," *Washington Post*, April 26, 2016, https://www .washingtonpost.com/news/wonk/wp/2016/04/26/a-majority-of-millennials-now-reject-capitalism-poll-shows/?utm_term = .526aa75dfde7.

4. 弗雷德里克·巴斯夏曾向法国议会写过一篇讽喻性的"蜡烛制造商的请愿书"，要求停止太阳的"毁灭性竞争"。

5. Peter Drucker, *Management: Tasks, Responsibilities, Practices*（William Heinemann Limited, London, 1973）, ix.

6. 我潜水时没有使用任何呼吸器，也就是屏住呼吸潜水。

7. 完全披露：我工作的领英现在是微软的全资子公司。

8. 这并不明智，但是如果一个人相信意图会转化为结果，这是可以理解的。这不是一般的情况（通往地狱的路是由善意铺成的），尤其是在资本主义中。"托马斯·霍布斯引用了 1651 年的《利维坦》"，理查德·盖布的个人网站，见 http://www.rjgeib.com/thoughts/nature/hobbes-quotes.html。

9. 马克思关于剥削的观点很精辟，参见 Richard Wolff, "Marx's Labour Exploitation Theory（in Under Four Minutes）," YouTube, March 27, 2016, https://www.you tube.com/watch?v=-XED2nmCFNk。

注
释

10. 正如米塞斯所说，"竞争对手的目标是在一个相互合作的系统内部变得卓越和取得卓越的成就。竞争的作用是给社会系统中的每一个成员分配一个他能最好地服务于整个社会及其所有成员的位置"（Ludwig von Mises, *Human Action* [New Haven: Yale University Press, 1949], 117）。"把竞争称为竞争战争，或者简单地说，称为战争，这只是一个比喻。战争的作用是破坏；而竞争，是建设"（Ludwig von Mises, *Socialism: An Economic and Sociological Analysis* [New Haven: Yale University Press, 1951], 285）。

11. John Mackey and Raj Sisodia, *Conscious Capitalism*（Boston: Harvard Business Review Press, 2013）, 13.

12. Ibid.

13. https://www.brainyquote.com/quotes/quotes/m/miltonfrie412622 .html.

14. John R. Wilmoth, "Increase of Human Longevity: Past, Present and Future," Department of Demography, UC Berkeley, 2009, http://www.ipss.go.jp/seminar/j/seminar14/program/john.pdf; "List of countries by life expectancy," Wikipedia, last modified September 15, 2017, https://en.wikipedia.org/wiki/List_of_countries_by_life_expectancy.

15. Marian Tupy, "For the First Time in History, Less Than 10% of Humanity Lives in Extreme Poverty," Postlight Mercury, October 6, 2015, https://mercury.postlight.com/amp?url=https://fee.org/articles / the-end-of-extreme-poverty-and-the-great-fact/.

16. "Last 2,000 Years of Growth in World Income and Population（RE-VISED）," Visualizing Economics, November 21, 2007, http://visualizing economics.com/blog/2007/11/21/last-2000-of-growth-in-world-income-and-population-revised.

17. Steven Pinker, "Now for the Good News: Things Really Are Getting Better," *The Guardian*, September 11, 2015, http://www.theguardian .com/commentisfree/2015/sep/11/news-isis-syria-headlines-violence-steven-

pinker.

18. 麦基和西索迪亚的《自觉资本主义》第一章，有许多关于这个现象的说法。约翰·麦基和迈克尔·斯特朗的《成为解决方案》中也有许多关于这个现象的说法（Hoboken: John Wiley & Sons, 2009）。

19. 今天，99%的被官方认定为"穷人"的美国人拥有电力、自来水、抽水马桶和冰箱，95%的人有电视，88%的人有电话，71%的人有汽车，70%的人有空调。正如作家马特·里德利所指出的那样，科尼利厄斯·范德比尔特这些东西什么都没有，参见 Matt Ridley, *The Rational Optimist*（New York: Harper, 2010）。

20. https://justsomeideascom.files.wordpress.com/2016/05/worldgdpper capita500bc.jpg?w=656, sourced from J. Bradford De Long, "Estimates of World GDP, One Million B.C.–Present," Department of Economics, UC Berkeley, 1998, http://delong.typepad.com/print/20061012 _ LR WGDP. pdf.

21. Gregory Clark, *A Farewell to Alms*（Princeton: Princeton University Press, 2007）.

22. 资本家剥削工人的前提已经被一些历史学家确立。以托马斯·卡莱尔和弗雷德里克·恩格斯等反资本主义者记录的工业革命为例，这些政治理论家认为资本主义是对穷人的诅咒，它为了同样邪恶的实业家的利益，把这些穷人囚禁在"黑暗的撒旦工厂"里。但米塞斯充满激情地辩称："当然，从我们的观点来看，工人的生活水平非常低；在早期资本主义的制度下，状况绝对令人震惊，但这并不是因为新兴资本主义工业伤害了这些工人。被工厂雇来的工人的生活实际上已经处于非人类的水平了。这个古老而著名的故事被重复了数百次，说工厂雇用妇女和儿童，这些妇女和儿童在来工厂工作之前，生活状况是令人满意的，这有待考证。在工厂里工作的母亲们没有东西做饭；她们没有离开自己的家和厨房去工厂，她们去工厂是因为没有厨房，如果有厨房，她们也没有做饭用的食材。孩子们也不是来自舒适的托儿所。

他们饥肠辘辘，奄奄一息。所有谈论所谓的无法形容的早期资本主义的恐怖都可以用下面这个统计给予反驳：正是英国资本主义发展的这些年，正是被称为英国工业革命的那个年代，从 1760 年到 1830 年，正是那些年让英国的人口翻了一倍，这意味着成百上千的孩子——在以前很可能会死去——活了下来，而且长大成人了。"

23. 资本主义与繁荣之间的相关性不仅随着时间的推移而变得明显，而且在横向研究中也同样清晰。在横向研究中，经济自由与财富和经济发展之间的相关性非常高。但是，关于资本主义的优势，最引人注目的证据或许来自政治经济学中的两个"受控实验"：韩国和德国。在历史上的某个时刻，这两个国家分裂成一个是偏资本主义的部分和一个是偏社会主义的部分。德国在 1989 年统一。这些数据是不容置疑的。这些国家的社会主义部分遭遇了挫折，而资本主义部分蓬勃发展，让这两个国家成为世界上最强大的经济体之一。参见 "South v. North Korea: How Do the Two Countries Compare? Visualised," *The Guardian*, April 8, 2013, https://www.theguardian.com/world/datablog/2013/apr/08/south-korea-v-north-korea-compared; and "Germany's Reunification 25 Years On," *The Economist*, October 2, 2015, https://www .economist.com /blogs/graphicdetail/2015/10/daily-chart-comparing -eastern-and-western-germany。

24. Dan Sanchez, "Mises in Four Easy Pieces," Mises Institute, January 22, 2016, https://mises.org/library/mises-four-easy-pieces; Robert Murphy's *The Politically Incorrect Guide to Capitalism*（Washington, DC: Regnery, 2007）; and Matt Ridley's *The Rational Optimist* are excellent introductions.

25. "每个人……既不打算促进公共利益，也不知道他在多大程度上促进了公共利益……他只关心自己的安全。通过说明某一产业所生产的产品可能具有最大价值，这样他就打算获得自己的利益。在这种情况下，就像在许多其他情况下一样，他被一只看不见的手引导，结果会促进公共利益，而这并不包含在他最初的意图里。"参见 Adam Smith, *The Wealth of Nations*（London: W. Strahan and T. Cadell, 1776），book IV, chapter II, 456。

26. 正如亚当·斯密所说："最有可能在市场上占上风的是那些能够吸引他人自爱为我所用的人。'如果你给了我我想要的，你就会得到你想要的'，这是每一个提议的意义。""每一种商业行为都是一种相互服务的行为。无论商业组织的意识水平如何，市场体系都会将以自我中心的能量导向去帮助他人。""Adam Smith—Quotes," Goodreads, https://www.goodreads.com / author/quotes/14424.Adam_Smith。

27. Ludwig von Mises, *Bureaucracy*（1944; repr., Indianapolis: Liberty Fund, 2007）.

28. Kahlil Gibran, *The Prophet*（New York: Alfred A. Knopf, 1923）.

29. 这句话出自一个日本童话——《使枯树开花的老人的故事》，作者是尾崎·西奥多拉·英子。参见 http://etc.usf.edu/lit2go/72/japanese-fairy-tales/4879/the-story-of-the-old-man-who-made-withered-trees-to-flower/。

30. 必须承认的是，自我欲望是无限的，它们不能满足于任何数量的成功。以自我为中心的人只是不停地把自己和更富有、更成功、更出名、更有权势，或者更有吸引力的同龄人进行比较，与他们相比，他总是有可能不是最好的。为了证明自我价值而产生的竞争焦虑，并不能通过成就来缓解。

31. Abraham H. Maslow, *The Maslow Business Reader*, ed. Deborah C. Stephens（New York: John Wiley & Sons, 2000），p. 13.

32. "Bottom of the pyramid," Wikipedia, last modified August 24, 2017, https://en.wikipedia.org/wiki/Bottom_of_the_pyramid.

375

33. 正如诺贝尔经济学奖得主、联合国增长与发展委员会主席迈克尔·斯宾塞所言："我们关注（经济）增长，因为它是实现人们所关心的众多目标的必要条件。其中之一是减贫，但还有更深层次的问题。健康，生产性就业，创造性的机会，所有对人们真正重要的事情都严重依赖于资源和收入的可获得性，以至于他们不会把大部分时间花在拼命维持家庭生计上。"参见 United Nations Commission on Growth and Development, *The Growth Report: Strategies for Sustained Growth and Inclusive Development*, 2008。

34. Mihaly Csikszentmihalyi, *Good Business: Leadership, Flow, and the Making of Meaning*.

后　记

1. "Current and Previous Gallup Great Workplace Award Winners," Gallup, last modified 2017, http://www.gallup.com/events/178865 / gallup-great-workplace-award-current-previous-winners.aspx.

2. "ABC Supply Co. Inc. Becomes 10-Time Recipient of Prestigious Gallup Great Workplace Award," ABC Supply Co. Inc., May 16, 2016, https://www.abcsupply.com/news/abc-supply-co.-inc.-becomes-10-time-recipient-of-prestigious-gallup-great-workplace-award.

3. "Heraclitus—Quotes," Goodreads, https://www.goodreads.com /author/quotes/77989.Heraclitus.

4. "Viktor E. Frankl—Quotes," Goodreads, https://www.goodreads .com/quotes/34673-don-t-aim-at-success-the-more-you-aim-at-it.